テキストブック
会社法

〈第3版〉

末永敏和
中村美紀子 ◆著

Corporation Law

中央経済社

第3版まえがき

　令和元年（2019年）12月に会社法改正が成立し，令和3年（2021年）3月1日から施行される（下記①を除く）。あわせて施行規則等も改正される。

　具体的な改正点は，①株主総会資料の電子提供制度，②株主提案可能数の制限，③取締役等に関する規律の見直し（取締役報酬等，会社補償，役員等賠償責任保険契約，社外取締役の活用等），④社債管理補助者の創設・社債権者集会の決議省略，⑤株式交付制度の創設，⑥その他（代表訴訟における和解手続，議決権行使書面の閲覧等，会社支店所在地における登記の廃止等）である。

　今回の改正は，どちらかというと会社実務（あるいは経営者）本位の内容といえる。平成26年（2014年）改正が平成17年（2005年）に制定された会社法の是正であったのに対して，今回の改正は逆戻りの傾向がみられる。

　本書改訂の目的は明確であって，すなわち令和元年改正法（会社法施行規則等を含む）の内容を本書に反映させることである。その際，改正内容を正確・簡潔に解説することに主眼を置き，私見の提示は抑えた。「より分かり易く」ということにも配慮した。つまり，叙述を3段階に分け，①いわゆる地の文は学部生でも知っておくべき会社法の基礎であり，②破線で囲んだ文章は，法科大学院の学生や司法試験等，国家試験を目指す者が目配りしておくべき条文内容や裁判例を紹介するものであり，③ **!!** の見出しを持つコラムは，トピックや注目すべきキーワードについて詳しく論じることにより，最近の会社実務や新しい考え方の動向を紹介するものであり，これからの会社法の発展の流れを知ることに有益な事項である，という具合である。

　第3版の刊行は，中央経済社の露本敦氏のおかげであり，同氏と中央経済社には，心よりお礼申し上げます。

　2021年1月

末 永 敏 和
中 村 美 紀 子

第2版まえがき

　2014年（平成26年）に会社法改正が成立し，それに合わせて会社法施行規則等も改正され，翌年の2015年（平成27年）から施行されている。会社法が2005年（平成17年）に制定されてから，10年弱の間，同法が施行される中で，様々な問題点が学説・判例・実務の中で浮かび上がり，したがって，平成26年改正は主として会社法の課題の克服を狙いとしたものであるといえる。

　具体的な改正点は，①社外取締役の社外性の強化とこれを置かない理由説明（会327の2），②監査等委員会設置会社の新設（会326Ⅱ等），③過半数株式発行の際の株主総会承認の必要（会206の2），④子会社の過半数株式譲渡の際の親会社株主総会特別決議（会467Ⅰ②の2等），⑤多重代表訴訟の限定的承認（会847の3），⑥子会社の内部統制に関する親会社取締役の義務（会348ⅢⅣ等），⑦特別支配株主の株式等売渡請求（会179等），⑧組織再編等に対する株主の差止請求（会171の3等），⑨詐害的会社分割等における債権者の保護（会23の2等）等である。

　そして，平成26年改正法が定着しつつある現在，本改訂の目的は2つあって，1つは，そもそも平成17年（2005年）の会社法は何であったのかを，制定・施行後の判例や学説を踏まえて，もう一度見直すことであり，もう1つは，当然のことながら，平成26年改正の内容と問題点を簡潔に示すことである。

　すなわち，会社法は従来の有限会社法や商法特例法を取り込んだ包括的な（つまり小規模閉鎖会社から大規模公開会社までを包括的に規制する）立法であったためか，ガバナンス（企業統治）においてもファイナンス（企業金融）においても，どちらかといえばメニュー提示型となっており，その分，「株主・債権者保護」という会社法の本来あるべき理念が後退したものになっていたのに対し，平成26年改正は，その是正を図ろうとしている点に意義が見出される（一部に監査役会設置会社において社外取締役を置かない理由説明に留まることや多重代表訴訟の要件が厳格すぎることなどの不徹底さや少数株主の締出しを認めることを前提にした規定が置かれたことなどの逆方向の改正も散見される）。しかし，今回

の改訂では，会社法の仕組みと働きを客観的に示すことに重点を置き，私見の提示はむしろ最小限に抑えている。

　この改訂版においても，現在の会社法がどのようなものであるかをコンパクトにかつ明快に解説するという本書の刊行の本来の趣旨は変わらない。なお，会社法判例百選（第3版）が刊行されたので，そこに取り上げられている裁判例のすべてに触れるとともに番号を付している。

　第2版の刊行は，中央経済社の露本敦氏のおかげであり，同氏と中央経済社には，心より感謝の意を表します。

　2017年（平成29年）3月

末永敏和
中村美紀子

新版まえがき

　2005年6月に成立した「会社法」は，2006年5月1日から施行されている。その立法趣旨と概要については，初版のまえがきをご覧いただきたい。本書は，この会社法の仕組みと機能を簡潔に叙述することをねらいとして刊行したものであるが，同法の施行を機に，書名の『テキストブック新会社法』から『新』の字句を削除し，『テキストブック会社法』とすることにした。

　次に，新版を出版する趣旨であるが，初版刊行当時は会社法を施行する法務省令が制定されていなかったため，法務省令に言及することができず，旧商法施行規則を参照して論述せざるをえなかった。その後，2006年2月に会社法施行規則や会社計算規則が制定され，さらに会社法施行前に同規則が改正されたので，改訂を加える必要が生じたものである。

　最後に，その他の叙述内容についても，一定の補正を加えることとした。より分かりやすさが増すことを目的とするものである。また，『会社法判例百選』（有斐閣）が最近，出版されたので，参照しやすいように百選の番号を付している。

　以上，コンパクトで明快な解説を目指した本書が広く受け入れられることを願っている。

　2006年（平成18年）6月

末永敏和

会社法の成立とその精神——まえがきに代えて

　平成17年（2005年）6月に「会社法」が国会で成立し，7月に公布された。会社法は，翌年の5月には施行される。会社法は，形式面では，会社法制に関する従来の商法・有限会社法がカタカナ・文語体であったのに対し，ひらがな・口語体とし，商法・有限会社法のほか，商法特例法など多数の法が散在していたものを，1つの法典として統一する意味を持っている。実質面では，近時，多数回にわたり改正が繰り返されたため，いくつかの齟齬が生じたため，その全体的な整合性を図り，現代的社会に対応したものに改善することを狙いとするものである。

　具体的改正点としては，①株式会社と有限会社とを1つの会社類型（株式会社）として統合し，最低資本金を撤廃し，合同会社を新設した。そのほか，②組織再編に関係する規制の見直し（合併等対価の柔軟化，簡易組織再編行為に係る要件の緩和，略式組織再編の新設等），③株式・新株予約権・社債制度の改善（株式譲渡制限に係る定款自治の拡大，会社に対する金銭債権の現物出資に係る調査の省略等），④株主に対する利益の還元方法（利益配当等）の見直し（回数制限の撤廃，取締役会限りでの利益配当等の決定の許容等），⑤取締役の責任に関する規定の見直し（委員会設置会社とそれ以外の会社の取締役の責任に関する規定の調整—原則，過失責任化），⑥株主代表訴訟制度の合理化，⑦大会社における内部統制システム構築の義務化，⑧会計参与制度の創設，⑨会計監査人の任意設置の範囲の拡大，⑩特別清算制度の見直しがある。

　会社法については，法典の体系の組換えが行われたことに留意すべきであろう。第1に，非公開会社がベースで公開会社等は例外という組立てになっている。有限会社が株式会社に吸収されたということが原因であろう。例えば，株主総会の権限範囲や募集株式の発行等に表れている。第2に，株券不発行が原則とされていることがある。なお，上場会社については，株券が廃止されること（ペーパーレス化）も念頭に入れておくべきであろう。

　本書は，以上のような改正点を含む会社法の仕組みと機能を全体として簡潔に解説するものである。これから初めて会社法を学ぶ人にも，また，すでに従来の

商法（会社法）を学んだことのある人にも，理解しやすいように，明快かつ平易
に叙述することを心がけた。

　本書の刊行には，いつもと同様，中央経済社の露本敦氏に一方ならずお世話に
なった。同氏と中央経済社に対しては，心よりお礼を申し上げる次第である。

　2005年（平成17年）9月

末　永　敏　和

第2章　株式会社 ———————————————— 15

法令名・判例集等の略称一覧

◆法令名略称

会	会社法
会計原則	企業会計原則
会社更生	会社更生法
会計規	会社計算規則
開示府令	企業内容等の開示に関する内閣府令
会施規	会社法施行規則
金商	金融商品取引法
旧有	旧有限会社法（会社法施行に伴い廃止）
小	小切手法
商	商法
商旧	平成17年改正前商法
承継法	会社分割に伴う労働契約の承継等に関する法律
商登	商業登記法
担信	担保附社債信託法
登税	登録免許税法
独禁	私的独占の禁止及び公正取引の確保に関する法律
日刊新聞	日刊新聞紙の発行を目的とする株式会社株式の譲渡の制限等に関する法律
破	破産法
振替	社債，株式等の振替に関する法律
法適用法	法の適用に関する通則法
民	民法
民訴	民事訴訟法
民保	民事保全法

◆判例・判例集略称

大判	大審院判決
最判（決）	最高裁判所判決（決定）
高判（決）	高等裁判所判決（決定）
地判（決）	地方裁判所判決（決定）

民録	大審院民事判決録
民（刑）集	大審院民事判例集または最高裁判所民（刑）事判例集
高民集	高等裁判所民事判例集
下民集	下級裁判所民事判例集
金判	金融・商事判例
裁判集民	最高裁判所裁判集民事
資料版商事	資料版商事法務
判時	判例時報
判タ	判例タイムズ
百選	会社法判例百選〔第3版〕
金法	金融法務事情
労判	労働判例

会社法総論

第1章

第1節　会社の経済的機能および法的規制

I　会社の経済的機能

　会社の経済的機能は，個人企業との比較で論じると明確になる。

　個人企業の場合，企業の所有者が単独で企業を経営する。企業者は他からの制約を受けることなく，自己の経営上の能力を十分に発揮でき，企業から生じるすべての利益を享受できる。しかし，個人企業では，企業に必要な資本と労力に限度がある。企業者は，他から借入れして他人資本を利用できるし，他人を雇うことによってその労力を利用できるが，その場合，企業者は，企業成績のいかんを問わず，約束した利息または報酬を支払わなければならない。また，個人企業では，企業者が企業上のすべての債務について１人で無限の責任を負わねばならず，企業上の危険を分散・軽減できない。さらに，企業者の死亡その他の個人的事情が企業に重大な影響を及ぼすから，企業の維持が難しい。

　個人企業の以上のような欠点を克服するのが，共同企業であり，なかんずく会社である。なお，会社の経済的機能は会社の種類によっても異なる。

（1）　資本・労力の結合

　会社制度は，複数人の資本・労力を結合する機能を営んでいる。それによって，企業規模を拡大し，効率をあげ，大きな利益を獲得できる。個人企業の場合よりも，各人に帰属する利益も大きくなる。もっとも，結合の機能は会社の種類により異なる。すなわち，持分会社の典型である合名会社では，労力の結合に重きが

おかれるのに対し，株式会社では，資本の結合の機能が完全に果たされる。とくに株式の発行により大衆資本の結合が可能である。

（2）　危険の分散・軽減

会社の場合，損失を被ったときも，1人当たりの損失は少なくてすむ。このように，会社は企業上の危険を分散させる。とくに，多人数からなる株式会社ではこの機能が大きい。しかも，株主有限責任の原則により，危険は著しく軽減される。

（3）　企業の維持

個人企業の場合，企業者の死亡その他の個人的事情が企業に重大な影響を及ぼすため，企業の維持が難しいが，会社は社員の個人的事情によって影響を受けることが少なく，会社制度は企業の維持にも役立つ。この点でも，やはり会社の種類により機能が異なる。

（4）　会社制度の弊害

企業は利益の獲得を目的とするため，利己心が赤裸々になりがちであるが，会社においてはこの傾向は一層明らかとなり，他人（会社内の少数派や会社の債権者）を犠牲にして自己の利益を図る危険が強いといえる。とくに，社員間に人的関係がなく社員が会社債権者に対し何らの責任を負わない株式会社においては，弊害が著しい。しかし，効用が弊害を超え，会社は資本主義における典型的な企業形態となっている。

Ⅱ　会社の法的規制

1.　法的規制の必要性

会社は団体であるから，個人法とは異なる団体法が必要であるが，会社は営利団体であるから一般法人及び一般財団法人に関する法律とも異なる規制を必要とする。つまり，会社の存在そのものが特別の法的規制を必要とし，この必要に応じるのが会社法である。

2.　会社法の法源（存在形式）

実質的意義の会社法（会社の組織および活動に関する法）の法源として最も重

要なのは，会社法（平成17年（2005年）成立，翌年施行。商法第2編「会社」，
有限会社法および商法特例法等がまとめられ再編成された。平成26年（2015年），
令和元年（2019年）に改正）であり，そのほか，担保附社債信託法，会社更生法，
商業登記法，社債・株式等振替法などがある（なお，従来の有限会社法や商法特
例法等を廃止し，経過措置を定めた会社法整備法がある）。これらの法律に基づ
く政省令も会社法の法源となる。これには会社法施行規則や会社計算規則などが
ある。慣習法も会社法の法源として認められる（商1Ⅱ，法適用法3対照）。会社
の定款等の自治規範も法源になるといってよい（争いあり）。

> ## ‼ ソフト・ロー
>
> 　ソフト・ローとは，裁判所等の国家機関によるエンフォースが保証さ
> れていないにもかかわらず，企業や私人の行動を事実上拘束している規
> 範をいい，それに対し国家機関によるエンフォース（強制）が保証され
> ている規範をハード・ローと呼ぶ。会社法の分野では，近時ソフト・ロ
> ーの形成が顕著に見られる。その代表が日本コーポレート・ガヴァナン
> ス・フォローアップ会議の「コーポレートガバナンス・コード」（平成
> 27年（2015年），平成30年（2018年）改訂）である。
>
> 　これは，対象となる会社に対して，その採用を求め，それに従わない
> 会社はその理由を開示するという考え方（英国のcomply or explainの
> 考え方（「遵守せよ，さもなければ説明せよ」原則を意識したもの）を
> 採用している。このコードの採用は証券取引所の上場規則で定められて
> いるので，一種の自治規範であるといえよう。
>
> 　なお，「日本版スチュワードシップ・コード」に関する有識者検討会
> の「『責任ある機関投資家』の諸原則〈日本版スチュワードシップ・コ
> ード」（平成26年（2014年）策定・平成29年（2017年）改訂）は，機関
> 投資家が各々の置かれた状況に応じて，自らのスチュワードシップ責任
> を実質的・適切に果たす，いわゆる「プリンシプルベース・アプロー
> チ」（原則主義）を採用（←ルールベース・アプローチ〈細則主義〉）す
> るものであって，その趣旨に賛同し受け入れる用意があることを期待す
> るもので，法的規範（自治規範）ですらない。

第2節 会社の社団性・営利性

　平成17年（2005年）改正前商法では，会社は，営利を目的とする社団法人であるとして，営利性，社団性，法人性がその要素とされていた（商旧52・54Ⅰ）。

　社団とは一般に，複数人が特定の共同目的を達成するために結合した団体をいう。会社内部の法律関係において，団体と社員との間にのみ法律関係が形成され社員相互間には契約関係が存在しない形態は社団法人と称されている。しかしながら，会社法では会社の定義に社団の概念は用いられていない。社団概念を用いると，組合（構成員相互間に契約関係が存在する）と区別された特定の組織形態としての意味が強調されることになり，持分会社（後述）の柔軟な運用を妨げることにもなりかねないからである。また，株式会社では従来から認められていた一人会社が持分会社（合名会社・合同会社・合資会社については，社員が一人となったことは，解散原因とされていない）でも認められる（会641④・639）ようになったため，社団性は後退した。株式会社でも，株式交換や株式移転において，一人会社の成立は避けられないのであって，会社の社団性の概念を維持するためには，人を基礎とする団体が社団であるとしか定義しにくくなったが，「人を基礎とする団体」という意味で依然として社員性はある。

　営利の目的とは，法人がその活動によって得た利益を構成員に分配することをいう。したがって，会社はその事業活動によって利益を得てその得た利益を社員に分配することを目的とする。会社法では営利性を明文で会社の要素として扱うことをやめた。しかしながら，会社法はその条文上構成員に対し剰余金の配当（または残余財産の分配）を行うことを当然の前提としているので（会105・453・504・621・628・666)，依然として営利性はその属性である。

第**3**節　会社の法人性

Ⅰ　法人の機能

　会社は法人とされている（会3）。法人の本質については，法人理論として，議論が対立しているが（民法の議論を参照願いたい），わが国の会社法学者は，この点には深く立ち入らず，法人概念をその技術性においてとらえるのが一般的である。すなわち，法人とは，法律上，権利義務の主体たることを認められるものをいう。そして，その具体的効果としては，法律関係の処理を単純にするというにとどまる。これにより，すべての構成員の名で権利義務を有するという複雑さが避けられるわけである。

> ### !! 法人の属性
>
> 　法人の属性として，①法人自体の名において権利を有し義務を負うこと，②法人自体の名において訴訟当事者となること，③法人自体に対する債務名義によってのみ，法人の財産に対して強制執行をなし得ること，④法人の財産が，法人の構成員個人の債権者の責任財産とならず，法人自体の債権者の排他的責任財産となること，⑤法人の債権者にとって，法人自体の財産のみが責任財産となり，法人の構成員個人の財産が責任財産とならないことが挙げられる。株式会社は，すべての属性を有するが，持分会社は必ずしもそうではない。

Ⅱ　権利能力の制限

　会社が法人つまり独立の権利義務主体であるということは，会社に権利能力があるということであるが，会社は，自然人と同じ権利能力を有するわけではない。

性質・法令による制限として，自然人に特有の権利義務（相続権等，生命，身体，身分を前提とする権利義務）は有しない。目的による制限として，会社の権利能力が定款所定の目的（会27①・567①）によって制限されるかどうかについては争いがあった。この点について多数説・判例（最判昭和27・2・15民集6・2・77百選1および後述の最判昭和45・6・24）は，肯定するが，目的の範囲をきわめて広く解しており，実質的に否定説と変らない状況になっていた。しかし，平成18年（2006年）改正後の民法33条2項は，「営利事業を営むことを目的とする法人の設立，組織，運営及び管理については，この法律その他の法律の定めるところによる」としており，同法34条の目的による会社の権利能力の制限が直接適用されるが，目的の範囲に関する多数説・判例の議論は，そのまま活かされると解されている。

　しかし，会社は自然人が自己のために人工的に作った存在である以上，権利能力に制限があるのは当然であり，同条はその当然のことを明らかにしたに過ぎない。その限界事例が次に述べる政治献金である。

Ⅲ　会社のなす寄付（八幡製鉄政治献金事件判決）

　同事件の事実の概要は，次のとおりである。A株式会社の代表取締役Yは，同社を代表して自民党に政治資金として350万円の寄付をした。株主Xは，この行為はA社の定款所定の事業目的（第2条「本会社は鉄鋼の製造及び販売並びにこれに付帯する事業を営むことを目的とする。」）を逸脱し，かつ取締役の忠実義務（会355）に違反するから，Yは会社に対し損害賠償義務があるとして，Yに対し代表訴訟（会847Ⅰ）を提起した。

　最高裁（最判昭和45・6・24民集24・6・625百選2）は，大要次のように述べて上告を棄却した。すなわち，①会社も社会的実在として社会的作用を負担せざるを得ず，会社に社会通念上期待ないし要請されるものである限り，これに応えることができ，そのような社会的作用に属する活動をすることは，企業としての円滑な発展に役立つので，間接に目的の遂行に必要な行為である。議会制民主主義に不可欠な政党の存在は憲法も予定しており，その健全な発展に協力することは会社にも期待されるので，その協力の一態様としての政治資金の寄付も，会社に

能力がある。②参政権は自然人に限るとしても，納税者としての立場で政治的行為をする自由は，憲法上，会社にも認められ，政党への寄付はその１つであるから，民法90条に違反しない。③取締役はその地位を利用して個人的利益を追求したわけでなく，金額も合理的範囲を超えていないから，忠実義務違反とはならない，と。

> 　最高裁判決は，①については，政治献金を目的の範囲（つまり権利能力内）とするために，やや強引に具体論を一般論にはめ込んだきらいがあり（会社の利益になるというのであれば，賄賂性の高い政治献金ほど会社の利益になるという奇妙な議論となり，また，政党への会社の政治献金を，金権政治の実態を直視せず，むしろ期待されるとは，言い過ぎも甚だしい），②については，人権間接適用説をとって，公序良俗違反ではないことの根拠に，法人の政治的自由までも持ち出すことはなかったし（法人に対して人権保障が及ぶにしても，政治的行為の自由が自然人と同様に認められるとは限らない），③については，政治資金規正法の範囲内で，かつ忠実義務違反を問われる程の行為でなかったという程度で済んだと思われる。
>
> 　後に，最高裁は，税理士会と労働組合に関連しては政治献金を目的の範囲外とし，生命保険相互会社については目的の範囲内とした。

Ⅳ　法人格否認の法理

　法が会社を法人として（会3），これに社員とは別個独立の法主体性，すなわち法人格を認めるのは，会社に対し社会的に有用な機能および作用を営ませようとしているからである。しかし，「ある会社について，法人制度の目的に照らしてその形式的独立性を貫くことが正義衡平の理念に反すると認められる場合，特定の法律関係について個別的・相対的に法人格の機能（会社の独立性＝会社と社員〔株主〕の分離原則）を否定して，会社とその背後にいる株主を法的に同一視することが求められ，」このような法理を「法人格否認の法理」という。解散命令（会824），設立無効の訴え（会828），設立取消の訴え（会832）のように，全面的に法人格を否定するものではなく，このように，特定の法律関係においてのみ，形式上存在する法人格を実質上存在しないものとして扱うのが法人格否認の法理

である。

　その根拠は，権利の濫用（民1Ⅲ）に求められるが，法人格否認の根底には，取引の相手方保護の要請があることはいうまでもない。なお，法人格否認の効果は，法的安定性の要請により制限的・相対的なものと解すべきで，むやみにこれを拡大すべきでないとするのが多数説である。

　法人格否認の法理は，従来から外国で認められ，わが国でも学説上，認められていた原則であるが，判例上は，最判昭和44・2・27民集23・2・511百選3において初めて認められた。それによれば，この法理が適用されるのは形骸事例と濫用事例に対してである。

（1）濫用事例

　法人格が法律の適用を回避するために濫用される場合をいう。認定の要件として，会社を意のままに「道具」として利用し得る支配株主（支配の要件）が，違法不当な目的のために会社法人格を利用している（目的の要件）ことが必要であると解するのが，通説・判例である。これには，「法人格を利用した法の潜脱または契約上の義務の回避」といわれる類型と，「法人格の利用による債権者詐害」といわれる類型とがある。

　前者として，たとえば，法定の競業避止義務を負っている者（会356・594など）がその義務を免れるために会社を設立して，会社を通じて競業をする場合や，旧会社の偽装解散と新会社の設立により好ましくない旧会社の従業員を解雇しようとはかる場合（不当労働行為 - 労働組合法7。神戸地判昭和54・9・21判時955・118）がある。後者には，取引上多額の債務を負った会社が，その債務の弁済を拒みながら，資産は新会社にそのまま流用して事業を継続しようとする場合がある（最判昭和48・10・26民集27・9・1240）。なお，現在では，法人格の濫用があるというためには，濫用の主観的意図が必要であると解するのが多数説であるが，反対もある（客観説）。

（2）形骸事例

　法人格の形骸化とは，会社の事業が株主（社員）の個人事業または親会社の事業の一部門であり，実質上同視される場合をいう。前記昭和44年最高裁判決は，会社の実質がまったくの個人企業と認められる場合を挙げている。形骸化の要件

としては，背後者たる株主（社員）が直接会社に実質的支配力を及ぼしうること
のほか，実質上の一人会社，財産・業務の混同，会計区分の欠如，社団組織規定
の無視（株主総会，取締役会の不開催等）を要件とする（形式的形骸化論）。こ
の場合，「目的の要件」が不要とされる。いわば，会社の存在・活動形式それ自
体が制度濫用となるわけである。

> ## !! 法理の機能
>
> 　裁判の実務では，法人成りした零細企業が支払い能力をもたないので，
> その代わりに実質的な一人株主の個人責任を会社債権者が追及すること
> が多く，機能的には，この法理は，取締役の第三者に対する責任（会
> 429Ⅰ）と同様，法人の陰に隠れて責任逃れをたくらむ個人を懲らしめ
> る作用を果たしている。また，会社法の最低資本金の撤廃による法人格
> の濫用で不測の損害を被る第三者救済の場合に，本法理を活用すること
> によって対処し得るものである。
>
> 　なお，法人格否認の効果について，実体法上のものに限定するのが判
> 例であった（手続法上，前掲最判昭和44・2・27は，既判力の拡張を否
> 定し，最判昭和53・9・14判時906・88は執行力の拡張を否定した。た
> だし，最判平成17・7・15民集59・6・1742百選4は，第三者異議の訴
> えについて，その実体法的側面から同法理の適用を肯定しているようで
> ある）。

第4節　各種の会社

　会社法では，株式会社と有限会社の両類型が統合され株式会社となり（旧有限
会社は株式会社に自動的に移行するが，有限会社として存続することもできる
（特例有限会社）），あらたに合同会社が創設された。したがって，わが国におけ
る会社の種類は，株式会社，合名会社，合資会社，合同会社の4種である（会2

①)。なお，会社法は，株式会社とその他の会社を一まとめにした持分会社の2
つに分類している。

　各会社には，社員が会社の債務につき会社債権者に対していかなる責任を負担
するか，企業の経営にいかなる程度まで参与するか，したがって各社員の人的個
性が法律的にどのように重視されるか等について差異がある。

（1）　株式会社

　社員（株主）は各自の出資額（株式の引受価額）を限度とする出資義務を会社
に対して負担するのみであり（会104），会社債権者に対する責任財産は会社財産
のみであって，社員は何らの責任も負わない（間接有限責任）。社員の共同企業
者として負担すべき危険の分散・軽減の徹底に応じて，社員は多数決により会社
の基本的事項の決定に参与し得るが，業務執行は社員の選出する取締役にまかせ
る（企業の所有と経営の分離）。したがって社員の人的個性は問題にならない。
社員の地位は均等な割合的単位に細分化され（株式），出資者は株式を譲渡する
ことで，いつでも容易に投下資本を回収できる。大衆の間に潜んでいる無機能資
本を広範囲に集中することにより，巨大な共同企業を組織することが可能である。

（2）　合名会社

　会社債権者に対して直接・無限の個人責任を連帯して負担する社員（無限責任
社員）から成る（会580）。社員はこれに対応して会社の業務を執行する権利・義
務と会社を代表する権限を有し（企業の所有と経営の一致－会590・599），社員の
人的個性が重視される。したがって合名会社は，相互に高度の信頼関係のある少
人数の機能資本家からなる共同企業に適した企業形態である。次の合名会社とと
もに過去の企業形態といえる。

（3）　合資会社

　会社債権者に対して出資額を限度とする個人責任を負う有限責任社員と無限責
任社員により構成される二元的組織の会社である（したがって，会社の設立・存
続には2名以上が必要である）。有限責任社員は責任の軽減に応じて業務執行権
と代表権を有しないが，直接連帯責任を負うのに応じて無限責任社員の業務執行
につき強力な監視権を有する（会592）。社員の信頼関係が前提となり，出資の回
収も容易でないから，有限責任社員もあまり多数にはなりえない。機能資本家と

無機能資本家とが提携して共同事業を営むのに適している。

（4） 合同会社

有限責任社員のみで構成されるが（会576Ⅳ・578・580），会社の内部関係については組合的規律が適用されるという新たな会社類型である。原則として，個々の社員が業務執行権を有し（会590），重要事項を全員一致で決める必要がある（会585Ⅰ・637）。ベンチャー企業等による利用が期待されている。これは日本版LLCと呼ばれるもので，同種の機能を営む企業形態として有限責任事業組合（日本版LLP）があるが，後者は会社ではない。両者は法人格の有無で大きな違いがある（合同会社では，法人税法が適用される）。

第5節　会社の分類

Ⅰ　株式会社と持分会社

会社法は，4種の会社（会2①）を株式会社と持分会社に大別し，持分会社には合名会社，合資会社，合同会社が含まれる（会575Ⅰ）。株式会社は原則として資本多数決であり，多数の利害関係者の利害を調整するため内部規律は強行規定である。それに対し，内部規律が組合型で強行規定になっていないものが持分会社である。

Ⅱ　親会社と子会社

会社が他の会社を法的に支配する場合，前者を親会社，後者を子会社という。会社法は親子会社の関係は議決権の保有数または経営支配の有無を基準として定めている。すなわち，まず，会社が他の株式会社の総株主の議決権の過半数を有するとき，前者は親会社であり後者は子会社である（会2③④）。さらに，経営を支配している場合も，会社に経営支配されている法人（会社および外国会社）は子会社である（同③）。逆に法人が株式会社を経営支配しているときは当該法人は親会社である（同④）。前者は形式的基準であり，後者は実質的基準（法務省令

で定める→会施規3）である。親子会社の構造規制は後述する（第2章第12節Ⅵ4）。

Ⅲ　公開会社と公開会社でない会社（全株式譲渡制限会社・非公開会社）

　公開会社とは，発行済株式全部に譲渡制限を定めている株式会社以外の株式会社である（会2⑤）。少なくとも一部の株式について譲渡制限がなされていなければ公開会社になる。発行済株式全部に譲渡制限を定めている株式会社（全株式譲渡制限会社）は，公開会社でない会社である（たとえば会109Ⅱ）。公開会社であれば，取締役会および監査役（原則）を設置する必要があり（会327ⅠⅡ），株主総会権限も限定されるが（会295Ⅱ），そうでない会社で株券発行会社は，株主の請求があるまで株券を発行しないことができる（会215Ⅳ）。

Ⅳ　大会社とそれ以外の会社

　かつては，株式会社は資本金基準と負債基準により大会社・中会社・小会社の3種類に区分されたが，会社法では，大会社（資本金5億円以上または負債の合計額が200億円以上）の基準のみ残し，株式会社は大会社かそうでない会社かのみで区分される。大会社は，監査役会（例外あり）および会計監査人を置かなければならない（会328）。また，貸借対照表だけでなく損益計算書を公告しなければならない（会440Ⅰ）。

Ⅴ　機関設計による株式会社の分類

　会社法では株式会社の機関設計の多様化が図られたので，機関設計による分類ができる。取締役会設置会社，会計参与設置会社，監査役設置会社，監査役会設置会社，会計監査人設置会社，監査等委員会設置会社，指名委員会等設置会社がある（会2⑦〜⑫）。とくに取締役会設置会社かどうかは，公開会社・非公開会社と並び，会社法上，さまざまな異なる規制を受ける重要基準である。

Ⅵ　種類株式発行会社とそうでない会社

　種類株式発行会社は，内容の異なる 2 種類以上の株式を発行する株式会社（会 2⑬）である。たとえば取得請求権付株式のみを発行する会社は，種類株式発行会社ではない。2 種以上の株式の中には，普通株式も含まれる。

株式会社

第**2**章

第**1**節　総　　説

I　株式会社の概念と資本

1.　株式会社の概念

　株式会社とは社員の地位が株式という細分化された割合的単位の形をとり，社員（株主）の全員が会社に対し各自その有する株式の引受価額を限度とする出資義務を負うだけで，会社債務につき会社債権者に対し何らの責任を負わない（間接有限責任）会社である。したがって，株式と株主の有限責任とが株式会社の基本的な特質である。

　昭和25年（1950年）改正前商法は，定款に資本の総額を掲げ，資本を株式に分かつものとしていたので，ここでは資本も不可欠の要素と認められたが，同年の改正によって無額面株式が採用され，資本と株式との関連が切断された商法のもとでは，資本はもはや株式会社の基本的特質とはいえなくなった。

　しかし，会社法の下でも株主有限責任制から生ずる結果を考慮して法律上資本（金）という概念が認められ，これに立法政策的に特殊の意義と機能が与えられている。つまり，会社債権者の唯一の担保である会社財産を確保するものとして資本の制度が設けられた。その意味で現行法の下でも資本はなお株式会社の副次的・二次的な特質をなしている（ただ会社法では最低資本金制度を廃止しているから，特質性はやや薄くなっている）。

（1）　株　式

　株式は，均等な割合的単位の形式をとる社員の地位であるが，これはできるだけ多数の人が株式会社に容易に参加できるようにするための法的・技術的要請である。株式には，金額をもってその割合を示す額面株式と単に数をもってその割合を示す無額面株式とがあるが，現在の株式会社が発行する株式はすべて無額面株式である。

（2）　有限責任

　株主は会社に対しその有する株式の引受価額を限度とする出資義務を負うだけで，それ以外の義務を何ら負担しない（会104）。これを株主有限責任の原則という。これは，1807年のフランス商法典以来の株式会社の基本的特色である。株主は追加出資義務がないため，安心して株式会社の社員になることができ，これにより零細な一般大衆から広く浮動資本を吸収することが可能となる。

　　株主の出資義務は，現在，その確実を期すために会社の成立前または募集株式発行の効力発生前つまり株主になる前にその全部を履行すべきものとされているから，株主となったときには会社に対しても何らの責任を負っていない。その意味で，株式引受人の出資義務・有限責任というほうが正確である。

（3）　資本（金）

　会社債権者保護の見地から，会社に最低限度確保されるべき財産の額を定めて，これを公示し，その金額に相当する財産を常に保有すべきものとされており，この一定の金額が資本金である。会社法上，株主となる者が設立または募集株式に際して当該株式会社に対して払込または給付した財産の額を原則とする（会445Ⅰ）。

　　これは，貸借対照表の純資産の部に計上される計算上の数額であって，現実に存在する会社財産の額と同一ではない。法律上の観念であって経済上の観念と異なり，授権資本とも関係ない。

2. 資本に関する原則

（1） 資本充実・維持の原則

資本金額に相当する財産が現実に会社に拠出され，かつ会社の存立中常に保有されていなければならないという原則である。実質的な会社財産の面から債権者の保護を図るものといえる。これは，出資資本の形成に関するもの，たとえば，発行価額全額の払込または現物出資全部の履行の要求（会34 I II・63 I III・208 I II），現物出資などの規制（会33・93・96・207）等と，取得後の維持に関するもの，たとえば配当規制（会461・446），法定準備金の積立強制（会445 II III IV・448）等である。

> ## !! 最低資本金制度
>
> 　　最低限の資本金の法定なしに資本金充実の原則を強調してもあまり有効でないとして，平成2年（1990年）改正商法は最低資本金制度を設けた（1,000万円）。しかし，起業の推進のために，会社法はそれを撤廃し，設立時の定款に記載する出資すべき額またはその下限額に制限を設けていない（会27④）。
>
> 　　しかし，債権者保護のために資本金制度を維持するため，剰余金の配当に際しては，純資産額が300万円以上であることが要求され（会458，会計規158⑥），実質的な最低資本金制度が残されている。

（2） 資本不変の原則

いったん定めた資本金の額を自由に変更してはならないという原則をいう。形式的な資本額の面からの減少を防止することによって債権者を保護しようとするものである。資本金額の減少を絶対に禁ずるわけではない。しかし，会社法はこれについて厳格な手続を要求している（会447・449）。

（3） 株式と資本の関係

1950年改正前商法においては，資本は株式に分けられていたので，株式は資本の構成単位であったが（資本＝株金額×発行済株式総数），その後の商法改正により，株式と資本の関係は段々と薄くなっていった。

　2005年（平成17年）会社法においては，有償で新株を発行した時に，原則とし
て払込みまたは給付した財産の額が資本金増加額になるという意味でのみ（会445
Ⅰ），株式と資本の変動が関連している。

（4）　授権資本制度

　昭和25年（1950年）改正商法は，会社の機動的な資金調達の確保のために，ア
メリカ法にならって授権資本制度を導入し，資金調達のための新株発行は，定款
に定めた授権株式数（発行可能株式総数）の範囲内で（授権資本），取締役会が
経営判断により適宜行うものとした。会社法も，公開会社について基本的にこれ
を継承している（会37ⅠⅡ・113Ⅲ）。

Ⅱ　株式会社の経済的機能

　株式会社は，資本と労力の結合と危険の分散の機能を最もよく果たし，しかも，
企業の所有と経営の制度上の分離によって経営手腕の発揮が容易であるため，大
規模かつ永続的な企業を可能とするとともに，企業合同の形成に重要な基礎を与
え，資本主義経済の発達に大きな貢献をしてきている。そして，今日，株式会社
は，ひとり株主や経営者の利益だけでなく，その従業員や一般消費者などの利益
を含めて，国民経済的にも重要な存在となってきている。

!! 企業の社会的責任（CSR：Corporate Social Responsibility）

　株式会社のように，企業規模が大きくなると，利害関係者が多様かつ
多数になり，公共性・社会性を帯びてくる。このような企業の公共性・
社会性が高まる中で，「企業の社会的責任」がいわれるようになった。企
業の社会的責任とは，企業が社会の一員として社会の要請に沿うよう行
動する責任であり，これには，教育・慈善・文化等，企業が社会・公共
の利益を積極的に推進する責任と，消極的には不正支出や公害等によっ
て公益を侵害しないという責任がある。

　アメリカでは，各州の会社法が明文で，会社は公共の福祉または慈善，

科学もしくは教育のために寄付をなし得ることを定めている。ドイツや
フランスでは，経営に労働者が参加することが法律上認められている。
　なお，近年，CSRを積極的に推進する企業に投資する手法として社
会的責任投資（SRI：Socially Responsible Investment）が盛んに
行われている。

Ⅲ 株式会社の法規制の特色

　会社法は，株式会社をめぐる関係経済主体の利害の調整を理念とし，株式会社
の経済的機能を助長するとともに，その弊害の防止に努めているが，株式会社の
法規制の特色は，次の点に表れている。

（1）　強行法性

　株式会社においては，多数の関係者が存在し，利害の対立を生じやすい。そこ
で，利己的な利益の追求を防止するため，会社の対外関係の規定だけでなく対内
関係の規定も強行法とされている（会29参照）。会社法の規定は，少数派株主お
よび会社債権者保護のためにあるといっても過言ではない。

> ただ，世界的な規制緩和の影響を受け，日本の会社法も定款自治に委ねる範囲
> が広がり，その意味では，任意法規化しつつあるといえる。

（2）　一般公衆の保護

　株式会社では，株主・債権者等，利害関係人が広範に及ぶため，その保護のた
め公示・公開主義（情報開示）を徹底し，かつ，裁判所等の国家機関の関与を認
めている。

（3）　罰則の強化

　会社の役員等の違法行為により，会社および第三者に損害を与えたときは，賠
償責任を負わせるほか，公法上の制裁や刑罰をも加えることとなっている。これ
は，被害が広範な人々に及ぶことを考慮したものである。

（4）　集団的処理

　株式会社は多数の株主によって構成されるため，集団的法律関係として個別的

な法律関係とは異なった処理方法が求められる。

とくに，会社の設立，株主総会の決議，募集株式の発行，資本金減少，合併等の組織再編が違法な場合，その無効を画一的に確定するため，特別の訴えの制度が認められている。

第2節　設　　立

Ⅰ　株式会社の設立手続

1．準則主義

日本における設立に関する立法主義は，諸外国における株式会社法制の発展にみられるように，特許主義から免許主義を経て準則主義へと発展してきた。

明治23年（1890年）商法の制定以前は，特許主義がとられ，政府は特定または特殊の会社につき国立銀行条例や私設鉄道条例などの単行法を制定し，または内国通運会社，東京海上保険会社など，随時会社の設立に免許を与え，その他の一般会社の設立については，地方長官の「聞置」または「人民ノ相対ニ任ス」などの指令を受けるのが慣例であった。明治23年（1890年）制定商法では，「株式会社ハ七人以上ヲ以テシ且政府ノ免許ヲ得ルニ非サレハ之ヲ設立スルコトヲ得ス」と規定し，免許主義を採用した。明治32年（1899年）制定商法において，会社の設立について初めて準則主義が採られた結果（商旧52Ⅱ・57），商法があらかじめ定めた手続に従い要件を満たしさえすれば，設立登記により法人格が付与され誰でも会社を設立できることになった。

会社法では，49条において準則主義を定める。つまり，会社法があらかじめ定めた手続に従い要件を満たせば，設立登記により法人格が与えられる。

2．株式会社の設立手続の特色

会社の設立は，（Ⅰ）会社という1個の団体を形成するとともに，（Ⅱ）会社という1個の法律上の人格を成立させることであり，定款の作成に始まり設立の登

記（会49）に終わる。会社なる団体を形成するには，①会社運営の基本ルールである定款の作成，②構成員であり出資者である社員の確定，③団体の活動を行う機関の具備が必要であるが，株式会社では人的会社と異なり，②・③は①以外の手続で行われ，さらに募集設立の場合には②は段階をなして行われ，③に創立総会の招集を要するなど，実体の形成のための手続は複雑で長時間を要する。

また，法人格の付与に関しては，株式会社の設立についても準則主義が採られているが，株式会社では株主相互間に人的信頼関係は予定されず，会社債権者にとって会社財産だけが唯一の担保であるため，この準則は周到・厳格なものにならざるを得ない（会52～56・103・847の強行法規性）。

なお，株式会社の設立行為の性質については議論があるが，通説・判例（大判昭和7・4・1民集11・9・837）は，株式会社という団体を設立する共同目的に向けられた複数の意思表示の合致からなり，その効果として各人に共通の内容の団体法上の権利義務を生じさせる合同行為であると解している。

3. 設立の実態

従来，株式会社の設立の大部分は，個人企業を税金対策などのために株式会社組織にしたり（法人成り），既存の会社が1事業部門を独立させて子会社としたり（会社の分割），複数の会社が共同出資して合弁会社を設立したりするために行われていた。

こうした法人成り対策としても導入されたのが最低資本金制度であったが，会社法では，より容易に株式会社を設立できるようにするために，最低資本金制度を撤廃するに至っている（前述）。

4. 発起人組合・設立中の会社

株式会社の設立手続は，定款の作成に始まり設立登記により完了するが，設立を企画し手続を進行するのは，1人または数人の発起人である。発起人が2人以上の場合，発起人の間には，通常，定款の作成に先立って会社の設立を共同目的とする組合契約が締結され，その履行行為として定款の作成やその他設立に必要

な各種の行為がなされる。この発起人の契約関係を発起人組合といい，法的性質は民法上の組合である（最判昭和35・12・9民集14・13・2994百選A I）。組合の業務執行行為は1人または数人の発起人に委ねられ（民670Ⅱ・672），この者は発起人総代または創立委員と呼ばれる。なお，発起人が1人のときは発起人組合は組織されない。

　発起人が定款を作成し，かつ1株以上の株式を引き受けたときに，社団の成立を観念することができる。この社団が設立手続の進行とともに形態を整えながら成長発展して会社となるので，会社の前身または胎児ということができる。これを設立中の会社と呼ぶ。設立中の会社と成立後の会社は実質的に同一であり（同一性説），発起人が設立中の会社の機関としてなした設立のために必要な行為の効果は，特別な移転・承継行為なしに，当然に成立後の会社に帰属する。

> 　設立中の会社の法律的性質については，権利能力なき社団と解されている。なお，設立中の会社には法人格がないので，権利義務は形式的に発起人総代に帰属する（設立中の会社自体に帰属するとする説あり）。
> 　発起人組合と設立中の会社は別個独立の概念であり，発起人組合は，設立中の会社の成立後も併存し，会社が成立すればその目的達成のため解散し，会社不成立の場合には目的の達成不能によりやはり解散する。しかし，両者は密接な関連をもっており，発起人による定款の作成や設立事務の執行は，発起人組合にとっては組合契約の履行行為であり，設立中の会社にとってはその根本規則の制定や機関の活動を意味する。

5. 株式会社設立の2方法

　会社法上，株式会社を設立するには，発起設立と募集設立の方法が認められる。前者は，設立時発行株式（株式会社の設立に際して発行する株式）の全部を設立企画者たる発起人のみで引き受けて会社を設立する方法（会25 I ①）で，後者は，発起人が設立時発行株式の一部のみを引き受けて，残部については他から設立時発行株式引受人を募集して会社を設立する方法である（同②）。

> 　会社法下における発起設立と募集設立の最大の相違点は，原始株主としての第三者の参加の有無と取締役・監査役の選任等のための創立総会の開催の有無ということにあることになる。前者は小規模会社または大企業の子会社を設立するの

に適し，後者は大規模な会社の設立に適している。しかし，実際には前者が多く，会社法の起草段階では，後者は廃止も検討されたほどである。

Ⅱ　設立の具体的手続

1．発起人

　株式会社の設立手続は，発起人の定款（原始定款）の作成から始まる。発起人とは，発起人として定款に署名（電子署名を含む）（会27⑤）または記名捺印した者（大判昭和7・6・29民集11・1257）である。発起人は1人で足りる（会26Ⅰ）。発起人は少なくとも1株以上の株式を引き受けなければならず，これにより設立される会社の最初の株主（原始株主）となる（会25Ⅱ）。発起人の職務は設立事務を行うことである。発起人の資格については制限がなく，制限行為能力者，法人ないし会社（大判大正2・2・5民録19・27）や外国人でもよい。

　発起人は定款の作成・株式の引受という設立行為によって設立中の会社の原始構成員となるが，設立中の会社を成立させるに必要な業務を執行すべき執行機関でもある。発起人が設立中の会社の機関としてその権限に属する行為をなした場合のみ，その効果が成立後の会社に帰属することになる。

　ところで，設立中の会社の機関としての発起人の権限の範囲については，①株主の募集（会57・58），株式申込証の作成（会59），株式の割当（会32・60），創立総会の招集（会65），検査役の選任請求（会33），創立事項の報告（会87Ⅰ）等，株式会社という社団の形成それ自体に関する行為，すなわち会社の成立要件的行為に限定する説と，②会社設立のために法律上・経済上必要な一切の行為（設立事務所の借入，設立事務員の雇用，備品・文房具・切手・印紙などの購入，定款・株式申込証・目論見書などの印刷や株式募集の広告の委託のような対外的取引行為）を含むとする説がある。①説は，設立中の会社が社会的に実在し，各種の取引行為に従事せざるを得ない現実を無視するものであり，また，同一性説をとることの意義が半減すると批判される。②説に対しては，設立中の会社を強調するあまり，これを法律的にも成立後の会社と同一に見すぎる，設立に際して会社の財産的基礎を危うくする，との批判がある。判例（最判昭和38・12・24民集17・12・1744）はいずれの立場に立つか明らかでない。

　この点，私見は，設立中の会社は会社の設立を目的とするのであるから，その目的達成に必要な行為は，法律上必要な行為だけでなく経済的に必要な行為も，広く発起人の権限内に属すると解する。株式会社濫設時代を経験し，設立手続を厳格な規制の下に置いた準則主義定着時代はともかく，現在では発起人の権限を極端に狭く解する必要はない。現に発起人には財産引受（会28②）の権限すら認められている。

　なお，成立後の会社の事業開始のための準備をする開業準備行為（使用人の雇用，資金の借入等）については，判例（最判昭和33・10・24民集12・14・3228百選5，最判昭和36・9・15民集15・8・2154，前掲最判昭和38・12・24）・通説は，法定の要件を満たした財産引受だけが例外的に発起人の権限に含まれるに過ぎないとして，発起人の権限を原則的に否定している。一方，少数説は，会社を設立するのは，成立後の会社という法形態を利用して営利を追求するためであり，法人格の取得のみを目的とするものではなく，したがって，設立中の会社の機関としての発起人は開業の準備に必要な行為をなす権限を有するが，無限定的に発起人の権限を認めると濫用によって成立すべき会社の財産的基礎が害されるおそれがあるので，法は発起人が本来有すべき権限を制限して，財産引受については厳重な法定要件の充足を要求していると解している。そして，財産引受が開業準備行為の1つである以上，その他の開業準備行為（財産の賃借，製品の供給契約，使用人の雇用等）についても財産引受に関する会社法の規定が拡張ないし類推適用されるとする。

2．定款の作成

　会社の定款には，会社の組織や運営に関する根本規則である実質的意義における定款と，この根本規則を記載した書面（電磁的記録も可）たる形式的意義における定款との2つの意義がある。そして会社の設立の場合の定款作成には，この実質的意義における定款を定め，しかも形式的意義における定款に記載または記録することが必要である。最初の定款（原始定款）は発起人の総意でつくる（会26Ⅰ）。募集設立の場合，創立総会で変更できる（会66・73ⅡⅢⅣ）。公証人の認証が定款の効力要件である（会30Ⅰ）。定款の主な内容は株式申込証に記載また

は記録され（会59Ⅰ②），登記もされる（会911Ⅲ①②⑥）。会社の成立後は，本店に備え置き，株主・端株主・会社債権者の閲覧に供される（会31Ⅰ）。

定款の記載事項には次の3種類がある。

（1）絶対的記載事項

定款に必ず記載または記録しなければならない事項で，記載または記録を欠く場合，定款全体が無効になり，設立無効の原因になる。具体的事項は会社法27条に定めている。すなわち，①目的（会社が営もうとする事業），②商号（商号中には「株式会社」という文字を入れなければならない：会6Ⅱ），③本店の所在地（主たる事業所の存在する独立の最小行政区画），④設立に際して出資される財産の価額またはその最低額，⑤発起人の氏名および住所である。

平成17年（2005年）改正前商法下では，発行可能株式総数（会社が発行することができる株式の総数－いわゆる「授権資本」）は絶対的記載事項とされたが，会社法では，それは原始定款に定めなくても会社成立時までに定款変更して定めなければならない（会37Ⅰ・98）。なお，株式譲渡制限会社を除き，設立時発行株式の総数は発行可能株式総数の4分の1を下ることはできない（会37Ⅲ）。また，公告方法も絶対的記載事項ではなくなり，定款に定めない場合は官報とされる（会939ⅠⅣ）。

‼ 類似商号規制

平成17年（2005年）改正前商法19条は廃止されたが，なお，同一商号・同一住所の登記はできない（商登27）。また，商号の不正使用については，従来と同様の回復措置をとることができる（会8，不正競争防止法3・4・5）。

（2）相対的記載事項

そのことを書かなくても定款の効力には関係ないが，有効に定めるには定款に記載または記録しなければならない事項である（会29）。会社法28条は，会社の設立に重大な関係があるものについて列挙している。

①　**現物出資に関する事項**　現物出資とは，金銭以外の財産をもってなす出資である。現物出資の目的となり得る財産は，貸借対照表に資産として掲げ得るものである限り，その種類のいかんを問わない。法は資本調達という経済的要請に応えて現物出資を認める一方，現物出資の過大評価は資本の充実を害するので，重層的・段階的に厳重な規制を設け（定款への記載と検査役による調査等−会28Ⅰ・33Ⅰ），さらに財産引受，事後設立の規制により潜脱行為を禁圧して，利害関係人の保護を図っている。なお，検査役の調査については，弁護士等による証明，鑑定評価により省略することもできる（後述）。

②　**財産引受に関する事項**　財産引受とは，発起人が会社のために会社の成立を条件として第三者から一定の財産を譲り受けることを約する契約をいう。会社設立に必要なものではなく，開業準備のために行われる。会社法は，財産引受につき危険な約束として，定款への記載または記録と裁判所選任の検査役による検査を要求している（会28②・33Ⅰ・46）。

> 財産引受の規定は，現物出資の脱法を防ぐために設けられたものであるが，現実には後述の事後設立の方法が多く利用される。

　財産引受は，法定の手続を履践する限り設立中の会社の機関たる発起人の権限事項に属し，その効果は当然に成立後の会社に帰属する。発起人の権限は，本来，会社の設立に必要な行為に限られるが，実際の必要から，法は厳格な要件の下に財産引受を許容したものである。

‼️ 事後設立

　事後設立とは，株式会社の成立後2年内におけるその成立前から存在する財産であってその事業のために継続して使用する一定規模の財産の取得について，株主総会の承認特別決議を要求する制度のことである（会309・467Ⅰ⑤）。現物出資や財産引受の潜脱を防止するための規制である。会社法では，事後設立における検査役の調査制度が廃止された。株主総会の決議が不要となる要件が簡易組織再編にあわせて引き上げられた。

　法定の要件を欠く財産引受は，無効であるが，会社による追認を認めるか否か
につき争いがある。判例（最判昭和28・12・3民集7・12・1299）・多数説は，追
認を肯定すると，要件不備のために無効な財産引受が会社の一方的な意思表示で
有効となり，財産引受を厳重な監督の下に置き株主のみならず会社債権者の利益
を保護せんとする法の趣旨が没却されるとして，追認否定説をとる（なお，最判
昭和61・9・11判時1215・125百選6は，絶対的無効の立場をとりながら，信義
則違反を理由に無効の主張が許されない「特段の事情」を認めた）。

　　しかし，会社の利益保護という観点からは，追認肯定説の方が，会社にとって
　有利と判断される場合に追認すればよいから，むしろ一層その目的に適うといえ
　る。この場合，発起人の無権代理行為と考え，追認可能と解すればよい。会社が
　追認しないときは，民法117条により発起人に責任追及できる（最判昭和33・10・
　24民集12・14・3228百選5）。
　　追認は，通常は業務執行の一環として，取締役会（会362Ⅳ①）または代表取締
　役の判断によってなされるが，場合によっては事後設立に該当するものとして，
　株主総会の特別決議が必要である（会309・467Ⅰ⑤）。

　③　発起人の報酬その他の特別利益　　発起人が設立に尽力した労務に対し支
払われる対価である。発起人の報酬は定款に総額を定めればよく，各発起人につ
いての額を定める必要はないと解されている。特別利益とは発起人の会社設立に
あたっての功労に報いるために与えられる利益であって，利益配当または新株引
受に関する優先権，会社の設備利用権の授与等をいう（会28③）。
　④　会社の設立費用　　会社設立のために，発起人がその権限に基づいて支出
した費用（定款の作成費，設立事務所の賃貸料，株主募集の広告費，株式申込証
の印刷費，株式払込取扱銀行への払込取扱委託手数料，創立総会の招集費用等）
を設立費用という。これらの設立費用は，本来会社が負担すべきものであるが，
会社が無制限に設立費用を負担することを認めると不当支出などが行われやすく，
会社の財産的基礎を害するおそれがあるので，会社の負担に帰すべき設立費用の
限度の定款への記載および検査役の調査を要求したのである（定款の認証の手数
料その他株式会社に損害を与えるおそれのないものとして会施規5条が定めるものを除
く：会28④括弧書）。

　設立費用は，発起人と会社の間においては定款（会28④）に記載された金額の限度で会社の負担となるが，債務が会社成立時までに弁済されていない場合，債権者は会社に請求できるか。学説は，前述 1．の発起人の権限に関して①説をとるものは，債権者は会社成立後も発起人に対してのみ支払を請求できるとし（発起人は会社に求償できる），②説をとるものは，債権者は定款所定の額に関わりなく会社に請求でき，会社は超過分を発起人に求償できるとする（会社責任説）。他に両者の重畳的責任を認める説もある（鈴木説）。判例（大判昭和 2・7・4 民集 6・9・428 百選 7）は，定款の記載などの法定要件を満たした設立費用の限度内で成立後の会社に当然帰属するとする。私見は，②説をとるから，会社責任説を妥当とする。鈴木説は，十分な実定法上の根拠がない。また，判例は，債務総額が規定の費用を超えるとき，多数の債務のうちどの債務がいかなる範囲で会社に帰属するかという難問に突き当たる。

　これら 4 つの相対的記載事項は変態設立事項といわれ，いずれも放任すると設立当初の会社の資本充実を害する危険が大きいので（そこで「危険な約束」と呼ばれることもある），定款に記載した上，裁判所の選任する検査役の調査を経ることを要し（会33 I），不当なときは裁判所（発起設立の場合）または創立総会（募集設立）がその内容を変更する（会33Ⅶ・96）。

　しかし，現物出資財産等が 500 万円を超えないとき，または市場価格のある有価証券である場合に，定款記載額（会28①②）がその相場を超えないときは，検査役の調査を受けることを要しない（会33 X ①②）。また，現物出資・財産引受の目的たる財産が，その相当性について弁護士，弁護士法人，公認会計士（外国公認会計士を含む），監査法人，税理士または税理士法人の証明を受けたとき（財産が不動産のときはその証明および不動産鑑定士の鑑定）も検査役の調査の省略が認められる（同③）。

　その場合，設立時取締役（同および設立時監査役）は，現物出資財産等について定款に記載（記録）された価額または会社法33条10項3号の証明および鑑定が相当であることを調査しなければならない（会46 I ①②・93 I ①②）。発起設立の場合，調査により法令・定款違反または不当な事項があるときは発起人にそれを通知しなければならない（会46Ⅱ）。募集設立の場合は，当該証明および鑑定を記載（記録）した資料を創立総会に提出しなければならない（会93Ⅱ）。

発起人，設立時取締役等および会社法33条10項3号の証明および鑑定をした者は，財産の会社設立等における実価が定款で定めた価格に著しく不足するときは，会社に対し連帯してその不足額を支払う義務を負うが，無過失を証明したときはこの限りでない（会52ⅠⅡ②Ⅲ）。発起人，設立時取締役等については，検査役の検査を経た場合も除かれる－同Ⅱ①）。ただし，募集設立の場合の発起人，設立時取締役等の場合は無過失責任である（会103Ⅰ）。

株式の内容を定める場合（会107），異なる種類の株式を発行する場合（会108），株券を発行する場合（会214）は定款に定めなければならない。

（3）　任意的記載事項

（1），（2）以外の記載事項である。設立時取締役，設立時会計参与，設立時監査役または設立時会計監査人等について定めることができる（会38Ⅲ）。定時総会の招集時期，取締役・監査役の員数などが定められることも多い。定款に記載または記録することによって，形式的効力を増し，その変更には定款変更の厳重な手続を踏まなければならない。

3.　株式発行事項の決定

会社が設立される場合，発行可能株式の総数は，定款で定めなければならない（会37）。また，次の2項目については，発起人全員の同意によって決定すべきものとされている（会32・58）。同意の方式についてはとくに制限はないが，設立登記申請においては，発起人全員の同意を証する書面が添付書類として必要とされる（商登80③）。

（1）　設立時発行株式

発起設立の場合，発起人が割当を受ける設立時発行株式の数，払込金額，資本金および資本準備金の額に関する事項を定めるとき（会32Ⅰ）。種類株式発行会社の場合はその発行株式の内容（会32Ⅱ）。

（2）　設立時募集株式

募集設立の場合，設立時募集株式の数，払込金額，払込期日または払込期間，引受取消可能かどうか，またはその取消日（会58Ⅰ）。

4. 発起人による株式の引受

　定款の作成，株式発行事項の決定がなされた後，発起人は必ず株式を引き受けなければならない（会25Ⅱ）。なお，設立登記の申請において，発起人の株式引受を証する書面（定款への記載でもよい）が添付書類として必要である（商登80②）。

5. 設立経過の調査

　定款に変態設立事項を定めたときは，発起人は定款認証後遅滞なくそれらを調査させるために裁判所に検査役の選任の申立をしなければならない（会33Ⅰ。ただし，同Ⅹ）。裁判所が検査役の調査報告を受け，変態設立事項が不当であると認めたときは，これを変更する決定をしなければならない（同Ⅶ）。変更に不服の発起人は，決定確定後1週間以内にその株式引受の意思表示を取り消すことができる（同Ⅷ）。取消があった場合，発起人は全員の同意で変更事項を廃止する定款変更をできる（同Ⅸ）。

6. 発起設立

(1) 出資の履行

　発起設立の場合，設立に際して発行する株式の全部が発起人により引き受けられなければならない（会25Ⅰ①）。引受がなされると遅滞なく，各発起人は，引き受けた株式について発行価額の全額を，発起人が定めた機関（銀行または信託会社）に払い込まなければならない（会34Ⅱ）。しかし，必ずしも払込取扱金融機関による払込金の保管証明を必要としない。

　また，現物出資も払込期日に出資の目的である財産を全部給付しなければならないが，登記・登録など権利の設定または移転の対抗要件として必要な行為は，会社成立後に行うことができる（会34Ⅰ）。

!! 払込の仮装

　仮装払込の方法としては，発起人が払込取扱銀行と通謀して金銭を借り入れ，これを払込金として設立中の会社の預金に振り替えたことにし，

　その借入金を返済するまではその預金を引き出さないことを約束する預合があるが，このような払込は効力を認めることができず，法はこれに対して厳重な刑罰による制裁を科している（会965：預合の意義について最判昭和42・12・14刑集21・10・1369百選A48参照）。

　そこで近時は，発起人が払込取扱銀行以外の銀行から金銭を借り入れて株式の払込にあて，会社の成立後にこれを借入金の返済にあてる見せ金の方法が法人成り企業において行われている。見せ金と預合の違いであるが，前者では一応金員の移動による現実の払込があり，後者のように帳簿上の操作のみによるものではない。後者では発起人と払込取扱銀行の役職員との間に必ず通謀が存在する。

　なお，最判昭和38・12・6民集17・12・1633百選8は，預合と見せ金の結合した払込の仮装方法の事例である。見せ金の効力については，この場合にも一応払込は完全になされており，会社成立後ただちに代表取締役がこれを引き出して借入金の返済にあてたとしても，会社成立後に代表取締役が払込金を引き出して私消または自己の債務の弁済にあてた場合と区別することは困難であるから，見せ金による払込も当然に株式の払込として無効と解すべきでないとする説もあったが，多数説，判例（前記最判昭和38・12・6）は，全体として考察すれば，会社資本が充実されない点では預合と同一であり，当初から仕組まれた払込の仮装であるから無効であるとした。しかし，平成26年（2014年）改正により，払込の仮装がある場合，発起人等（会52の2ⅠⅡ・103Ⅱ）または募集株式引受人（会102の2）が支払責任を負うので，見せ金（および発行株式の）無効説を維持することは，難しいと思われる。

　なお，発起人が期日までに出資の履行を促しそれをしない場合には，設立に際して株式を引き受ける権利を失う（会36Ⅲ：失権）。

（2）　取締役・監査役の選任

　発行価額全額の払込および現物出資の給付があったときは，発起人は遅滞なく設立時取締役を選任しなければならない（会38Ⅰ）。その会社の設置する機関の種類別によって設立時会計参与，設立時監査役，設立時会計監査人を選任しなければならない（会38Ⅱ）。

（3）　設立経過の調査

設立時取締役・監査役は，現物出資財産等についての価額が相当であること，当該財産等についての弁護士・公認会計士等の証明が相当であること，出資の履行が完了していること，設立手続が法令または定款に違反していないことについて調査義務を負う（会46Ⅰ）。

この調査の結果，法令もしくは定款違反の事項または不当な事項があると認められるときは，発起人にその旨を通告しなければならない（同Ⅱ）。これは，違法または不当な事項を発起人に認識させ，その是正を促すためである。なお，現物出資財産等給付等価額が成立時に著しく不足するときは，設立関与者として発起人・設立時取締役に価格塡補義務が課せられている（会52Ⅰ）。

7. 募集設立

（1）　設立時発行株式引受人の募集

募集設立においては，発起人は設立時発行株式の一部しか引き受けないから，発起人の出資後，発起人全員の同意でもって，設立時発行株式引受人の募集を行うことができる（会57・59Ⅱ）。募集の方法は制限がなく，公募でも縁故募集でもよい。発起人は，定款，変態設立事項，設立時発行株式および設立時募集株式に関する事項，発起人が出資した財産の価額，払込取扱場所等について，株式引受人に通知しなければならない（同Ⅰ）。

（2）　設立時募集株式の申込

株式の申込をする者は，引き受けようとする設立時募集株式の数，申込人氏名または名称および住所を記載した書面を発起人に交付しなければならない（電磁的方法も可）（会59ⅢⅣ）。これは集団的な株式申込の処理を簡明に行えるよう会社の便宜のためである。

株式の申込の効力を確保するため，2つの特則が定められている。すなわち，株式申込という意思表示には，民法の心裡留保の規定（民93但書）は適用されず，発起人が悪意でも申込は有効であり（会51Ⅰ），また，設立時募集株式引受人が会社の成立後または創立総会（種類創立総会）に出席して権利行使をした後は，錯誤を理由とする引受の無効または詐欺もしくは強迫を理由とする取消をすること

はできない（会102Ⅳ。ただし，無能力による無効・取消はこの制限に服しない）。

（3）　設立時募集株式の割当・引受

募集株式総数に対する株式の申込があると，発起人は特定の株式申込人に対して株式を引き受けさせるかどうかおよび何株を引き受けさせるかを決定する（会60）。これを株式の割当というが，どのように割り当てるかについては，募集広告や目論見書等に先着順など特定の方法を示した場合を除いて，発起人が自由に決定できる（割当自由の原則）。割当があると，株式申込人は設立時募集株式引受人となり，割り当てられた株式の数に応じて払込義務を負う（会63Ⅰ：最判昭和42・11・17・民集21・9・2448百選9は，他人の承諾を得てその名義を用い株式を引き受けた場合には，名義人ではなく実質上の引受人すなわち名義借用者がその株主となるとする）。

（4）　出資の履行

設立時募集株式価額の払込および現物出資の給付については，発起設立の場合とほぼ同じである（会63）。株式の払込は，発起人が定めた銀行または信託会社（払込取扱銀行）の払込取扱場所において行わなければならない（同Ⅰ）。株式引受人が払込をしないときは，設立時募集株式の株主となる権利を失う（同Ⅲ）。

（5）　検査役による調査

募集設立においても，定款に変態設立事項を定めた場合は，発起人（発起設立の場合は取締役であることに注意）は裁判所に検査役の選任を請求しなければならない（会33Ⅰ。検査役の調査が不要とされる場合につき，同Ⅹ）。

（6）　創立総会

募集設立において，発起人は，出資が履行されるとすぐに創立総会を招集しなければならない（会65Ⅰ）。

創立総会では，設立に関する発起人の報告を聴き（会87Ⅰ），設立時取締役および設立時監査役等を選任し（会88），設立時取締役等は設立経過を調査して結果を報告することを要する（会93）。変態設立事項については，裁判所の選任した検査役の調査報告書が発起人によって創立総会に提出される（会87Ⅱ①）。また，設立時取締役等は，検査を免除される現物出資・財産引受の定款に定めた価格が相当かどうかなどを調査し，調査結果を創立総会に報告する（会93ⅠⅡ）。変態設立事

項を不当と認めたときは，総会でこれを変更することができる（会96）。さらに招集通知に特にその旨の記載または記録がなくても，定款の変更または設立の廃止を決議することができる（会73Ⅳ）。

> ‼ **創立総会による変態設立事項の変更**
> **（最判昭和41・12・23民集20・10・2227）**
>
> 　総会による変態設立事項の変更は，それが不当と認められる場合に限られるのであるから，縮小または削減のみが可能であり，追加または拡張を許さないとするのが判例，通説である。すなわち，変態設立事項に関する会社法の諸規定は，発起人その他の第三者の利益のために会社の財産的基礎が害されることを防止する目的で設けられたのであり，創立総会による変態設立事項の変更権限には，このような立法趣旨からくる制約が課せられていると理解する。
> 　創立総会の決議は特に慎重を期して，設立時株主の議決権の過半数であって，かつ出席した設立時株主の議決権の3分の2以上で行わなければならない（会73Ⅰ）。

8. 設立登記

（1）設立登記

　株式会社の設立手続は，設立登記をもって終了する。設立登記は，発起設立の場合は設立経過調査の終了の日または発起人が定めた日の遅い日から，募集設立の場合は創立総会終結の日または定款変更手続終了の日から2週間を経過した日または種類株主総会の決議の日の遅い日から，それぞれ2週間内に本店所在地においてしなければならない（会911Ⅰ。期間経過後の登記もそれ自体は無効ではない）。

　会社法911条3項は登記事項を定めている。定款所定事項以外で，会社の存立時期・解散事由，資本金の額，発行する株式の内容，種類および数，単元株式数，発行済株式総数・種類と数，株券発行の有無，株主名簿管理人，新株予約権，取締役の氏名，代表取締役の氏名・住所，設置機関による会社分類，社外取締役等，貸借対照表の電磁的公開に関する事項，電子公告などが登記事項とされている。

設立登記は代表取締役の申請によりなされる（商登92・55Ⅰ）。

設立登記の申請書には，定款，株式申込・引受を証する書面，発起人全員の同意による株式発行時は公の決定を証する書面，取締役・監査役・検査役の調査報告書，取締役・代表取締役・監査役の就任承諾を証する書面，払込取扱銀行の払込金保管証明書などを添付する（商登80）。登記官はこれらの添付書類によって株式会社の設立準則が守られたことを知ることができる。なお，設立登記には資本金額の1,000分の7（ただし最低15万円）の登録免許税を納付することを要する（登税別表第1十九（一）ロ）。

‼ 変更の登記・支店の登記

設立登記後，登記事項に変更を生じたときは，本店の所在地においては2週間内に変更の登記をしなければならない（会915）。

令和元年改正により，支店の所在地における登記は，コンピューター化により本店所在地の登記情報へのアクセスが容易になったため，廃止された（会930～932の削除）。

（2）　設立登記の本来の効果

設立登記によって会社は成立し，法人として存在するにいたる（会49）。

昭和13年（1938年）改正商法以前には，登記を会社設立の対抗要件としていたが，それでは第三者の主張いかんによって会社の成否を異にする結果をきたし，法律関係を錯綜させるので，同改正によって設立の登記を会社成立の要件とし，これによって法律関係の明確化を図ろうとした。

会社の成立とともに，株式引受人は株主となり，設立中に選任された取締役・監査役は会社の機関となり，発起人が会社成立のためなした行為によって（設立中の会社─発起人総代が）取得した権利や負担した義務は，会社に帰属する。もっとも，いかなる範囲の権利義務が会社に帰属するかについては，前述のように，学説上，発起人の権限の範囲いかんという問題として議論がある。

（3）　設立登記の特別の効果

　会社の成立後は，株式引受の無効，取消が制限され（会51Ⅱ・102Ⅳ），権利株譲渡の制限（会50Ⅱ・63Ⅱ）がなくなる。

Ⅲ　設立に関する責任

1. 現物出資等差額塡補責任

　現物出資・財産引受の対象である財産が定款に定めた価額より著しく過大評価されていた場合，発起人・設立時取締役は，連帯して会社に対し実価との差額を支払う義務を負う（会52Ⅰ）。ただし，検査役の調査を経ている場合，現物出資者または財産の譲渡人以外の発起人・取締役はこの責任を免れる（同Ⅱ①）。

2. 仮装払込に関する責任（平成26年改正）

　発起人が金銭出資の払込を仮装した場合，および仮装した額の支払義務を負い，現物出資の給付を仮装した場合には，全部の給付義務または相当額の金銭支払義務を負う（会52の2Ⅰ）。それ以外の発起人・設立時取締役も同様の義務を負うが，無過失を証明した場合，責任を負わない（同Ⅱ）。この責任は連帯責任であり（同Ⅲ），株主代表訴訟の対象となる（会847Ⅰ）。しかも，この責任は総株主の同意がなければ免除できない（会55）。

　募集設立の場合も同様であるが（上記のほか会103Ⅱ），払込を仮装した引受人も仮装した額の支払義務を負う（会102の2）。連帯性，株主代表訴訟対象性，免除については上記と同様である（会103Ⅱ・847Ⅰ・102Ⅲ）。

3. 損害賠償責任

　発起人，設立時取締役または設立時監査役は会社の設立に関して任務を怠った場合，会社に対してこれによって生じた損害を賠償する責任を負う（会53Ⅰ）。この責任は過失責任であり，総株主の同意により免除できる（会55）。また，責任追及等の訴えが認められている（会847）。

　発起人，設立時取締役または設立時監査役が会社の設立に関して任務を怠った場合に，悪意または重大な過失があったときは，第三者に対しても連帯して損害

賠償の責任を負う（会53Ⅱ・54）。この第三者に対する損害賠償責任について，通説は，第三者の保護を強化するため，法が不法行為責任とは別個に発起人に負わせた法定の特別責任であるとし，悪意または重過失は会社に対する任務懈怠について存することを要するという。また，ここでいう第三者は広く会社以外のものをさし，株式申込人，株式引受人または株主を含むと解されている（大判昭和2・2・10民集6・1・20）。

　株主の損害は，会社に対する損害賠償責任の履行によって完全に賠償されるわけでは必ずしもなく，また，これらのものを第三者から除外したのでは，会社法53条2項・54条がほとんど無意味になるからである。

---

4. 会社の不成立の場合の発起人の責任（大判昭和14・4・19民集18・7・472）

　会社が成立しない場合，つまり会社の設立が中途で挫折し，設立登記にいたらない場合，発起人が会社の設立に関してなした行為について連帯して責任を負い，設立費用も，定款への記載の有無を問わず，全額を発起人が連帯して負担する（会56）。

　「株式会社の設立に関してした行為」の範囲については，通説は会社成立の場合にその効果が会社に帰属する発起人の行為の範囲，すなわち発起人が設立中の会社の機関として有する権限の範囲と解している。前述のように，発起人の権限の範囲については学説の対立がある。それに対して権限の範囲外の行為については，会社不成立の場合に発起人全員が当然に連帯責任を負うことはない。それが発起人組合の目的の範囲にあるときは，発起人が責任を負う。

　本条の発起人の責任は，株式引受人に出資金を返還してこれを保護するために，法がとくに認めた無過失責任であるとされている。

発起人の責任の性質

　この場合の発起人の責任の性質については，同一性説をとりながら，

会社が不成立に終わる場合には設立中の会社は初めに遡ってなかったことになり，発起人は機関としての地位を失い，発起人が形式的のみならず実質的にも初めに遡って権利義務の主体とならなければならないとする見解と，会社が不成立の場合でも，それまで実在した会社が初めに遡って存在しなかったことになるはずはなく，これは目的の不到達によって解散し，清算されるのであり，株式引受人も設立中の会社の構成員である以上，団体の債務を弁済した残額についてのみ払込金の返還を請求し得るはずであるが，会社法56条は株式引受人を保護するため，すべての発起人に全責任を負わせたものと解する見解がある。しかし，両説の結果に差異が出るわけではない。そして，両説とも株式引受人と債権者とを同順位に立たせている。

5. 擬似発起人の責任

発起人でなくても，会社法57条1項の募集をした場合において，当該募集の広告その他当該募集に関する書面または電磁的記録に自己の氏名または名称および会社の設立を賛助する旨を記載し，または記録することを承諾した者（賛助員・創立委員など）は，擬似発起人といい，発起人と同一の責任を負う（会103Ⅱ）。これは外観責任の一種である。

Ⅳ 設立の無効

1. 総 説

設立登記がなされ会社が成立しても，設立手続に瑕疵があるときは，その設立は無効のはずである。しかし，すでに活動を開始している会社の設立の無効を一般原則に委ね，いつでも誰でもどのような方法でも無効を主張できるとなれば，法律関係の混乱を招き取引の安全を害する。そこで，会社法は設立無効の訴えの制度を設けて，設立無効を画一的に処理することにし，法律関係の安定を図っている。

2. 設立の無効原因

設立無効原因は特に法定されていないので，解釈に委ねられている。①定款の

絶対的記載事項の記載がないかまたはその記載が違法であるとき，定款に公証人の認証がないとき，②設立時株式発行事項について発起人全員の同意による決定がないとき，③設立に際して出資される財産の価額またはその最低額に相当する財産の出資の履行がされないこと，④創立総会の招集がないとき，⑤設立登記が無効であることなどが無効原因に当たると解されている。持分会社と異なり，いわゆる客観的瑕疵に限られ，主観的瑕疵は含まれない。

3. 設立無効の訴え

設立無効の訴えは，株主，取締役，清算人（設置機関によっては監査役または執行役）のみが，会社成立の日から2年内に提起することができる（会828Ⅰ①Ⅱ①）。訴えは会社を被告とし（会834①），会社の本店所在地の地方裁判所の専属管轄となる（会835Ⅰ）。

4. 判決の効果

設立無効の判決がなされて確定した場合（原告勝訴），判決の効力は訴えの当事者だけでなく，第三者にも及ぶ（対世効－会838）。対世効が認められるのは，会社をめぐる多数の法律関係を画一的に取り扱う必要があるからである。また，判決には遡及効がなく，会社，その株主および第三者の間に生じた権利義務は，無効判決によって影響を受けない（会839）。無効判決の確定により，会社は解散に準じて清算に入る（会475②）。

> 原告敗訴の場合，対世効はない。したがって，提訴期間内であれば，他の者がさらに無効の訴えを提起できる。なお，この場合，原告に悪意または重大な過失があるときは，会社に対して連帯して損害賠償の責任を負う（会846）。

5. 会社不存在の訴え

会社の設立登記がなされても，会社と認められる組織が全く存在しない場合には，設立無効の訴えを提起するまでもなく，一般原則により，誰でもいつでもどのような方法によってもその不存在を主張することができる（大判昭和10・11・16民集24・19）。

第3節　株式と株主

Ⅰ　総　説

1. 株　式

（1）緒　説

　株式の意義あるいは株式の性質については種々の見解があるが，通説はこれを株式会社の構成員（社員）である株主の地位であると解している（社員権説）。この株主の地位を株主権ともいう。株主は，株式に基づいて会社に対して剰余金配当請求権，残余財産分配請求権，議決権などの権利を有するとともに，出資義務を負う。

> ## *!!* 株式の性質についての学説と判例
>
> 　株式の性質に関して学説の多数説である社員権説は，株主を株式会社の社員権者，株式を株式会社の社員としての地位と解する。判例も社員権説をとり，共益権（訴訟提起権）の譲渡性・相続性を認めている（有限会社について最判昭和45・7・15民集24・7・804百選13）。

　株主としての地位である株式は，他の会社における社員の地位（持分）と基本的には同じであるが，均一の大きさに細分化された割合的単位の形式をとっているところに特色がある。株式会社において株主の地位がこのように均一の大きさに細分化されているのは，多数の者が容易に会社に参加できるようにするためであり，これによって，株主権を証券にして取引の対象とすることができるし，また，多数の社員から構成されている会社の法律関係を簡明にし，かつ画一的な処理をすることができる。そして，各株主は，保有する株式の数に応じた数の株主の地位を有しており（持分複数主義），持分会社の社員が出資額に応じて大きさ

の異なる1個の地位を有する（持分単一主義）のと異なるところである。

　　割合単位である株式は，それをさらに細分化して部分的な株式とすることはできない。たとえば，1個の株式を2分して半分を他人に譲渡し，0.5株ずつ保有することは認められない。これを株式不可分の原則という。もっとも，1個または数個の株式を数人で共有すること（株式の準共有）は差し支えない（会106。なお，最判平成2・12・4民集44・9・1165百選10，最判平成9・1・28判時1599・139百選11参照）。また，単位そのものを引き下げて数個の新しい単位を作り出すこと，すなわち株式の分割は認められる。

‼ 株式の準共有

　　相続において遺産分割されるまでは被相続人の株式は，共同相続人の準共有となる（民898）。この準共有株式について権利行使するには，準共有者が権利行使者を1人定め会社にその者の氏名（名称）を通知しなければならない（会106本文）。この権利行使者の決定は，共有物の管理行為として，共有物の持分の価格に従いその過半数で行うが（民252本文，前掲最判平成9・1・28），この共有株式で株主総会決議の結果が変わるときは，（準）共有者の立場で訴えを提起できる（前掲最判平2・12・4）。

　　なお，共有株式についての権利行使者の通知は，会社の同意があるときは必要ないが（会106但書：会社法で追加），この同意は会社のリスクにおいて行うものであり，最判平成27・2・19民集69・1・25百選12も，会社の同意があっても，民法の共有規制（民251・252）に従って行使されなければ，適法な議決権行使とならないと判示した。

　　株式と資本の関係については，従来，資本を株式に分かつものとしていたので，株式は資本の構成単位であり，1株の金額に発行済株式総数を乗じた額が資本の額であるという関係にあったが，現在では，1株の金額のない無額面株式のみが認められるため，そのような関係は存在しない。無額面株式において，原則として払込額の総額が資本金の額となり（会445Ⅰ），払込額の2分の1以内は資本金

に計上せず，資本準備金とすることができる（会445ⅡⅢ）。この意味で資本と株式の関係はわずかに残っている。

（2） 無額面株式

株式には，額面株式と無額面株式があったが，平成13年（2001年）改正により，額面株式は存在しなくなった。

無額面株式は，額面のない株式であり，株券には株式数のみが記載される。無額面株式においては，発行価額に制限はなく，したがって，株価が下落している場合でも，新株を発行して資金を調達することができる。また，無額面株式は，額面株式と違い，株主総会の特別決議による額面の変更をしなくても，取締役会の決議だけで株式分割ができるので，株価が高騰している会社にとっても利用に適している。

　無額面株式の制度は，昭和25年（1950年）の商法改正により，アメリカの制度にならって採用されたものであるが，従来から額面株式に慣れ親しんできたわが国においては，無額面株式を発行している会社は数少なかった。しかし，前述のように，平成13年（2001年）改正以降は会社は無額面株式しか発行できない。会社法の下でも同様である。

（3） 株式の併合・分割・無償割当て

① 株式の併合　株式の併合とは，後述の分割とは逆に，3株を1株にするように，数個の株式を合わせて従来よりも少数の株式にすることである。併合によって発行済株式総数は減少するが，資本減少の方法として行う場合を除いて，会社の資産や資本の額には変動はない。

会社は，株式併合を株主総会の特別決議をもってすることができる（会180ⅠⅡ）。株式併合により1株に満たない端数が生じるのが普通であり，しかも併合比率によっては端数の発生する規模が著しく大きくなるからである。この場合，取締役は株主総会において，株式の併合をする必要の理由を開示しなければならない（同Ⅲ）。

　株式会社は，併合が効力を発生する2週間前までに，株主（種類株式発行会社にあっては種類株主）およびその登録株式質権者に対し，併合の割合および併合の効力発生日，併合する株式の種類を通知しなければならない（会181Ⅰ）。なお，株式の併合における発行可能株式総数は，併合後の発行済株式総数の4倍を超えることができない（会180Ⅱ④Ⅲ本文。定款変更したものとみなされる：会182Ⅱ）。

　さらに，2014年（平成26年）改正法は，株式併合が少数株主の締め出し（スクィーズ・アウト）に利用されることに配慮して，組織再編に準じる株主保護措置を設けている。すなわち，会社が株式併合をする場合，事前の情報開示として，株主総会決議の2週間前等の日から効力発生日後6カ月経過日までの間，書面等を備置し，閲覧・謄抄本の交付をしなければならない（会182の2ⅠⅡ，なお会施規33の9①ロ）。事後的情報開示として，効力発生後遅滞なく，書面等を備置し，閲覧・謄抄本の交付をしなければならない（会182の6Ⅰ～Ⅲ）。端数の処理について，最終的に会社が買い取ることができる（会235ⅠⅡ・234Ⅱ～Ⅴ）。

　株主は，一定の場合，株式併合の差止請求権を有し（会182の3），また，株式併合により1株に満たない端数が生じる場合，反対株主は株式買取請求権を行使でき（会182の4ⅠⅢⅣ～Ⅶ），買取価格について裁判所へ価格決定の申立をすることができる（会182の5Ⅱ～Ⅶ）。

　②　株式の分割　　株式の分割とは，1株を3株にするように，株式を細分化して多数の株式とすることをいう。一般には，株価が高過ぎて（値がさ株），株式が売買しにくくなった場合に，投資に適した株価に引き下げるためや，合併の準備工作として合併比率を調整するために株式分割が行われる。株式分割によって発行済株式総数は増えるが，会社の財産や資本の額は増加しない。

!! 株式分割と株式無償割当て

　株式分割とは，ある種類の株式につき，一定の割合において，一律にその数を増加させることをいうが（会183），これに対し，株式無償割当て（会185）は，株主（当該株式の発行株式会社を除く）に対して，その

有する株式の数に応じて一定の割合により，新たに払込みをさせないで，株式の発行または自己株式の交付をすることをいう。このように，株式の分割は，係数の変動であるのに対し，株式無償割当ては，株式の発行または自己株式の交付である（会199Ⅰ）ため，相違点が生じる。第1に，前者では，同一種類の株式の数が増加するのに対し，後者では，同一または異種の株式を交付でき，第2に，前者では，自己株式の数も増加するが，後者では，自己株式の割当ては生じず，第3に，後者では，自己株式を交付することができるが，前者では，自己株式の交付は生じない。

2.　株　主

　以上に述べた株式の帰属者を株主という。株主になることのできる者の資格に制限はなく，自然人であると法人であるとを問わないが，会社が他の会社の株式を保有する場合はもとより，個人が保有する場合についても，独占禁止法による制限がある（独禁9〜11・14）。株主の員数には，最高限の定めがないのはもとより，最低限についても格別の制限はなく，1人いれば足りる。すなわち，株式会社ではその存立中だけでなく成立の時から，株主が1人しかいないいわゆる一人会社が認められている（純粋持株会社がそうである）。

3.　株主平等の原則

　株式会社は，株主の権利義務関係に関して，その有する株式の内容および数に応じて平等に取り扱わなければならない（会109）。株主平等の原則は，多数決の濫用から少数株主を守る機能を営む。この原則に違反する定款の定め，株主総会の決議，取締役会の決議，代表取締役の執行行為などは，すべて無効となる（大判大正11・10・12民集1・581）。特定の株主のみに無配の損失を補償する契約は，この原則に違反し，無効であるとした判例がある（最判昭和45・11・24民集24・12・1963百選〔初版〕12）。

　株主総会において，会社の従業員である株主を先に入場させ，前方座席に着席させた会社の措置が問題となった（四国電力事件）。最判平成8・11・12商事

1440・39百選A8は，株式会社は，同じ株主総会に出席する株主に対しては合理的
な理由のない限り，同一の取扱いをすべきであり，会社が総会前の原発反対派の
動向から総会の議事進行の妨害等の事態が発生するおそれがあると考えたことに
ついては，やむを得ない面もあったということができるが，そのおそれのあるこ
とをもって，会社が従業員株主等を他の株主よりも先に入場させて株主席の前方
に着席させる措置を採ることの合理的理由に当たるものと解することはできず，
この措置は適切なものではなかったと判示したが，これが株主平等の原則違反を
明言したものとはいえないという見解が有力である（請求は総会決議取消ではな
く損害賠償であり，否定された）。

　なお，以前は，株主平等原則の例外がいくつか認められていたが（数種の株式，
少数株主権，株式保有期間など），会社法においては，これらの範囲を明確にす
るため，公開会社でない株式会社は，剰余金の配当を受ける権利，残余財産の分
配を受ける権利，株主総会における議決権についても，株式ごとに異なる取扱い
を行うことを定款で定めることが可能である旨を明記した（会109Ⅱ：なお，この
場合の定款変更には特殊決議が必要となる（会309Ⅳ））。このように，株主平等原則
の定義が変わり，しかもこれらの権利は株式の内容となったので（さらに数種の
株式つまり種類株式も正面から認められている），もはや株主平等原則の例外と
はいえない（というよりも，内容と数を両立させることは矛盾している）。

‼ 株主優待制度

　株主優待制度は，会社が自己の営業に関する特別な便益を与えて株主
を優遇する制度であり，相当多くの会社が実施しており，近時，個人株
主づくりの観点からこの制度を導入する会社が増加している。この制度
を実施する業種としては，食品製造販売業，ホテル・レストラン業，映
画・演劇・劇場業，百貨店・スーパーあるいは家電製品などの大型小売
業，飛行機・船舶・電車・バスなどの運輸交通業などである。
　問題は，劇場会社の入場券，鉄道会社の無賃乗車券，航空会社の無料
航空券などを大株主にのみ交付することが，株主平等の原則との関連で
有効かどうかである。入場券，乗車券等の無料券の交付は，実質的な配

当とはいえないので，配当規制には服さないが，株主平等の原則は機能
し，大株主にのみ交付することはこの原則の違反となる可能性がある。
　　ただ，優待サービスの内容が軽微といえる範囲にとどまっていれば，
実質的に株主平等原則の違反とならないとする見解が有力である。

!! 敵対的企業買収防衛策と株主平等原則（ブルドック・ソース事件）

　　敵対的企業買収に対し買収を失敗させるために，株主割当による新株
予約権を無償（またはそれに近い価額）で発行し，しかも敵対的買収者
には新株予約権を割り当てない（または割当は行うが権利行使を認めな
い）という方策（「ライツ・プラン」という）がとられることがある。
平成19年（2007年）のブルドック・ソース事件はその一つであり，その
ような方策が株主平等の原則に違反しないかが問題となった。最高裁は，
本件防衛策は，買収者を差別的に取り扱うもので，買収者の持株比率が
大幅に低下するという不利益を被るが，買収者以外のほとんどの株主が，
買収により会社の企業価値を毀損し，会社（株主共同）の利益を害する
と判断して，株主総会で可決しており，買収者は対価として金員の交付
を受けたから，相当性を欠くものではなく，株主平等原則の趣旨に反し
ないと判示した（最決平成19・8・7民集61・5・2215百選100）。しか
し，この決定に対しては，批判が多く，その後の経産省・法務省の審議
会では，これとは全く反対の買収防衛指針を示した。

II　株主の権利義務

　株主は，その地位に基づいて会社に対して権利を有し義務を負う。株主の権利
には種々のものがあり，さまざまに分類できるが，一方，義務は出資義務のみで
ある。

1．各種の株主の権利

（1）　自益権と共益権

自益権は，株主が会社から経済的利益を受けることを目的とする権利であり，

その中心的なものは，剰余金配当請求権（会105 I ①）と残余財産分配請求権（同②）である。そのほか，新株引受権（会202 I），株式買取請求権（会469・116・785）などがある。一方，共益権は，株主が会社の管理運営に参加することを目的とする権利であり，その中心をなすのは，株主総会における議決権（会105 I ③）である。

> 共益権には，そのほかに株主総会における質問権（会314），株主総会決議取消訴権（会831），代表訴訟提起権（会847），取締役等の違法行為差止権（会360），総会招集権（会297），役員の解任請求権（会854），帳簿閲覧権（会433），解散請求権（会833）などがある。

自益権と共益権は性質がまったく異なるというものではなく，共益権も株主自身の利益のための権利であることに変わりない（社員権説）。

> 一方，自益権と共益権の分類は，両者が本質的に同一であることについて誤解を招くおそれがあるとして，株主の権利を支配・管理権，財産的権利，救済的・付随的権利の3者に分類することが提唱されている。

（2）単独株主権と少数株主権

単独株主権は，1株を有する株主でも行使できる権利であり，一方，少数株主権は，発行済株式総数の一定割合または一定数を有する株主だけが行使できる権利である。自益権はすべて単独株主権であるが，共益権は，単独株主権と少数株主権とがある。少数株主権には，総株主の議決権の100分の1以上または300個以上の議決権を有する株主に与えられる株主提案権（会303・304－取締役会設置会社以外の会社では，単独株主権とされる），100分の1以上の株主に与えられる総会検査役選任請求権（会306 I），100分の3以上の議決権を有する株主に与えられる総会招集権（会297），取締役等の解任請求権（会854），帳簿閲覧権（会433）などがある。このように共益権の一部が少数株主権とされたのは，それらが強力な権利であるので，濫用を防止するためである。

なお，共益権のうち，単独株主権の一部（会847・360）と総株主の議決権の100分の1もしくは100分の3または300個以上の議決権を保有要件とする少数株主権（帳簿閲覧権および検査役選任請求権を除く）については，濫用防止のため6カ

月前から引き続き株式を有することが要求されている。

　会社法においては，平成17年（2005年）改正前商法が議決権の割合を基準として行使要件を定めていたところ，一定の少数株主権については，それに加えて株式数基準を導入している（会433・833・854）。すなわち，会社法では，少数株主権を，株主の議決権の有無にかかわらず株主であれば当然認められる性質のものとそうでないものに区分しているのである。

　また，非公開会社においては，単独株主権・少数株主権における6カ月の保有期間制限は課されない（会297Ⅱ等）。

2. 株式の内容と種類株式

　株式会社は，その発行する全部の株式の内容として，①譲渡制限付株式（会2⑰），②取得請求権付株式（同⑱），③取得条項付株式（同⑲）を発行することができる（会107Ⅰ）。その場合，一定の事項を定款で定めなければならない（同Ⅱ）。この場合は，全部の株式の内容が同じなので，種類株式ではない。

　株券発行会社が①を発行する定款変更決議をした場合，株券を回収して譲渡制限がある旨を記載した新株券（会216③）を交付するための手続が定められているが（会219・220：株式併合，取得条項付株式の取得，合併，株式交換・株式移転等に共通する），株券提出期間内に株券を交付しなかった株式譲受人による名義書換（後述）の請求について，会社に対し旧株券を呈示し株券提出期間経過前に右旧株券の交付を受けて株式を譲り受けたことを証明して，名義書換請求をすることができる（最判昭和60・3・7民集39・2・107百選26）。

　次に，会社は各種の異なる種類の株式（種類株式）を発行することができ（会108Ⅰ），種類株式を発行するには，各種類の株式の内容と発行可能種類株式総数を定款で定めなければならない（同Ⅱ）。

　また，原則として，会社が種類株式を発行した場合に，会社の行為によりある種類の株主が損害を受けるときは，その種類の株主の総会（種類株主総会）の決議が必要であるが（会322），種類株式発行会社は，ある種類株式の内容として，種類株主総会を要しない旨を定款で定めることができる旨も規定された（同Ⅱ）。

　なお，ある種類株式の発行後に，定款変更をして当該種類の株式について種類株主総会を要しない旨を認める場合については，当該種類株主全員の同意が必要である（同Ⅳ）。逆に，会社は，定款で法令または定款の定めにより株主総会または取締役会で決議すべき事項の全部または一部について，その決議のほかに種類株主総会の決議（普通決議）が必要と定めることができる（会323）。以上，種類株主間の利益調整に関する規整といえる。

　なお，会社法においては，定款の定めにより，譲渡制限は株式の種類ごとに付けられることになるが（会108Ⅰ④），譲渡制限株式については後述する。

（1）　優先株・普通株・劣後株（配当・残余財産分配についての種類株式）

　剰余金の配当（会108Ⅰ①），残余財産の分配（同②）において他の種類の株式より有利な取扱いを受ける株式を優先株，不利な取扱いを受ける株式を劣後株（後配株），標準となる株式を普通株などという（複数の種類の株式が発行される場合には，普通株も種類株式の1つである）。

　剰余金の配当については優先するが，残余財産の分配については劣後するというような混合株式の発行も許される。業績不振の会社は，優先株を発行することによって資金調達が容易となり，業績優秀な会社は，劣後株を発行することによって既存株主の利益を害しなくてすむ。

　前述のように，普通株を含む株式の内容および数は，定款で定める必要があるが（会108Ⅱ），剰余金配当優先株の優先配当額は，定款で上限額その他の（法務省令で定める）算定の基準の要綱のみを定めればよく，具体的優先配当額は，その株式を発行するときに，株主総会または取締役会決議で決定できる（同Ⅲ・199Ⅰ）。剰余金配当優先株の発行を容易にするためである。

　トラッキング・ストック（剰余金の配当金額が子会社や部門別の業績に連動する株式）は，配当金額がゼロになる場合，配当「優先」株式ではなく，「配当に関し内容の異なる株式」（会108Ⅲ）である。

　ところで，剰余金の配当に関する優先株には，①ある営業年度について一定額の優先配当を受けるほか，さらに利益があれば普通株とともにその配当を受ける

参加的優先株とそれを受けない非参加的優先株，②ある営業年度における配当が一定額に達しない場合に後の年度の利益からその不足分の配当を受ける累積的優先株とそれを受けない非累積的優先株がある。非参加的で累積的な優先株は社債に近くなるが，さらにこれを取得条項付株式・議決権制限株式とすれば，いっそう社債に接近する。

　劣後株を発行すると，普通株が優先株的になる。一般の劣後株は，普通株に配当した残りの利益の分配で満足するものであって，企業に資金援助を与える政府・自治体や親会社が，一般投資者からの普通株の募集を容易にするために引き受ける。

（2）　取得条項付株式・取得請求権付株式

　平成17年（2005年）改正前商法においては，発行の当初から配当可能利益（商旧290Ⅰ）でもって消却することが予定されている償還株式が存在した。一時的な資金調達の必要から優先株を発行するが，将来の一定時期に償還して経理上の負担を軽減しようとする場合に利用され，償還株式の発行予定株式数と内容は定款で定めなければならなかった（商旧222Ⅱ本文）。

　会社法においては，会社が一定の事由が生じたことを条件として取得できる株式を設計することができ（取得条項付株式－会2⑲），その取得の対価を定款で定めておくことができる（会107Ⅱ・108Ⅱ）。逆に，株主から会社に対して一定の事由が生じたことを条件として，取得を請求するように設計することもできる（取得請求権付株式－会2⑱）。いずれにせよ取得の対価が現金の場合には，平成17年（2005年）改正前商法の償還株式（義務償還株式，随意償還株式）と同様にとらえることができる。

　転換予約権付株式は，ある種類の株式から他の種類の株式への転換を請求できる権利（転換予約権）を認められた株式である（商旧222ノ2Ⅰ）。会社法においては，取得請求権付株式の一種として，同様の株式を設計可能である（会108Ⅱ⑤）。

　非参加的優先株に普通株への取得請求権を与えると，会社の収益が少ない間は優先株主として安定した配当を受け，収益が向上して普通株のほうが多くの配当

を受けるようになれば普通株の取得を請求できるというようにすれば，投資と投機の両方の目的が達成でき，それだけ株主の募集が容易になる。しかし，同様な目的をもった転換社債（非分離型新株予約権付社債）に比べて，いわゆる転換予約権付株式はわが国ではほとんど利用されていない。

　また，会社側がある種類から他の種類の株式への転換権を有する株式を強制転換条項付株式といい，平成13年（2001年）改正商法は，明文でこの株式を認めた。すなわち，数種の株式を発行する場合には，会社は，定款で，定款上定めた事由が発生したときは，会社がその発行したある種類の株式を他の種類の株式に転換できる旨を定めることができ，この場合，定款で，転換により発行すべき株式の内容と転換の条件を定めなければならない（商旧222ノ8）。

　会社法においては，株式会社が，株主の同意なしに，一定の事由が生じたことを条件として株主の有する株式を取得することができる株式を総称して取得条項付株式としている（会2⑲）。取得の対価は，株式会社の社債，新株予約権，新株予約権付社債，株式その他の財産であり，定款で定める（会107Ⅱ③・108Ⅱ⑥）。

（3）　議決権制限株式

　平成13年（2001年）改正商法以降，総会のすべての事項について議決権を行使できない株式のみならず，その一部の事項についてだけ議決権を行使できないような種類の株式が認められている（会108Ⅰ③）。これらの「議決権制限株式」は，配当優先株式についてだけでなく，普通株式等についても発行できる。議決権制限の付いた株式は独立の種類株式となり，その内容と数は定款で定め，登録される（会108Ⅱ③）。

　議決権制限株式の株主も，株式譲渡制限を設ける定款変更決議や種類株主総会では議決権を有する（会322Ⅰ①参照）。なお，議決権制限株式の株主は，議決権が制限される事項については，その議決権の存在を前提とする権利は有しないが，それ以外の権利は認められる。なお，公開会社において，議決権制限株式の総数が，発行済株式総数の2分の1を超えた場合には，ただちにその割合を2分の1以下にする措置をとらなければならない（会115）。公開会社では，議決権制限株式により多くの資金を集めながら，わずかの議決権株式を有する内部者が会社支配権を確保することを防止するためである。

（4） 全部取得条項付種類株式

全部取得条項付種類株式とは，2以上の種類の株式を発行する株式会社における，そのうちの1つの種類の株式の全部を株主総会の特別決議によって取得することができる旨の定款の定めがある種類株式である（会171Ⅰ・108Ⅰ⑦）。

会社が，発行するすべての株式を取得しようとする場合において，旧商法では，株主全員の同意が必要になるのが通常であるが，それでは，円滑な企業再生ができない場合がある（いわゆる100％減資が要求されるような場合）。

そこで，会社法においては，株主の利益の保護と株式全部の取得に関する制度の要望とを勘案し，定款変更をすることで全部取得条項付の種類株式を発行することを認めた（福岡高判平成25・6・27百選A3は，100％減資にこの種類株式を利用することに「正当理由」を要件としないとした）。

> 普通株式に全部取得条項を付けるためには，全部取得条項を付される種類株式の種類株主総会による特別決議が必要であり（会111Ⅱ・324Ⅱ①），反対株主には，株式買取請求権が与えられる（会116Ⅰ②）。取得対価に不服のある株主に対して，裁判所に対する価格決定請求権を与えることによって，既存の株主の利益の確保が図られている。

なお，普通株式に全部取得条項を付する場合で，当該普通株式を取得の対価とする取得請求権付株式および取得条項付株式の株主がいる場合には，当該株主の種類株主総会も必要となる（会111Ⅱ②③・324Ⅱ①）。

この種類株式は，実務では，本来の目的とは異なり，少数株主の締出し（スクィーズ・アウト）のため利用されることが多く，そこで平成26年（2014年）改正で，組織再編行為と類似の手続に服することとなった（少数株主の締出しの方法としては，他に，合併等の組織再編行為や株式併合があるが，税制上の理由から，種類株式による方法が用いられてきた）。すなわち，株主に対する通知または公告（会172ⅡⅢ）のほか，事前開示（会171の2，会施規33の2Ⅱ④），株主総会特別決議，事後開示（会173の2）が求められる。さらに株主による差止請求も認められることとなった（会171の3）。

!! **少数株主の締出しにおける株式の取得価格**

　最決平成28・7・1金判1497・8百選88は，多数派株主（70％以上）が公開買付（金商27の2〜）を行い，その後にその株式を全部取得条項付種類株式とし，当該株式会社が同株式の全部を取得する取引においては，多数株主又は会社と少数派株主との間に利益相反関係が存在するが，独立した第三者委員会等の意見を聴くなど意思決定過程が恣意的になることを排除するための措置がなされ一般に公正と認められる手続により公開買付が行われたものであり，その後に全部取得をする取引においても，同様の措置が講じられ，公開買付価格と同額で取得した場合には，特段の事情がない限り，相当な価格であるとした。それに先立つ東京高決平成20・9・12金判1301・28百選89は，MBO（経営者による会社の買収と非公開化：後のコラム「MBOと株式公開買付け（TOB）」（74頁）参照）における株式の取得価格の公正さが争われた最初の裁判例である。しかし，私見として，まずは，この種類株式を利用して少数派株主を排除することの適法性が問われるべきである（株式併合についても同じ）。

（5）　拒否権付種類株式（黄金株）

　株主総会（取締役会設置会社にあっては株主総会または取締役会，清算人会設置会社にあっては株主総会または清算人会）において決議すべき事項のうち，当該決議のほか，当該種類の株式の種類株主を構成員とする種類株主総会の決議が必要とする種類株式をいう（会108Ⅰ⑧）。この種類株式を発行する場合，一定の事項を定款に定めなければならない（同Ⅱ⑧イロ。ただし，同Ⅲ参照）。

（6）　取締役・監査役選任権付種類株式

　取締役・監査役の選任・解任について内容の異なる株式を発行することも可能であるが，役員選任権付の種類株式は非公開会社においてのみ発行可能である（会108Ⅰ但書⑨）。この場合，一定の事項を定款に定めなければならない（同Ⅱ⑨イ〜ニ。ただし，同Ⅲ）。

3.　株主の義務

　株主が会社に対して負う義務は，株式の引受価額を限度とする出資義務のみである（会104）。これを株主有限責任の原則という。もっとも，この義務は，会社の成立前または新株発行の効力発生前に履行されなければならないので（会34・208），形式的には株式引受人としての義務であり，株主となった後は，会社に対して何らの義務を負わないことになる。

4.　株主の権利行使に関する利益供与の禁止

　従来，わが国における株主総会は，形骸化し，無機能化しているといわれた。その原因の1つにいわゆる総会屋の存在があった。そこで，昭和56年（1981年）改正商法以降は，総会屋を排除し，株主総会の正常化を図るために，株式会社は，だれに対しても，株主の権利の行使に関し，自己またはその子会社の計算において，財産上の利益を供与することができないと定められている（会120）。そして，総会屋に対する支出が，通常，無償であるか，または客観的に無価値に近い印刷物や広告の対価としてなされていることから，会社法は，会社が特定の株主に対して無償で財産上の利益を供与したとき，または有償で財産上の利益を供与した場合でも会社の受けた利益が供与した利益に比べて著しく少ないときは，株主の権利の行使に関してこれを供与したものと推定している（同Ⅱ）。

　株主の権利とは，株主として行使できるすべての権利（自益権・共益権）をいい，その行使は，積極的な行使（議案に賛成したり，議事進行に協力すること）だけでなく，消極的な行使（株主総会で質問や発言をしないこと）をも含む。議決権行使阻止工作として，株主でない者に株主とならないことまたは株主にその持株を譲渡することを目的に利益供与することも，株主の権利の行使に関してのものといえる（最判平成18・4・10民集60・4・1273百選14，なお，東京地判平成7・12・27判時1560・140）。会社以外の者（取締役個人・子会社など）が供与する場合でも，それが会社の計算においてなされる限り，会社の利益供与となる。

　以上の禁止に違反して会社が財産上の利益を供与したときは，その利益供与は無効であり，その供与を受けた者は，その利益を会社に返還しなければならない（会120Ⅲ）。また，取締役等が利益供与の禁止に違反したときは，その供与した利

益の価額について連帯して弁済の責任を負うが（同Ⅳ），その者がその職務を行う
について注意を怠らなかったことを証明した場合は，この限りではない（過失責
任：同Ⅳ但書。なお，利益供与をした取締役の責任は無過失責任である）。この義
務は，総株主の同意がなければ免除することができない（同Ⅴ）。

　さらに，違法な利益供与をした取締役，従業員およびその供与を受けた者は刑
罰を科される（会970）。利益供与罪の成立には，行為者が株主の権利の行使に関
して会社の計算で財産上の利益を供与すること，つまり供与の利益が会社に帰属
しその負担となることの認識を必要とする。

‼ 従業員持株制度と利益供与

　下級審裁判例（福井地判昭和60・3・29金判720・40）によれば，従
業員持株制度における奨励金の支出は無償の利益供与であるから，株主
の権利行使に関するものと推定される（会120Ⅱ）が，従業員の福利厚
生の目的による利益供与であり，権利行使に関するとの推定は覆るとし
た。従業員持株制度が安定株主としての役割を期待されている面は否定
できないので，制度運営の仕方（従業員持株会の仕組み）が問題となろう。

Ⅲ　株券および株主名簿

1.　株　券

（1）　株券の意義・種類

　株券は，株式すなわち株主の地位（株主権）を表す有価証券である。株券に
よって，株式に流通性が与えられ，その譲渡が容易になる。株券には，①会社の
商号，②株式数，③譲渡よる当該株券の取得に株式会社の承認を要することを定
めた場合はその旨，④種類株式発行会社にあっては，当該株券に係る株式の種類
および内容，⑤代表取締役（委員会設置会社においては代表執行役）の署名また
は記名押印がなされる（会216）。したがって，株券は要式証券であるが，手形ほ
ど厳格ではない。

（2）　株券の発行

　平成16年（2004年）の商法改正により，会社は定款によって株券を発行しないことを定めることができるようになった（株券不発行制度の導入）。会社法においては，これをさらに進め，株券は定款の定めがある場合に限って発行することができるものとした（会214）。仮に株券を発行する場合，会社は，株式を発行した日以後遅滞なく，当該株式に係る株券を発行しなければならない（会215Ⅰ）。

　株式譲渡制限会社においては，当該定款の定めがあっても，株主からの請求があるときまでは，株券を発行しないことができる（同Ⅳ）。株券発行会社の株式の譲渡には，自己株式の譲渡による株式の譲渡の場合を除き株券の交付が必要である（会128）。また，株券発行前の株式譲渡は，会社に対して効力を生じないので（同Ⅱ），会社に対して株券の発行が強制されている。

　株券は1株ごとに1枚発行する必要はなく，100株券，1,000株券というように，複数の株式について1枚の株券を発行することもでき，実際上もそのようになされている。しかし，株券を100株券，1,000株券などに限定し，100株未満の株券を発行しないものとすることは，不当な株式譲渡制限として許されない。

　平成16年（2004年）に，「社債，株式等の振替に関する法律」が成立し，上場会社は，同21年（2009年）1月5日より，株券が一斉に廃止されることになった（株式のペーパーレス化）。この株式を振替株式という（後述参照）。

（3）　株券の効力発生時期

　最高裁判決によれば，株券の効力は株主に交付されたときに発生する（最判昭和40・11・16民集19・8・1970百選25）。しかし，株券はすでに存在する株式を表すものである以上，会社が様式の整った株券を完成させたときに効力が生じると見るべきである。そうすると，株主宛に郵送中の株券が盗難にあって第三者に善意取得され（会131Ⅱ），結局，株主の支配下にないまま株主権を失うこともあり得る。会社はそれに備えて保険を付ける。事故があったとき，会社は保険金等によって株券を買って株主に渡すことになる。

（4）　株券喪失登録制度

　平成14年（2002年）改正前商法の下では，株券喪失者は除権判決を得て株券の再発行を受けることによって救済を受けた。しかし，公示催告に基づく除権判決制度には問題が多く指摘されている。そこで株券に限って，その喪失の場合の救

済についての新たな方策として株券失効制度が導入されたが，会社法は株券喪失登録制度として存続している（会221以下）。

なお，公示催告に基づく除権判決制度（現在は決定）は廃止されるわけではなく，株券以外の証券について適用される。株券喪失登録制度は株主名簿およびそれに関連する株式の名義書換制度が前提とされており，これをこの制度が存在しない他の証券に適用しても効果がないからである。

①　**株券喪失登録の請求**（会223）　　（イ）　株券を喪失した者は，株券発行会社に対し，株券喪失登録の請求をすることができる。

（ロ）　（イ）の株券喪失登録の申請をする者は，申請書に喪失した株券に係る株式の取得の日として株主名簿に記載または記録がある日以後にその株券を所持していた事実およびその株券を喪失した事実を証する書類を添付して，これを株券発行会社に提出しなければならない。

（ハ）　（ロ）の申請書には，（ロ）の申請をする者の住所および株券の番号を記載し，これに署名しなければならない。

②　**株券喪失登録**（会221）　　株券発行会社は，株券喪失登録簿を作り，株券喪失登録の請求があったときは，これに次の事項を記載し，または記録しなければならない。

（イ）　株券の番号

（ロ）　（イ）の株券を喪失した者の氏名および住所

（ハ）　（イ）の株券に係る株式の株主および質権者として株主名簿に記載され，または記録されている者の氏名および住所

（ニ）　株券喪失登録の日

株券喪失登録がされたときは，株券発行会社は，その株券喪失登録がされた株券に係る株式の株主または質権者として株主名簿に記載され，または記録されている者（その株券を喪失した者として株券喪失登録簿に記載され，または記録されている者（以下「株券喪失登録者」という）を除く）に対し，その株券につき株券喪失登録がされた旨およびその株券が無効となる日を通知しなければならない。

株券発行会社が株券について名義書換代理人を置いたときは，その名義書換代

理人は，株券喪失登録について当該会社を代理する。

③　**株券喪失登録に係る通知義務等**（会224）　　株券喪失登録のされた株券が
その株券に係る株式についての権利の行使のために株券発行会社に提出されたと
きは，株券発行会社は，その株券を提出した者に対し，その株券につき株券喪失
登録がされている旨を通知しなければならない。

④　**株券所持人による株券喪失登録の抹消の申請**（会225）　　（イ）　株券喪失
登録のされた株券を所持する者は，株券発行会社に対し，その株券喪失登録につ
いて登録の抹消を申請することができる。ただし，その株券喪失登録がされた日
の翌日から起算して1年を経過したときは，この限りでない。

（ロ）　（イ）の登録抹消の申請をする者は，申請書に株券喪失登録がされた株
券を添付して，これを会社に提出しなければならない。

（ハ）　（ロ）の申請書には，（ロ）の登録抹消の申請をする者の氏名および住所
ならびにその株券に係る株券喪失登録が（ホ）により抹消される日に名義書換を
すべき旨を請求するときは，その旨を記載しなければならない。

（ニ）　（ロ）の登録抹消の申請があったときは，株券発行会社は，株券喪失登
録者に対し，その申請をした者の氏名および住所ならびに（ロ）の株券の番号を
通知しなければならない。

（ホ）　（ニ）の通知がされた日から2週間を経過した日に，株券発行会社は，
（ロ）により提出された株券を（イ）の登録異議の申請をした者に返還し，その
株券に係る株券喪失登録を抹消しなければならない。

⑤　**株券喪失登録者による株券喪失登録の抹消申請**（会226）　　株券喪失登録
者は，株券発行会社に対し，株券喪失登録の抹消を申請することができる。抹消
の申請がされた日に，株券発行会社は，その申請に係る株券喪失登録を抹消しな
ければならない。

⑥　**株券喪失登録のされた株券の無効等**（会228）　　（イ）　株券喪失登録のさ
れた株券は，④の（イ）の登録異議の申請または（ホ）の抹消の申請がされた場
合を除き，その株券喪失登録がされた日の翌日から起算して1年を経過した日に
無効となる。

（ロ）　（イ）により株券が無効となった場合には，株券発行会社は，当該株券

についての株券喪失登録者に対し，株券を再発行しなければならない。

⑦　**株券喪失登録の効力**（会230）　（イ）　株券喪失登録がされた株券に係る株式については，株券発行会社は，当該株券喪失登録が抹消された日または当該株券喪失登録日の翌日から起算して1年を経過した日までの間は，株主名簿の記載または記録の変更をすることができない。

（ロ）　株券発行会社は，登録抹消日後でなければ，株券喪失登録がされた株券を再発行することができない。

（ハ）　株券喪失登録者が株券喪失登録をした株券に係る株式の名義人でないときは，当該株式の株主は，登録抹消日までの間は，株主総会または種類株主総会において議決権を行使することができない。

（ニ）　株券喪失登録がされた株券に係る株式については，会社法197条の規定による競売，売却ができない。

⑧　**その他**　非訟事件手続法（明治31年法律第14号）第3編の規定は，株券には適用しない（会233）。株券発行会社は，株券喪失登録簿をその本店に備え置き，閲覧に供さなければならない（会231）。株券発行会社が株券喪失登録者に対してする通知または催告は，株券喪失登録簿に記載し，または記録した当該株券喪失登録者の住所にあてて発すれば足りる（会232）。

(5)　株券不所持制度

株主の中には，中小企業の株主や安定株主など当分の間，株式を譲渡する意思がなく，したがって株券の所持を欲しない者もいる。株主が株券を喪失すると，その株券が第三者によって善意取得され，株主権を失う危険があるからである。そこで，株券発行会社の株主においても，当該株券発行会社に対して，株券の所持を希望しない旨を申し出ることができる（会217Ⅰ）。この申出は，申出に係わる株式の種類と数を明らかにして行う必要があり，すでに株券が発行されている場合には，当該株券を会社に提出する必要がある（同Ⅱ）。

申出を受けた株券発行会社は，株主名簿にそのことを記載または記録しなければならず，当該記載または記録をした場合には，もはや株券を発行することはできない（会217ⅢⅣ）。株券不所持の申出をした株主が株券を必要とするときは，いつでも株券の発行または返還を会社に請求することができる（同Ⅵ）。

2.　株主名簿

（1）　株主名簿の意義および効力

　株式会社は，多数の株主の存在が予定され，株式譲渡が自由で，株主がたえず変動し，しかも，その譲渡が会社と無関係に行われる。そこで，会社が利益配当金を支払ったり，株主総会の招集通知を発送したりするためには，株主および株券に関する事項を明確にし，これを基準として，会社と株主との関係を処理する必要がある。このような事項を記載した帳簿が株主名簿である（電磁的記録も可）。

　株主名簿には，株主の氏名または名称・住所，各株主の有する株式の種類と数，各株式の取得の年月日などの法定事項を記載または記録し（会121），これを会社の本店または株主名簿管理人（会123）の営業所に備え置かなければならない（会125）。株主および会社債権者はこれを閲覧・謄写することができる（同Ⅱ）。

> 　一定の場合（同Ⅲ各号），会社は閲覧・謄写を拒絶できるが（同Ⅲ本文。名古屋高決平成22・6・17資料版商事316・198百選A2は，会社の拒絶理由を正当と認めた事例である），平成26年（2014年）改正により，請求者が会社の業務と実質的に競争関係にある事業を営みまたはそのような事業に従事している場合は除外された。

　株主名簿の効力として次のことがある。すなわち，①株式の譲渡は，取得者の氏名・住所を株主名簿に記載する（株主名簿の名義書換という）のでなければ会社その他の第三者に対抗できない（会130Ⅰ）。②株式の質入について，質権設定者の請求により，株主名簿と株券に質権者の氏名・住所を記載したときは，登録質として特別の効力を生じる（会146・147・148・151）。③株主に対する会社の通知・催告は，株主が別の場所を会社に通知した場合を除き，株主名簿に記載した株主の住所にあててすれば足り（会126），会社の配当財産は，株主が別の場所を通知した場合を除き，株主名簿に記載または記録した住所で支払わなければならない（会457Ⅰ）。

（2）　所在不明株主の株式売却制度等

　平成14年（2002年）改正前商法でも，所在不明株主についての手当てがなされていた（商旧224ノ2）。しかし，それだけでは，そのような株主についても株主としての管理を省くことができず，株式事務の合理化の支障になっていた。そこ

で，平成14年以降は，所在不明株主の株式売却制度を創設して，株式事務の合理化に資するものとしている。その基本的構想は，取締役会の決議により所在不明株主の有する株式を売却して，その代金を従前の株主に支払うというものである。

①　株式の競売（会197）　　次の（イ）から（ハ）までのいずれにも該当する株式については，これを競売することができる（会197）。取締役会設置会社については取締役会の決議による（同Ⅳ）。この場合においては，その代金を従前の株主に支払わなければならない。

（イ）　その株式に係る株主に対する通知および催告が，継続して5年間到達していないもの（会社法196条1項または294条2項の規定により通知および催告を要しないもの）

（ロ）　その株式につき株主名簿に記載または記録のある質権者（登録質権者）があるときは，その質権者に対する通知および催告もまた，継続して5年間到達していないもの

（ハ）　その株式につき，継続して5年間，剰余金の配当を受領しなかったもの（登録株式質権者についても同様）

②　会社による株式の売却・取得（会197Ⅱ）　　（イ）　会社は，競売に代えて，市場価格のある株式はその価格をもって売却し，市場価格のない株式は裁判所の許可を得て競売以外の方法により売却することができる。この場合においては，当該許可の申立は，取締役が2人以上あるときは，その全員の同意によってしなければならない。

（ロ）　（イ）の場合においては，会社は，（イ）により売却する株式を買い受けることができる。この場合においては，買い取る株式の種類と数，買取と引換に交付する金銭の総額を定めなくてはならない。

（ハ）　会社は，①の株式の競売または売却をするには，その株式を競売しまたは売却する旨，および利害関係人に対し，異議があれば一定の期間内に述べることができる旨を公告し，かつ，また株主名簿に記載された住所には，一定の条件の下に各別に通知しなければならない。ただし，その一定の期間は，3カ月を下ることができない。

（ニ）　①の株式に係る株券が発行されている場合において，（ハ）の期間内に利害関係人が異議を述べなかったときは，その株券は，（ハ）の期間の末日に無

効となる。

（3） 基準日

以上のように，会社は，株主や登録質権者との法律関係を株主名簿によって処理するが，株主名簿の記載自体が，株式の移転に伴う名義書換や質権の登録とその抹消によってたえず変動するので，議決権や剰余金配当請求権などの株主の権利を行使すべき株主名簿上の株主を確定する必要がある。そのために，会社は，一定の日（たとえば，3月31日午後3時）を定め，その日に株主名簿に記載のある株主または質権者を株主または質権者として権利を行使すべき者とみなすことができる（会124ⅠⅣ）。その日を基準日という。会社が予告なしに基準日を設定すると，株式取得者が名義書換の機会を奪われるので，定款で期間または日を定めた場合を除き，会社はあらかじめこれを公告しなければならない（会124Ⅲ。東京高判平成27・3・12金判1469・58百選A7は，種類株主総会の議決権行使についても同様であるとする）。

> 株式会社は，基準日後に株式を取得した者の全部または一部を，議決権を行使する者と定めることができる（会124Ⅳ：ただし，当該株式の基準日株主の権利を害することができない（但書））。たとえば，基準日後に募集株式の発行がなされ，株主となった者に議決権を与えることができる。しかし，取締役が保身のためこの制度を利用することは認められない。なお，全部取得条項付種類株式を用いて行われた少数株主の締出しについて，全部取得に関する決議を行う株主総会の基準日後に当該会社の株式を取得した株主が，取得価格決定の申立（会172）を行った場合の当該株主の申立適格について，これを認めるのが学説・裁判例（東京地決平成25・7・31資料版商事358・148百選A34）である。

Ⅳ 株主資格の取得

1. 総 説

株式の取得には，原始取得と承継取得とがある。前者は，新株の発行に当たりその引受をする場合であり，後者は，相続・会社の合併などの包括承継により，または株式の譲渡により株式を取得する場合である。ここでは，もっぱら株式譲渡による株主資格の取得について述べる。

2. 株式の譲渡

（1）　株式譲渡の自由とその制限

　株式の譲渡は，売買，贈与，交換などの法律行為によって行われる。株主は，その有する株式を原則として自由に譲渡することができる（会127）。株主が株式取得のために投下した資金を回収することを欲しても，株主の有限責任を要素とする株式会社においては，会社財産の確保が重視され，会社からの資金の払戻は原則的に認められない。一方，株式会社においては，株主の個性が重視されないため，株式の自由な譲渡を認めても差し支えなく，株主は，これによっていつでも投下資金の回収ができるのである。そして，大量の株式の取引のために証券取引所が設けられている。証券取引所に上場されている株式の売買は，売り手または買い手が証券会社に注文を出し，証券会社がブローカーとして取引所の開設する有価証券市場で売買することを通じて行われる。このように，株式譲渡の自由は，株主の有限責任の原則とも相まって，大衆から大量の資本を集めることを可能とするといえる。

（2）　譲渡制限株式

　株式会社の中には，同族会社や合弁会社のように，株主の個性が重要で，したがって好ましくない者が株式を譲り受けて株主となっては困る，いわゆる閉鎖的な会社がある。そこで，会社法は，このような会社の需要に応え，株式の譲渡による株式の取得について，当該株式会社の承認を要する旨の定めを設ける譲渡制限株式を発行することができる旨を定め（会2⑰），そのような株式が発行されない会社を公開会社とした（同⑤）。いわゆる従来の株式譲渡制限会社は，公開会社の定義にあてはまらない「公開会社でない株式会社」を指す。なお，最近のほとんどすべての新設会社の定款には株式の譲渡制限の定めがあり，会社法施行以降も小規模の会社等においては譲渡制限株式が発行されることになろう。

　　会社成立後に定款変更により新たに譲渡制限株式を発行することもできるが，株式譲渡の制限は，株主にとって重大なことであるから，定款変更の要件は厳重である（会309Ⅲ）。なお，証券取引所に株式が上場されている会社では，譲渡制限の定めをおくことができない（譲渡を制限すると上場廃止になる）。

　譲渡制限株式を譲渡しようとする株主は，会社に対して，その譲渡を承認する

ことを請求する（会136）。一方，譲渡があった後に譲受人も，会社に対して承認の請求をすることができる（会137）。その際，株主総会（取締役会設置会社にあっては取締役会）が譲渡を承認しないときは，株式会社は株主総会の決議により当該株式を買い取るか，対象株式の全部または一部を買い取る者（指定買取人）を指定しなければならない（会140ⅠⅣ）。請求（電磁的方法も可）から2週間内に会社からの拒否または指定の通知がないときは，承認があったものとみなされる（会145①）。株式会社が譲渡を承認せず，指定買取人の指定をした場合，売渡を求める（電磁的方法も可）指定買取人は，株式の帳簿価額（1株当たりの純資産額に株式数を乗じた額）を，売渡を求められた譲渡人は対象株式が株券発行会社の株券である場合には当該株券を，供託所に供託する（会142ⅡⅢ）。

　会社が譲渡の承認をせず，自らが株式を買い取る場合は対象株式を買い取る旨および株式の種類と数について，株主総会の特別決議が必要である（会140ⅠⅡ・309Ⅱ）。ちなみに，譲渡等承認請求者は議決権を行使できない（会140Ⅲ）。

　売買価格については，譲渡人と指定買取人の協議により決定されるが，協議が調わないときは，裁判所に売買価格の申立をすることができる（会144Ⅱ－売買価格の決定について，大阪地決平成25・1・31判時2185・142百選19は，収益方式を採用した事例である。なお，株式評価方法として，他に純資産方式，市場価値方式がある）。この請求をしない場合には，1株当たりの純資産額に対象株式の数を乗じて得た額をもって当該対象株式の売買価格とするが（会144Ⅴ）前述の供託がある場合には，株式会社は供託した金銭に相当する額を限度として，売買代金の全部または一部を支払ったものとみなす（同ⅥⅦ）。このように，定款に譲渡制限の定めがある場合でも，株式を譲渡すること自体は妨げられず，株主の投下資本回収の途は保障されている。

　平成17年（2005年）改正前商法の下，定款に譲渡制限の定めがある場合に，取締役会の承認を得ないでなされた譲渡の効力について，多数説・判例（最判昭和48・6・15民集27・6・700百選18）は，譲渡は会社に対する関係では効力を生じないが，譲渡当事者間では有効であるとする。会社にとって好ましくない者が株主として権利を行使するのを防ぐという譲渡制限の目的は，会社に対して譲渡の

効力を生じないとすれば達せられるからである。なお，この場合，会社は譲渡人を株主として取り扱う義務があり，このことは譲渡が競売手続によってされた場合も同様である（最判昭和63・3・15判時1273・124）。

（3）　法律による株式譲渡の制限

以上のように，株式会社は譲渡制限株式を発行することができるが，なお，株式の譲渡が法律上制限される場合がある。

①　**権利株譲渡の制限，株券発行前における株式譲渡の制限**　　会社法は，権利株，すなわち株式引受人の地位を譲渡しても，会社に対抗できないとし（会35・50Ⅱ・208Ⅳ），同じく，会社の設立登記または新株発行の効力発生により権利株が株式になった後も，株券発行会社において株券が発行される前にした譲渡は，会社に対する関係で効力がないとしている（会128Ⅱ）。この制限の趣旨は，会社は，設立または新株発行の場合には，株券を発行し，株主名簿に株主に関する事項を記載しなければならないが，その際に当初の株式引受人を株主として事務を取り扱い，その事務が終了するまでは株式引受人ないし株主の地位が譲渡されてもそれを無視することができるとすることにより，その事務手続の便宜を図ったものである。

しかし，会社が株券の発行を不当に怠っている場合に，株主が上の制限によって株式譲渡の自由を制約されることになっては不都合である。そこで，判例（最判昭和47・11・8民集26・9・1489百選A4）は，会社が株券の発行を不当に遅延し，信義則に照らして株式譲渡の効力を否定するのを相当としない状況にいたったときは，株券発行前であっても，株主は意思表示のみによって有効に株式を譲渡でき，会社はその効力を否定できず，譲受人を株主として扱わなければならないと判示した。

②　**自己株式の取得**　　従来，会社は，原則として自己の株式を取得することができなかった（商旧210）。

自己株式の取得を認めると，（イ）株主に対する出資の払戻となり，債権者を害し，（ロ）会社が恣意的に株主の一部だけから株式を買い付けると，株主間に機会の不均衡をもたらし（株主平等原則違反），（ハ）取締役が会社の資金で自己株式を買い集めると株価は上昇し，浮動株は払底し，反対派が会社支配に必要な数の株式を集めることが困難になり，支配の固定化，経営者独裁の危険につながり，

（二）相場操縦や内部者取引といった投機の弊害を助長するなどの危険がある。自己株式の取得制限は，このような弊害を一般的に予防するために設けられた。

　しかし，平成13年（2001年）の改正により，自己株式の取得は原則許容されることになった。会社法では，定時総会でも臨時総会でも自己株式取得の決議ができ，当該決議により株式を取得できる期間も1年以内で自由に定めることができる（会156Ⅰ）。また，株式会社が市場取引または公開買付以外によって自己株式を取得する場合の手続について，すべての株主からの申込を受ける手続（会158）と特定の者から買い受ける際の手続（会160）が整備され，株式譲渡制限会社における相続人からの取得が容易になった（会162）。以下，手続について述べる。

　A．まず，会社が株主から自己株式を買い受けるには，別段の定めがある場合（合併等の組織変更時，取得条項付株式など）を除き，株主総会の決議を要する（会156ⅠⅡ・155）。会社法では臨時株主総会による決議でもよい（以上，普通決議）。その際，①取得する株式の種類および数，②株式を取得するのと引換に交付する金銭等の内容およびその総額，③株式を取得することができる期間（1年を超えない）を定める（会156Ⅰ）。

　B．市場取引，公開買付によらず特定の者から買い受けるときはその者について決議をなすことを要する（会160）。この決議は特別決議による（会309Ⅱ②）。この場合，他の株主は自己をも売主に加えることを請求できる（会160Ⅲ）。ただし，市場価格のある株式の取得の場合は，この手続は不要である（会161）。

　C．総会決議に基づいて株式を買い受ける際に，市場取引または公開買付の方法によらない場合は，取得価格の決定（会157），株主に対する通知（会158），譲渡の申込（会159）の手続が必要であるが，上記の方法（市場取引・公開買付）による場合には，この限りではない（会165Ⅰ）。この場合，取締役会設置会社は，市場取引等により当該株式会社の株式を取得することを取締役会の決議によって定めることができる旨を定款で定めることができる（同Ⅱ：会156Ⅰにおける株主総会決議は，株主総会または取締役会の決議によることになる：同Ⅲ）。

　以上，いずれの自己株式取得の方法によっても，取得価格の総額は，配当可能利益を超えることができない（会461Ⅰ②③）。

取締役会設置会社は，取締役会の決議をもって（取締役会非設置会社では株主総会決議が必要である），その子会社の有する自己の株式を買い受けることができ，この場合，（株主総会決議は，普通決議で足りる上に，）株主に対する通知等の手続を実施する必要がない（会163・156）。

なお，自己株式の取得が違法である場合，取締役は任務懈怠として会社に対して損害賠償しなければならない（大阪地判平成15・3・15判時1833・146）。

③　**自己株式の保有**　　自己株式については，消却および処分義務は課されず，期間・数量等について規制をせず，自由な保有が認められる（いわゆる金庫株の容認）。その保有する自己株式については，資産性が否定される（会計規108Ⅱ⑤：純資産の部に控除項目として計上される）。議決権は認められないし（会308Ⅱ），剰余金配当請求権もない（会454Ⅲ）。

④　**自己株式の消却・処分**　　株式会社は，保有する自己株式を消却することができ，この場合，消却する株式の種類および数を定めなければならない（会178Ⅰ）。取締役会設置会社については，取締役会決議により消却を決定しなければならない（同Ⅱ）。株式の消却は自己株式の消却のみ認められ，平成17年（2005年）改正前商法における強制消却は，強制取得と自己株式消却に分解している。

以上の場合のほか，株式会社は，自己株式の処分として，新株発行と同様の方法によって，自己株式を引き受ける者を募集することができる（会199：後述）。

⑤　**代用自己株**　　その他，会社が保有する自己株式は，合併，株式交換，会社分割等に際し，その対価として，これを交付することができる。

⑥　**親会社株式の取得禁止**　　子会社による親会社の株式の取得は，原則として禁止されている（会135：取得行為は原則として無効であるが，譲渡人が悪意・重過失でない限り無効を主張できないと解される。なお，子会社取締役も責任を負う→最判平成5・9・9民集47・7・4814百選21）。

子会社の範囲については，平成17年（2005年）改正前商法では，過半数議決権基準を採用することとし，すなわち親会社が総株主の議決権の過半数を有している子会社だけでなく，その子会社が総株主の議決権の過半数を有している孫会社，親会社と子会社が合わせて総株主の議決権の過半数を有している孫会社は，いずれも親会社の株式を取得できないとしていた（商旧211ノ2ⅠⅢ）。なお，会社法

2条3号および4号においては，親会社，子会社が定義される（平成17年（2005年）改正前商法の形式基準のほか，経営支配という実質基準も採用している：会施規3）。

　会社分割，合併または他の会社の営業全部の譲受などによるとき，例外的に親会社の株式の取得が認められるが（会135Ⅱ），この場合，その取得した親会社の株式を相当の時期に処分しなければならない（同Ⅲ）。子会社は，その有する親会社の株式については議決権を有しない（会308Ⅱ）。

　⑦　独占禁止法その他の特別法による制限　会社法以外の法律の規定による制限もある。例えば，独占禁止法は，私的独占または不当な取引制限をもたらすおそれのある株式の取得および所有を禁止または制限している（独禁9〜11・14）。特殊会社の中には，株式の譲渡を制限され，または定款による譲渡制限を認められているものもある（国際電電4Ⅰなど）。その他，日刊新聞紙の発行を目的とする株式会社では，定款で株式および持分の譲受人を事業に関係のある者に限ることが認められている（日刊新聞1）。

　⑧　契約による株式譲渡の制限　株式譲渡を制限する契約の効力について，学説は会社が契約の当事者であるか否かで有効性の判断基準を区別するのが通例であり，会社・株主間の契約は，脱法手段となりやすく原則として無効であるが，その契約内容が株主の投下資本の回収を不当に妨げない合理的なものであるときは，例外的に有効となるのに対し，株主相互間の契約，または第三者と株主との間でなす契約は，原則として有効であるが，それが会社が契約当事者となる契約の脱法手段と認められる場合には，例外的に無効となるとする。判例上，従業員持株制度に関連して問題となることが多い（最判平成7・4・25裁判集民175・91百選20）。

!! 従業員持株会と株式譲渡の制限

　　従業員の福利厚生や会社帰属意識の高揚などを目的として従業員持株会（従業員から毎月一定額を徴収し会社も奨励金を出して株式を共同購入し，配分する）が組織されることが多いが，従業員が退職する場合などに取得価額と同一の価額で従業員持株会などに株式を譲渡する旨，会規則で定められることがあるが，このような一種の合意が有効かどうかについて，前掲最判は合意が会社となされるか否かに関係なく，公序良俗に反するかどうかの問題として，これを有効とし，さらに最判平成21・2・17判時2038・144は，株式の下落による損害を被ることなく，株式の譲渡益を期待できるわけでもないことを了承し，剰余金の配当がまったく行われなかったわけでもないので，このような合意の内容に合理性がないわけではなく，合意は有効であるとした（新聞社の事例）。

（4）　株式譲渡の方法

　株券が発行される場合，株式の譲渡は，譲渡の意思表示と譲受人に対する株券の交付によってなされる（会128：株券不発行の場合，意思表示のみ。なお振替株式については後述参照）。対抗要件は，株主名簿への記載（記録）である（会130）。株式の譲渡が株券の交付によって行われる結果として，その株券の占有者は，その株券の占有自体により権利者としての外観を備えるものといえるから，株券の占有者は適法の所持人と推定される（会131）。したがって，その権利を争う者が株券の占有者が無権利者であることを立証しなければならない。

（5）　株式振替制度・振替株式

　「社債，株式等の振替に関する法律」に基づき，振替機関が取り扱う株式を振替株式というが（振替128Ⅰ），上場株式はすべて振替株式である。株式振替制度においては，振替機関の下に，振替機関に口座を持つ口座管理機関が存在し，株主（加入者）は振替機関・口座管理機関に自己の口座を開設し，それらの機関に振替口座簿が備えられる（振替12Ⅲ・45Ⅱ）。そして，振替株式の権利の帰属は，振替口座簿の記載によって定まる（振替128Ⅰ）。

振替株式の譲渡は，証券市場を通じ，口座管理機関の間で電子的に行われ，譲渡人の申請に基づく譲受人の振替口座への記載によって効力を生じる（振替140）。会社に対する対抗要件は，原則として株主名簿の名義書換であり，第三者に対する対抗要件は，振替口座簿への記載である（振替161Ⅲ）。加入者は，その口座に記載された振替株式についての権利を適法に有するものと推定され（振替143）善意取得の制度もある（振替144）。

（6） 名義の書換

① 名義書換の意義および効力　株式は，株券発行会社においては，株券の交付によって譲渡され，譲受人は株式の取得を第三者に対抗できるが，その移転を会社に対抗するためには，譲受人の氏名および住所を株主名簿に記載してもらわなければならない（会130：株券不発行会社では第三者に対しても）。株式譲渡に限らず，相続・会社の合併などによる移転の場合も同様である。これが名義の書換である。

　　株主名簿の書換によって，会社は現在の株主が誰であるか知ることができる。いったん名義書換がなされると，その者はその記載だけで株主の権利を行使でき，会社も，以後その者を株主として取り扱わなければならず，取り扱えば，悪意または重大な過失のない限り，責任を負わなくてすむ（なお，会社が株主名簿上の株主が実質株主でないことを容易に立証できるときは，その権利行使を拒否できるし，拒否すべきである）。このように，常に変動する多数の株主から構成される株式会社においては，株主名簿の記載を基準としなければ，会社と株主の法律関係の処理はできないのである。

② 名義書換手続　株券不発行会社では，株主名簿の名義書換請求は，譲渡人と取得者が共同して行う（会133）。株券発行会社では，従来通り，取得者のみが行う（会施規22Ⅱ①）。取得者は株券の占有だけで株主であることを証明すればよく，真実の権利者であることを証明する必要はない。前述のように，株券の占有者は適法な権利者と推定されるからである（会131）。会社もまた，その者が真実の権利者でないことを証明するのでなければ，名義の書換を拒否できないとともに，その者の実質的権利を調査する義務もなく，悪意または重大な過失なく名義の書換をすれば，責任を負わない（免責的効力）。会社が名義書換を不当に拒否した場合には，会社は損害賠償責任を負い，過料の制裁を受ける（会976Ⅰ⑦）。

名義書換がなされると，株式譲受人は会社から株主として認められ，会社はすべての関係において，その者を株主として取り扱うことを要する（なお，株券発行会社における株券提出期間経過後の名義書換請求について，前掲最判昭和60・3・7参照）。

!! 名義書換未了と株式譲受人

正当な理由なく株式の名義書換を拒否し，または過失により名義書換をしなかった会社は，株主名簿に記載されている株式譲渡人を株主として扱うことはできない（最判昭和41・7・28民集20・6・1251百選15）。また，株式譲受人が名義書換を失念している間に名簿上の株主に割り当てられた新株（失念株）の帰属についても議論がある（最判昭和35・9・15民集14・11・2146百選A5参照）。最判平成19・3・8民集61・2・479百選16は，株式譲渡人（名義株主）は不当利得受益者として売却代金相当額の返還義務を負うとしたが，振替株式の場合には失念株は生じない。

!! 振替株式発行会社（上場会社）における名義書換と権利行使

振替株式の譲渡は，譲渡人の申請に基づき譲受人の振替口座の記載・記録によって効力を生じるが，これで自動的に株主名簿の名義書換がなされるわけではなく，名義書換未了の株主が会社に対して権利行使するために，総株主通知と個別株主通知手続がある。

総株主通知は，株主全員が一斉に権利行使する場合の株主資格確定手段である。会社が基準日等，株主として権利行使する者を確定する目的で一定の日を定めた場合，振替機関は，振替口座簿に記載されたその日の株主の氏名（名称），住所ならびに株式の種類および数その他法務省令で定める事項（通知事項）を速やかに通知しなければならない（振替151Ⅰ⑧）。この総株主通知を行うために，口座管理機関は，その直近上位機関から当該口座管理機関またはその下位機関の加入者の口座に記載・記録された株式について通知事項の報告を求められたときは，速やかに当該事項を報告しなければならない（同Ⅳ）。総株主通知を受けた会社は，通知事項等を株主名簿に記載・記録しなければならず，この

場合，当該一定の日に，会社法130条1項の名義書換があったものとみなされる（振替152 I）。

　　特定の株主（株主名簿上の株主も含む：振替154 I）が少数株主権等を個別に権利行使するには，直近上位機関を経由して，振替機関等に加入者の氏名・住所・株式数等の事項を発行会社に通知するよう求め（同IV），振替機関が会社に当該事項を通知する（同III）。この通知（個別株主通知）により，株主は株主資格を得て，4週間内に少数株主権等を行使できる（同II。なお，最決平成22・12・7民集64・8・2003百選17：会社法172条所定の価格決定申立権は少数株主権等に該当し，その審理終結までの間に個別株主通知がなされれば足りるとする）。この場合，株主名簿の名義書換は行われない。

　③　**株主名簿管理人**　　株式の名義書換は，会社の本店において行うのが本則であるが，会社は，定款で必要な地に株主名簿管理人を置き，そこで名義書換事務を代行させることができる（会123）。これによって，会社は，株式の名義書換に要する時間と手数を省くことができ，あわせて円滑な株式取引が促進される。株主名簿管理人には，信託会社・証券代行会社がなるのが普通である。株主名簿管理人には，名義書換のほか，株主総会の招集の通知，配当金の支払，新株券の発行などの事務も委任することができ，実際にも多い。

　（7）　株券の善意取得

　株式の譲渡は，譲渡人が株券を盗んだり拾った者のように無権利者である場合には，無効である。しかし，これでは株式の取引が不安定になり，その流通が害される。そこで，会社法は，株券の善意取得という制度を認めて，取引の安全を図っている。すなわち，前述のように，株券の占有者は適法の所持人と推定されるが，このような権利者である外観を有している者から株式を譲り受けた者は，たとえ譲渡人が無権利者であった場合でも，そのことを知っているか，または知らないことに重大な過失がない限り，その株券を元の株主に返還する義務はなく，つまりその株券を取得する（会131 II，小21）。これは，民法の動産の善意取得の制度（民192以下）よりもさらに取得者の保護を推し進めたものである。

　このような株券の善意取得は，株式の譲渡によって株券が取得された場合にの

み認められ，相続・会社の合併のような包括承継による株券の取得の場合には認められない。もっとも，会社法においては，株券の発行そのものが例外的に取り扱われるので，株券の善意取得の問題も，相当に縮減すると予想される。なお，前述のように，振替様式の善意取得もある（振替144）。

Ⅴ　株主資格の喪失

1．総　説

　株主資格の喪失には，相対的喪失と絶対的喪失とがある。株式の併合・分割の際に生じる端数株の処分の場合，株式譲渡の場合，株主の株式買取請求権の行使による株式買取の場合が前者に属し，会社の消滅の場合，株式の消却の場合が後者に属する。ここでは株式の買取および株式の消却について述べる。

　株主の利益に重大な関係のある特定の事項が株主総会の多数決で決められた場合に，これに反対の株主は，会社に対してその有する株式を買い取ることを請求する権利を認められる。この権利を株主の株式買取請求権という。株主は，株主総会の決議に先立って会社に対して書面で反対の意思を通知し，総会でも反対すれば，公正な価格で株式の買取を請求できる。買取価格についての株主と会社の協議がととのわないときは，裁判所が決定する（後述）。

　また，株式の消却とは，会社の存続中に特定の株式を絶対的に消滅させる行為をいう。株式の消却は，自己株式を取得して取締役会決議等をもってなされる（前述）。

2．特別支配株主の株式等売渡請求（平成26年（2014年）改正）

（1）総　説

　2014年（平成26年）改正法は，少数派株主の新たな締出し（キャッシュ・アウト，スクィーズ・アウト）手段として，特別支配株主（株式会社の総株主の議決権の90％以上を有している株主）による株式等売渡請求の制度を導入した。

‼️ MBOと株式公開買付け（TOB）

　会社の現在の経営陣が投資ファンド（機関投資家の1種）と共同して，少数派株主を締め出し（スクウィーズ・アウト），自らが株主となって自由な事業経営を実現したりすることをMBO（マネジメント・バイ・アウト）という。少数派株主の締め出しのために必要な株主総会決議を可決させる（3分の2超の株式取得）ため，または株主総会決議を不要とする（90％以上の株式を取得して特別支配株主となる）ため，まず，経営陣が別会社を設立し，金融機関等からの借入れを受けてその会社が金商法上の株式の公開買付（TOB）を行って会社の多数株式を取得しておき，次に，残った会社の少数派株主を締め出し（その方法には，株式併合，全部取得付株式の発行，現金合併等がある），最後に，両社が合併して，MBOが成立する。MBOでは，経営陣と株主の利益が構造的に相反するため，買取価格・取得価額をめぐる争いや取締役の責任追及などが問題となる。

（2）手　続

　特別支配株主は，対象会社および当該特別支配株主を除く当該会社の株主全員に対し，その有する株式の全部を自己に売り渡すことを請求できる（179Ⅰ：ただし，特別支配株主完全子法人を除くことができる）。この場合，売渡請求に対象株主の新株予約権を加えることができる（同Ⅱ：あわせて株式等売渡請求という）。

　売渡請求の内容は，会社法179条の2第1項各号に定めている（なお，同ⅡⅢ参照）。売渡請求をする場合，対象会社に通知し，承認を受ける（会179の3ⅠⅡⅢ）。対象会社は承認の可否を特別支配株主に通知する（同Ⅳ）。

　対象会社が売渡請求を承認したときは，取得日の20日前までに，売渡株主等に対し，特別支配株主の名称・住所，売渡株式の対価等を通知する（会179の4ⅠⅡ）。この時点で売買契約が成立する（同Ⅲ）。

　対象会社は，書面の備置，閲覧・謄抄本の交付等の事前の情報開示を求められ（会179の5ⅠⅡ），特別支配株主は，売渡請求を会社の承認を得て取得日の前日まで撤回することができる（会179の6Ⅰ～Ⅵ）。

（3）　効力発生と事後的情報開示

特別支配株主は，取得日に売渡株式等の全部を取得する（会179の9ⅠⅡ）。対象会社は，書面の作成・備置，閲覧・謄抄本の交付等の事後的情報開示を要求される（会179の10Ⅰ〜Ⅲ）。

（4）　救　　済

株式等売渡請求は，対象会社の株主総会決議なくして行われるので，売渡株主等の保護のため，差止請求権が認められている（会179の7ⅠⅡ）。

売渡価格の対価に不満のある売渡株主等は，裁判所に対して売渡株式等の売買価格の決定を申し立てることができる（会179の8Ⅰ〜Ⅲ）。

> 株式等売渡請求による株式等の取得の無効は，法的安定性確保のため，訴えをもってのみ主張でき，提訴期間は取得日から6カ月（非公開会社では1年）以内，被告は特別支配株主であり，対象会社の本店所在地を管轄する地方裁判所の専属管轄となる（会846の2〜）。なお，当然，キャッシュ・アウトによって株式を失った者も，キャッシュ・アウトのための株主総会等の決議の取消の訴えの原告適格を有する（会846の2Ⅱ①）。

Ⅵ　株式担保

株式は，財産的価値ある法律関係であって，譲渡性を保障されているばかりでなく，株券の交付という簡単な方法によってその移転が行われるために，担保の目的として好適であり，質入その他の方法によって担保化することができる。株式の担保化には，株券を担保に金融機関から貸付を受ける場合のほか，証券の信用取引を円滑にするために行われる特殊な証券担保金融その他種々のものがある。

株式の質入は，株券発行会社においては，当事者間の合意と株券の交付によって成立し，第三者に対する対抗要件は株券の継続的占有である（会146・147Ⅱ）。通常は，株主名簿に記載し，それが対抗要件となる（会146・147Ⅰ）。株式の質入の方法には，略式質と登録質がある。

> 略式質は，質入の成立要件を満たしただけの株式の質入であり，登録質は，略式質の要件を満たした上に，会社が質権設定者の請求により質権者の氏名，住所

を株主名簿に記載し，かつその氏名を株券に記載するものである（会148）。登録質においては，会社に対する関係で株式質権者に形式的資格が与えられ，質権者が会社から直接に利益・利息の配当，残余財産の分配，その他の給付（株式の引渡・金銭の払渡）を受けることができ（会150・151），質権者の対会社関係での権利の実行が容易になる（略式質の効力について，東京高判昭和56・3・30高民集34・1・11百選23参照）。

　株式の担保化の方法としては，質入のほかに譲渡担保がある。譲渡担保においては，流質契約の制限（民349，担信73）がなく，当事者間の合意によって簡便な実行方法を定めることができる。なお，実際上，質権の設定か，譲渡担保の設定か明確でないことが多く，その区別は，担保差入書によって行う以外ないが，当事者の意思が不明な場合，従来の慣行を考慮して，担保権者に有利な譲渡担保と推定すべきであるとするのが通説である。

Ⅶ　株式の単位

　株式は株式会社の構成員である株主としての地位を表わし，その単位は，株主の権利行使の単位として，会社の株主管理費用との比較と，他方，零細な資金による不健全な投機の防止という観点から，決定する必要があるが，会社法は，株式の単位については各会社の決定に委ねることとし，他面では以下に述べるように，単元株制度を以前の単位株制度に代わる恒久的制度として設けた。しかし，同制度では，議決権以外にも定款により自益権以外の多くの権利を制限できるので，本来の目的であった株主管理費用の削減とは関連の薄いものとなっている。

‼ 一に満たない端数の処理

　本文にあるように，会社法は株式の単位の大きさについては各会社の自治に委ねる一方，①取得条項付株式の取得，②全部取得条項付種類株式の全部の取得，③株式無償割当て，④取得条項付新株予約権の取得，

⑤吸収合併（存続する会社に限る），⑥新設合併，⑦株式交換，⑧株式移転，⑨株式交付により，株主等に当該会社の株式を交付する場合において，1株に満たない端数があるときは，その端数の合計数（一に満たない端数は切り捨て）に相当する数の株式を競売し（市場価格のある株式はその価格で，市場価格のない株式は裁判所の許可を得て競売以外の方法で売却でき，会社が買い取ることもできる），その代金を端数に応じて当該者に交付しなければならない（会234Ⅰ～Ⅵ）。株式の分割または併合により端数が生じる場合も同様である（会235ⅠⅡ。併合については平成26年改正に注意）。

Ⅷ 単元株制度

1. 総 説

昭和56年（1981年）の商法改正法は，会社の設立に際して発行する株式の発行価額は，5万円を下ることができないと定めて（商旧166Ⅱ・168ノ3），改正法施行後に設立される会社について株式単位の引上を図ったが，同時に既存の会社についても，株式単位の引上のために，暫定的に単位株制度を創設し，最終的に株式の併合へと導こうとした。この単位株制度は，株式の一定数をもって1単位とし，単位株には株式に認められたすべての権利を認めるが，単位未満の株式には自益権のみを認め，議決権その他の共益権を認めないこととするとともに，単位未満株は徐々に整理して，将来の一定の日に1単位の株式をすべて強制的に1株に併合することを予定しているものであった。

平成13年（2001年）の改正法は，株式単位の決定を各会社に任せ，（同時に単位株制度を廃止し，その代わりに，）単元株制度を創設した。会社法も同制度を引き継ぎつつ多少の改変を加えている。

2. 単元株制度

会社は，定款で，一定の数の株式を1単元の株式とする旨を定めることができるが，1単元の株式の数は，法務省令で定める数（1,000および発行済株式の総数の

200分の1：会施規34）を超えることはできない（会188Ⅱ）。単元株式数は株式の種類ごとに定める必要がある（同Ⅲ）。1単元の株式の数を減少し，またはその数の定めを廃止する場合においては，定款の変更（会466）の規定にかかわらず，取締役会の決議をもって定款の変更をすることができる（会191）。

　旧商法においては，1単元の株式の数を定めた会社は，定款で1株に満たない端数を端株として端株原簿に記載しない旨を定めたものとみなしている（商旧221Ⅳ）。つまり，そのような会社では，もともと端株制度は採用していないということである。

　株主は単元未満株式について，会社に対し買い取るべき旨を請求することができる（会192）。市場価格のある株式について買取請求があったときは，その株式1株の市場価格として法務省令で定める方法によって算定される額が，売買価格となる（会193Ⅰ①，会施規36）。

　なお，定款変更により，単元未満株式についての買増制度（株主の株式会社に対する売渡請求）を設けることが可能である（会194：売渡価格について会施規37）。

3.　単元株に係る株主の議決権その他の権利

　1単元の株式の数を定める場合においては，各株主は，1単元について1個の議決権を有する（会188Ⅰ）。したがって，単元未満株主は議決権を有しないことになる。その他の単元未満株主の権利については，定款の定めをもって，制限を加えることができるものとされた（会189Ⅱ。定款をもってしても制限できない権利は，同条項各号に定めている）。

第4節　株主総会

Ⅰ　株式会社の機関

1.　機関の分化

　会社は，法人（抽象的存在）であるから，自ら行為することができないので，それに替わり個人またはその集団が決定や行為を行わざるを得ず，それが会社の

決定や行為として扱われ，その場合，その個人や集団を機関という。

　人的会社の典型である合名会社では，出資者で実質的所有者といえる社員は，自ら会社経営にたずさわり，企業の所有と経営が一致し，自己機関化している。

　しかし，株式会社では，通常，社員たる株主の数が多く，社員の全員で会社経営に関与することはできないから，社員としては会社の最高意思の形成に参与するのみで，会社業務の執行は別の機関に委ねざるを得ない（企業の所有と経営の分離と，第三者機関化）。

　しかも，株式会社においては，社員（株主）の有限責任の原則が認められ，また，社員は通常多数であるから，社員は株主総会という機関の構成員としてその決議に参加しうるに過ぎない。

　さらに，株主総会は，常時開催するわけにはいかないので，業務執行の監督を十分に行うことはできず，そこで，監督を専門に行う機関を別に置くことが，態様は異なれ各国でなされてきた（機関の分化）。すなわち，株式会社の機関は，最高意思決定機関（株主総会），業務執行機関（取締役等），監査機関（監査役等）の３つに分かれ，その間に権限が分配されている。

　このように，株式会社では，所有（株主総会）により経営（取締役）をコントロールしていくのが株式会社法の建前であるが，実際にはそうなっていない。すなわち，企業規模の拡大により株式の分散と集中が進み，これに伴い一般の株主は企業参加への意欲を失い，投資または投機にのみ関心を持ち（投資株主または投機株主），その結果，会社支配は一部の大株主あるいは現経営者すなわち取締役（委任状などを通じて）の手に握られるようになる（後者はいわゆる経営者支配と呼ばれる現象である）。

　そこで，経営者をいかに適切にコントロールするかが，会社法の重要な課題となっている。これを議論するのがコーポレート・ガバナンス論である。

2. 機関構成と権限分配——機関設計の柔軟化

　日本商法は，明治32年（1899年）の現行商法の制定の当初から，株主総会・取締役・監査役の３機関の分立を認めていた。平成17年（2005年）の会社法でも，基本的な機関構成と権限分配は変わらないが，有限会社が株式会社に統合されたため，会社法は小規模閉鎖的な株式会社から大規模公開的な株式会社までのすべ

てを視野に置いた規制となり，いろいろな機関構成と権限分配が可能となった。それだけ柔軟な機関設定ができるようになっており，その分，株主（定款）自治の幅が広がったといえる。

　したがって，株式譲渡制限会社である中小会社においては，最も簡易な機関構成として，株主総会と1人の取締役のみを置くことだけで足りる（そこでは株主の積極的な経営への関与および監督が期待できる）。

　それに対して，公開会社であることの多い大会社では，株主が不特定多数にわたり，かつ会社債権者等，利害関係者も多数になるものと思われるので，コーポレート・ガバナンス強化のために，株主総会のほか，取締役会・代表取締役，監査役会，会計監査人を置く監査役会設置会社か，平成26年（2014年）改正による取締役会，代表取締役，監査等委員会，会計監査人を置く監査等委員会設置会社，もしくは平成10年（1998年）改正による取締役会，3委員会，執行役，会計監査人を置く指名委員会等設置会社のみを選択することができる。

　その間に，公開会社か株式譲渡制限会社か，大会社かそれ以外の中小会社かの区別によって，いくつかの機関の選択肢があり，全体では，20種類以上に上る。

（1）　株主総会

　株主総会は，株式会社の実質的所有者である株主から構成されるので，株式会社の必要的機関である。株主総会は，会社法に規定する事項および株式会社に関する一切の事項について決議する権限を有する（会295Ⅰ）。ここでは，株主総会は，最高・万能の機関であるといえる。これは中小の株式会社を前提としたものである。一方，取締役会設置会社では，株主総会では，会社法または定款に定めのある事項についてのみ決議でき（同Ⅱ），それ以外の事項はすべて取締役（または取締役会ないし代表取締役）の権限に委ねられる。それゆえに，ここでは，株主総会はもはや万能の機関ではないが，会社事業の基礎的事項はもとより，取締役・監査役の選任・解任は株主総会の権限に属するので，依然として最高の機関であることに変わりない（従来の株式会社と同じ）。

（2）　業務執行機関

　株式会社において，取締役は，原則として，各自が業務執行をし，会社を代表するものとされている。ここでは，小規模・閉鎖会社が前提とされている。他方，取締役の権限拡大に伴い，その権限の慎重・適切な行使を図るため，取締役全員

をもって構成される取締役会を設け，これに業務執行の権限（決定・監督）を与え，それと同時に，取締役会において選任される代表取締役・業務執行取締役（または執行役）が取締役会の決議の執行と常務の決定および執行を担当するという，取締役会設置会社も認められる（公開会社，監査役会設置会社，および後述の指名委員会等設置会社・監査等委員会設置会社では必須）。ここでは，取締役会の権限は会社の業務執行を決定し，代表取締役の業務執行を監督することにあるが，従業員出身のいわゆる社内重役の多いわが国の取締役会の実情の下では，この業務監督機能はこれまで実効があがっていない。そこで，いわゆる社外取締役の導入も，大規模会社には，義務付けられるようになった（後述）。

> **‼ モニタリング・モデル**
>
> 　取締役会の役割について，業務に関する決定について基本的な戦略の決定に限定し，取締役会の基本的役割としては業績ないし経営の評価を社外取締役により行うことを重視する考え方をモニタリング・モデルと呼んでいる。その典型は，指名委員会等設置会社（アメリカ型）である。

　なお，会社法では，取締役と共同して，計算書類等を作成する権限を有する会計参与の制度をあらゆる種類の株式会社に認めているが（会326Ⅱ），これを置く会社は少ない。

（3）　監査制度

　監査役は，業務監査の一般的権限を有し，その一環として会計監査も担当する。しかし，公開会社でない株式会社の監査役の権限は，会計監査に限定することができる（会389：監査役会設置会社および会計監査人設置会社を除く）。監査役は1人でよく，株式譲渡制限会社である中小会社では監査役を置かないことができる（会326Ⅱ：逆に取締役会設置会社および会計監査人設置会社では原則的必置：会327Ⅱ本文，同Ⅲ）。そのような会社では，株主によるガバナンスが効き得るからである（取締役会設置会社について，会計参与を設置した場合にも監査役を設

置しなくてよい：会327Ⅱ但書）。

　他方，株式会社は，監査の充実を期するため，監査役3人以上で構成される監査役会を設置することができる（公開会社でないものおよび指名委員会等設置会社・監査等委員会設置会社を除く大会社は必須：会328Ⅰ）。監査役会には，半数以上は社外監査役を起用しなければならない。なお，監査役の資格は会計専門家に限られていないため，会計監査も十分には行われないことがあり得るので，株式会社は会計監査人を置くことができる（大会社は，会計監査人を置かなければならない：328Ⅱ。指名委員会等設置会社・監査等委員会設置会社も同様：327Ⅴ）。

3. 委員会設置会社制度

　平成14年（2002年）改正商法は，機関関係に関し，大会社についてアメリカ型の機関制度の選択を可能とするため，委員会等設置会社制度を導入した。この制度は，取締役会内に指名委員会，監査委員会，報酬委員会の3委員会（メンバーの過半数は社外取締役）と，業務執行を担当する執行役を置き，代わりに監査役を置かない制度であり，また，取締役会による執行役に対する業務決定権限の大幅な委譲が可能とされる。会社法では，委員会等設置会社は委員会設置会社として引き継がれている。また，会社の規模にかかわらず，すべての株式会社がこの制度を選択できるようになった。平成26年（2014年）改正により，この型の会社は，指名委員会等設置会社と呼ばれる（会2⑫）。しかし，この形態を取る会社は少ない。

　さらに平成26年（2014年）改正により，監査役会設置会社における監査役会の代わりに取締役会内に監査等委員会のみを置く，監査等委員会設置会社という機関設計を選択する道が開かれた（会2 11の2 ）。この形態は，いわゆる従来制（監査役会設置会社）と親和的で，採用する会社が増加している。

Ⅱ　株主総会の意義と権限

1. 総　説

株主総会は，株式会社の基本的事項について，会社の意思を決定する最高の必

要的機関である。

　株主総会の意思決定は決議によりなされる。決議は多数決により成立するが，ここでいう多数決は，人的会社におけるような1人1票に基づく頭数多数決ではなく，1株1議決権に基づく資本多数決である。

　資本多数決制度の下では，多数の株式を有する株主つまり多額の出資をした株主がより強い発言権を有する。多額の出資をした株主は，それだけ損失を被る危険も高いから，より強い発言権を有するのは当然である。そうでなければ，多数派の株主は，別の会社を作って元の会社と競争して結局打ち負かしてしまうであろう。ところで，資本多数決の制度が真に機能するために，法は総会決議に関して細かな手続規定を設け，総会決議がその手続に従ってなされることを求めている。この正規の手続に従って成立した決議だけが，会社の意思決定として取り扱われる。このような手続保障は，少数派の株主の利益を守ることにもなっているのである。

2.　権　限

　取締役会を設置しない場合，株主総会は会社法に規定する事項および株式会社に関する一切の事項について決議する権限を有する（会295Ⅰ）。法定の決議事項としては，自己株式の取得（会156Ⅰ・160Ⅰ），株式併合（会180Ⅱ），株式募集（会199Ⅱ・公開会社でない会社），総会資料等の調査役の選任（会316），取締役・監査役の選任（会329Ⅰ）・解任（会339Ⅰ），取締役・監査役の報酬の決定（会361・387），計算書類の承認（会438Ⅱ），資本の減少（会447），資本の額の増加（会450Ⅱ），定款の変更（会466），事業の譲渡・事後設立（会467Ⅰ），会社の解散（会471），吸収合併（会783Ⅰ・795Ⅰ），新設合併（会804Ⅰ）等がある。これらを他の機関の決議事項とする定款の規定は無効である（会295Ⅲ）。

　その他，性質上，当然に総会の権限とされる事項として，総会の議事運営に関する事項がある。動議の採否，議長の不信任，審議・採決の順序，発言時間の制限などがこれに当たる。また，解釈上，総会の権限とされるものに，たとえば総会資料等調査役（会316Ⅰ）の解任については明文の規定がないが，その選任権限が総会にある以上，その解任権限も総会にあると解することができる。

　それに対して，取締役会設置会社において，法定の決議事項のほか，定款に

よって定めれば株主総会の決議事項とすることができるが（会295Ⅱ），どんな事項でも総会の決議事項となし得るかどうかについては議論がある。具体的には，取締役会の権限と法定されている代表取締役の選定・解職権限を定款で株主総会権限とすることができるかどうかが特に議論されてきた（最判平成29・2・21民集71・2・195は，非公開会社についてこのような定款を有効とした）。

　通説は，それぞれの会社の実情に応じて取締役と株主総会の間の権限分配について適当な調節をなし得る余地を会社法は与えたのであって，したがって，会社が定款により株主総会の決議事項となし得る範囲には格別の制限はなく，強行法規に反しない限り，会社はその必要により任意に総会の決議を要するものと定めることができるとする。一方，定款により自由に株主総会の権限を拡張できるとすると，法の予定した機関権限の分配秩序が破壊されるとの理由から，会社が定款で株主総会の決議事項にできるのは，業務執行に関しない事項か，特に会社法がその旨を明言している事項に限るとする見解もある。実質的に考えてみても，定款変更を可決する多数の株主が，取締役会に任せる範囲の限定を望む限りその会社の自治に委ねるべきであり，通説が適当であろう。機関設計の自由化を認める会社法の下では，なおさらそういえる。

　なお，会社法および定款所定の事項以外の事項についてされた決議（事前警告型買収防衛策の一環として行われた株主意思確認のための株主総会決議）について，決議無効確認の利益があるか争われた事案として，東京地判平成26・11・20判時2266・115百選A39がある。

Ⅲ　株主総会の招集

1. 招集権者

　株主総会は，招集権限を有する者が招集して開催することが必要であり，招集権者による法定の手続を経ないで株主が集まっただけでは株主総会とはならない（書面投票または電子投票の制度が採用される場合を除き，議決権を有する総株主の同意があれば，招集手続の省略が可能となっている－会300）。なお，従来より株主全員が出席して総会を開くことに同意したときは（全員出席総会），そこでなされる決議は株主総会の決議としての効力を有すると解されている（最判昭和60・12・12民集39・8・1869百選30）。ところで，総会の開催，日時，場所，議題等を決定

するのは，取締役会設置会社では，原則として取締役会（清算中は清算人会）であり，この決定に基づいて代表取締役（代表清算人）が招集する。それ以外の会社では，取締役（清算人）がこれを行う（以上，会298・299・491）。

　一方，総株主の議決権の100分の3以上を6カ月前より引き続き有する少数株主も取締役会に総会の招集を請求でき（会297Ⅰ。株式譲渡制限会社においては100分の3以上の議決権を有する株主−同Ⅱ），請求の後遅滞なく招集手続がなされなかった場合，または請求の日から8週間以内の日を会日とする総会招集の通知・公告がなされない場合は，請求した株主は裁判所の許可を得て自ら総会を招集することができる（同Ⅳ）。

　少数株主が総会招集請求権ないし招集権を行使できるのは，主として臨時総会（会296Ⅱ）についてであり，定時総会（会296Ⅰ）については，それを一定の時期のうちのいつ招集するかは取締役会の決定に委ねられている。

!! 全員出席総会への代理出席

　全員出席総会が有効であることを前提として，委任状により代理出席した者がある場合に，これを認めるべきかどうかについて議論がある。前掲最判昭和60・12・12は，「株主が会議の目的たる事項を了知して委任状を作成したものであり，かつ，当該決議が右会議の目的たる事項の範囲内のものである限り」において，肯定説をとることを明らかにした。このような場合には，本人が総会の開催に同意しているとみなして，法的安定性の見地から，そのような総会を有効な総会と認めても差し支えないであろう（私見）。

2.　招集時期・招集地

　定時総会は，毎事業年度の終了後一定の時期に招集することを要する総会であり（会296Ⅰ），臨時総会は，必要のある場合に随時招集される総会である（同Ⅱ）。定時総会は，本来，計算書類および事業報告を承認し剰余金の分配を決定するた

めに開催されるものであり（会438 I），その招集の時期は，基準日の設定時期の制限（会124 II）との関係から，決算期後3カ月内であることを要する。その開催が遅れても，臨時総会にはならない。

　会社法の下では，総会の招集地に制限はない（定款で制限することはできる）。これにより，2つ以上の会場をビデオ中継等で結んで開催することが容易になったといわれる。しかし，株主が集まりにくい不便な招集地をわざわざ選ぶのは，著しく不公正な招集手続であり，決議の取消原因になる（会831 I ①）。総会の会場は，出席の予想される株主を収容する広さがなければならない。会場から溢れた株主がいるのに議事を進めると，株主に議決権行使の機会を与えなかったとして，決議の取消原因になる（最判昭和58・6・7民集37・5・517百選39）。

> ## ‼ バーチャル株主総会
>
> 　近時，会議体としての株主総会に電子的に出席する株主が存在する株主総会をバーチャル株主総会と呼び，議論が盛んである。バーチャル株主総会には，物理的に株主総会をどこかの場所で開催し，その場所に存在しない株主が，自宅パソコン等からインターネット等の手段を通じて株主総会に出席するタイプ（「ハイブリッド型」という）と，株主総会を物理的に開催せず，株主はオンラインのみで株主総会に出席するタイプ（「バーチャルオンリー型」という）に分かれる。前者については，現行法上でも可能であるが，通信障害やバーチャル出席株主の質問権，動議提出権等，様々な問題がある。後者については，株主に通知しなければならない「場所」が存在しないので，現行法上認められないと一般に解されている（立法課題である）。

3. 招集手続

　総会を招集するためには，会日から2週間前（通知の発信日と総会日との間に2週間をおく－大判昭和10・7・15民集14・1401）に，議決権のない株主を除き，各株主に対して招集通知を発送しなければならない（会299 I）。公開会社でない会

社にあっては，株主総会の招集通知の発出から会日までの期間を1週間（取締役会を設置しない会社では定款によってさらに短縮可）まで短縮する旨を定めることができる（同項）。招集通知については，取締役会を設置しない会社では通知の方法を制限していないが，取締役会設置会社においては書面または電磁的方法によらなければならず（同ⅡⅢ），会議の目的たる事項（議題）を記載しなければならない（会298Ⅰ②・299Ⅳ。取締役会を設置しない会社では，口頭や電話等の方法によることもでき，会議の目的たる事項を記載または記録しなくてよい）。なお，議題が取締役選任の場合で累積投票が禁止されていない会社では，選任すべき取締役の数を記載しなければならない（最判平成10・11・26金判1066・18百選A12参照）。

　定時総会の招集通知には，取締役会設置会社においては，計算書類および事業報告を，添付しなければならない。監査役設置会社においては監査報告，会計監査人設置会社においては会計監査報告を添付しなければならない（会437）。また，株主の数が1,000人以上の会社では，総会の招集通知に，議決権行使のための株主総会参考書類（補償契約や役員等賠償責任保険契約の内容の概要を記載：会施規74Ⅰ⑤⑥等）および書面投票を行うための議決権行使書面を添付しなければならない（会301Ⅰ。電磁的方法による提供も可−同Ⅱ）。

　なお，株主総会にあたり，議決権行使禁止の仮処分が認められた事例（東京地決平成24・1・17金判1389・60），株主総会開催禁止の仮処分が認められた事例（東京地決平成20・12・3資料版商事299・337）がある。

‼ 株主総会資料の電子提供制度

　令和元年（2019年）改正により，株主総会資料の電子提供制度が導入された（会325の2〜7）。なお，この改正の施行日は，公布日（令和元年12月11日）から3年6月を超えない範囲で政令で定める日とされている。これは，定款の定めにより，株主の個別の承諾がなくても，会社が株主総会資料を電子提供できる仕組みである。この制度を採用するためには定款の定めが必要であるが，振替株式を発行する会社（上場会社）はその採用が義務づけられるものの，改正の施行日において電子提供制度採用の定款変更決議がされたものとみなされる。

電子提供措置開始日は，株主総会の日の3週間前の日または株主総会
の招集通知を発した日のいずれか早い日である。措置期間の末日は，株
主総会の日以後3ヵ月経過日である。電子提供の対象事項は，会社法325
条の3第1項に記載されている。金商法による有価証券報告書提出会社
は，EDINET（電子公衆縦覧制度）により，そこで株主総会資料を提供
する場合，電子提供がされたものと取り扱われる。この制度の採用会社
は，招集通知をやはり株主総会の日の2週間前までに，株主総会の日時
と場所・株主総会の目的事項（議題）・掲載ウェブサイトのアドレス（電
子提供措置をとるときはその旨）等だけでよい。なお，このような会社
でも，株主は書面での株主総会資料の提供を求める権利が認められる。

4．延期と続行

　総会では，延期または続行の決議をすることができる（会317）。延期とは，総
会を開催したが議事に入らないで会議を後日に持ち越すことをいい，続行とは，
総会を開催し議事に入ったが，時間不足等の理由により審議未了のまま議事を中
止し，あらためて後日に期日を定めて総会を継続することをいう。これらの場合，
後の会議（継続会）は前の会議と同一の総会であるから，あらためて招集手続を
要しない（会317）。

Ⅳ　株主提案権

　取締役会設置会社においては，総株主の議決権を100分の1以上または300個以
上を6ヵ月前から引き続き有する株主は，取締役に対して総会の会日の8週間
（定款で短縮可）前までに，一定の事項を会議の目的とすることを請求できる（議
題提案権－303）。また，当該株主が提出する議案の要領つまり要旨を株主に通
知することを請求できるものとしている（会305：議案提案権）。いずれの権利も，
取締役会を設置しない会社では，単独株主権とされる。なお，いずれの株主も，
株主総会において，会議の目的事項について議案を提案することができるのは当
然である（会304）。

　議題提案権は，たとえば利益処分案の承認を議題とする定時総会に，ある取締

役の解任の件を議題とすることを請求するというように，取締役会の決定した議題に別の議題を追加することを請求する権利であって，追加提案権とも呼ばれる。また，議案提案権は，たとえば取締役追加選任の件が議題とされており，会社側が甲を候補者とする議案を出そうとしているときに，株主が乙を候補者とする議案（反対提案），または甲および乙を候補者とする議案（修正提案）を総会招集の通知に記載することを請求する権利であり，反対（修正）提案権，選挙提案権と呼ばれる。ただ，前者は提案株主が議決権を行使できる事項に限り（会303 I），後者も提出する議案が法令もしくは定款に違反するとき（会305 IV），または同一の議案につき議決権の10分の 1 以上の賛成を得られなかった総会から 3 年を経ていないときは認められない（会304但書・305 IV）。

> なお，令和元年（2019年）改正により，取締役会設置会社において，議案提案権（会305 I）を行使する場合，提案できる議案の数は10個に制限された（会305 IV V：10を超える数の議案は取締役が定めるが，株主が優先順位を定めているときはそれに従わねばならず，役員等の選任・解任に関する議案および会計監査人を再任しないことに関する議案は 1 個とみなされる）。

　これらのいわゆる株主提案権の意義については，株主の意思が総会に反映されること，会社と株主間の意思疎通に役立つこと，また追加提案は説明義務とも相まって株主への情報提供手段としても機能し，さらに，参考書類送付・書面投票制度の導入により，一般株主は経営者の便宜のための単なる受動的な委任状返送機械としての地位から脱し，会社意思形成への能動的関与者へと転化する途を保障するものである。

> 　適法になされた株主の提案が取締役によって無視された場合の効果については，議題（追加）提案権と議案提案権，つまり修正（反対）提案権とを区別して考えることが必要である。後者が無視された場合，つまり議案提案が適法になされたにもかかわらず，招集通知に議案の要領が記載されていない場合，当該議題についての取締役提出議案が総会で可決されている限り，その決議は招集手続に瑕疵があるものとして取り消すことができる（会831 I ①）。それに対して，前者が無視された場合，通説・判例は取り消すべき決議が存在しないので，取締役が過料に処せられる（会976 I ⑨）のみであるとする（東京地判昭和60・10・29金判734・

23)。提案を招集通知に記載せよと請求する訴訟を起こし，それを本案として株主
総会開催禁止の仮処分を申請できるとする説もある（事前に，株主総会招集通知
に議題・議案に関する株主提案を記載することを求める仮処分命令申立事件とし
て，東京高決平成24・5・31資料版商事340・30百選31）。

Ⅴ　議決権

1. 一株一議決権の原則とその例外

　株主が株主総会に出席してその決議に加わる権利を議決権という。共益権のう
ち最も重要な権利である。議決権の数は，資本団体としての株式会社の性質上，
1人につき1個ではなく，1株につき1個であり（会308Ⅰ），これを一株一議決
権の原則という。この原則の例外として次のものがある。

　①　**議決権制限株式**（会108Ⅰ③）　議決権制限株式は，議決権を行使するこ
とができる事項が制限されている株式をいう（前述）。

　②　**会社が自己株式を有する場合**（会308Ⅱ）　会社は自己株式を取得するこ
とができるが，このような株式に議決権を認めると，会社が自己の意思を決定す
る会議に参加することになって不自然であり，また，取締役などによる会社支配
の手段として利用されるおそれがあるから，自己株式については議決権を休止さ
せている。

　③　**相互保有の株式**（会308Ⅰ）　甲株式会社が，乙株式会社の総株主の議決
権の4分の1以上を有する場合，または，甲会社が乙会社の経営を実質的に支配
している場合，乙会社はその有する甲会社の株式について議決権を有しない。

　会社同士がお互いに株式を持ち合うという株式の相互保有は，株式会社の資本
的結合による強力な企業結合方式であり，企業の系列化，グループ化，経営者支
配の強化の手段として機能する。

　この株式の持合には，会社資本の空洞化および会社支配の歪曲化という問題点
がある（このほかに相互保有は株式の流通性・市場性を阻害するともいわれる）。
すなわち，甲乙両会社が互いに株式を持ち合うことは，資金の裏付けのない見せ
かけだけの資本の形成を偽装する。また，甲会社の取締役が甲会社の乙会社に対

する支配権を利用して，乙会社の有する甲会社株式の議決権行使に影響力を与え
て自己の地位を維持したり，あるいは両会社の取締役が互いに連絡してお互いの
地位を維持し，強固な支配結合関係を形成できる。いずれも取締役自身の出資が
あるわけではないのみならず，会社相互間の出資にすら実体的裏付けがあるかど
うか疑問とされているところに問題がある。

　　会社法308条1項は，昭和56年（1981年）改正商法で新設されたものであるが，
議決権の停止のみであるので，支配の歪曲化のみの防止を目的とするものである
（会135は資本の空洞化防止も目的とする）。日本の会社の株式保有構造からすれば，
それ自体が必ずしも有効な規制として現実に機能しているわけではない。
　　④　単元未満株式（会308Ⅰ但書）　　これについても議決権はない（前述）。

2.　議決権の不統一行使

　　株主が複数の株式を有する場合に，その議決権を不統一に行使することができ
るか否かについては従来議論があった（社員権否認論または株式債権論の立場は，
株主の議決権は株主1人について1個であり，ただ議決権の分量が持株数に比例
すると解し，不統一行使を否定する）。しかし，近時，預託証券（ADR，EDRな
ど），株式管理信託，従業員持株制度など，名義株主と実質株主が異なる場合が
増加し，このような場合に議決権の行使に当たって実質株主の意思を反映させる
ために，議決権の不統一行使を認める必要がある。そこで会社法においても，議
決権の不統一行使を認めるとともに（会313Ⅰ），取締役会設置会社においては，
この場合には，総会の会日より3日前に会社に対しその旨および理由を通知しな
ければならない（同Ⅱ：取締役会を設置していない会社は，事前通知は不要）。

　　一方，会社は，他人のために株式を有する者でないときには，議決権の不統一
行使を拒絶できるものとしている（同Ⅲ）。なお，通知は総会ごとにする必要はな
く，包括的にすることができると解されている（通説）。

3.　議決権の代理行使

　　株主は代理人によって議決権を行使することができる（会310Ⅰ前段）。株主と

しての地位（株式）が財産的価値を有し，自由譲渡性が認められ，議決権も代理に親しむものであるところから，当然に代理行使は認められると解され，会社法はその当然のことを確認した。この場合，代理関係の存在を明確にさせるため，代理人は代理権を証する書面（委任状）を会社に提出しなければならない（同項後段）。この代理権の授与は，株主総会ごとになされることを要する（同Ⅱ）。議決権の代理行使が経営者により濫用されることを防止するためである。この委任状は，総会終結後3カ月間本店に備え置かれ，株主は営業時間内であればいつでもそれを閲覧・謄写することができる（同ⅥⅦ）。会社は1人の株主による代理人の数を制限することができる（同Ⅴ）。

　議決権の代理行使は，実際には定足数要件を充足するため，会社からの勧誘によってなされることが多い。上場会社ではこのような委任状勧誘を通じて株主に十分な情報開示が行われ，株主の意思が会社意思の形成に正確に反映されるようさまざまな法規制がなされている。すなわち，金融商品取引法は上場会社の議決権の代理行使を勧誘するには政令の定めるところによらなければならないとしており（金商194），それを受けて，「上場株式の議決権の代理行使の勧誘に関する内閣府令」（いわゆる委任状勧誘府令）が制定されている。

　最近では，現経営陣とは反対の株主が，自らの株主提案について，委任状による議決権の代理行使を勧誘することが増えている。この場合，経営陣と反対株主がそれぞれ委任状勧誘を行う，委任状合戦（Proxy fight）が展開される。

!! 従業員持株制度と株式信託契約の有効性

　大阪高判昭和58・10・27高民集36・3・250百選33は，小規模閉鎖会社の従業員持株制度の下で，従業員株主に締結を強制している株式信託契約は，株主の議決権を含む共益権の自由な行使を阻止するためのもので，委託者の利益保護に著しく欠け，会社法の精神に照らし無効であり，また，共益権のみの信託であるから，その点からも無効であるとする。

!! 議決権行使の代理人資格の制限

　会社法上，代理人の資格については別段の制限はないが，多くの会社では，定款で代理人の資格を議決権を有する株主に限定する定めを置いており，この定款規定の効力が争われている。

　これにつき最高裁は，定款規定が株主総会が株主以外の第三者によって撹乱されることを防止し，会社の利益を保護する趣旨に出たもので，合理的な理由による相当程度の制限であり，会社法310条1項に反せず有効であるとする（最判昭和43・11・1民集22・12・2402百選32）。しかし，このような解釈をとるなら，例外を認めざるを得ず，株主たる団体（たとえば会社・地方自治体）の職員または従業員が議決権を代理行使するのは定款に違反しないとし（最判昭和51・12・24民集30・11・1076百選37），さらに病気で入院中の株主が同族の者を代理人とすることを肯定する（大阪高判昭和41・8・8下民集17・7＝8・647）。また，株主総会がその構成員のみによって運営されるべきであるという「会議体の本則」を理由にあげる判決もある（東京地判昭和57・1・26金判650・33）。弁護士に代理行使が認められるかどうかについては，下級審裁判例でも判断が分かれている（代理行使を認めた例：神戸地尼崎支判平成12・3・28判タ1028・288，認めなかった例：宮崎地判平成14・4・25金判1159・43）。一方，このような定款規定は，信頼し得る代理人を他の株主から見いだしえない株主から議決権の行使の機会を奪うことになり，議決権行使の不当な制限として会社法310条1項に違反し，無効であるとする説も有力である。

4.　書面による行使（書面投票）

　株主の数が1,000人以上の株式会社では，取締役は，総会に出席しない株主が書面によって議決権を行使できることを定め（会298Ⅰ③Ⅱ。取締役会設置会社では取締役会が決議する－298Ⅳ），招集通知に際して議決権の行使についての参考書類とともに，株主が議決権を行使するための書面を交付しなければならない（会301）。これが書面投票制度である。参考書類および議決権行使書面は招集通知時に交付し，電磁的方法での招集通知を承諾した株主については参考書類および議

決権行使書面は電磁的方法で交付してもよい（同Ⅱ）。

書面投票については，会社法施行規則では次のように詳細に定められる（会施規66）。これによれば，議決権行使書面には，議案ごとに株主の賛否を明らかにする欄を設けなければならない。取締役・監査役・会計監査人の選任議案で2名以上の候補者が提案されるときは，この欄は，株主が各候補者について賛否等の記載ができるものでなければならない。賛否の記載のない書面が提出されたときは，各議案について賛成，反対または棄権のいずれかの意思表示があったものとして取り扱う旨をあらかじめ印刷しておくことができる。さらに，議決権行使書面には，株主の氏名と議決権を行使できる議決権数や議決権行使の期限を記載しなければならない。書面投票制度により，決議の結果があらかじめ分かり，会議をする意味（会議体としての株主総会）が大半失われる。立法論として，世界に例のないこのような制度は廃止すべきである。

!! 動議への対応

　書面投票制度の下では，委任状と異なり形式的にも代理人の選任が行われないので，総会の場で出席株主から，①議案に対する修正動議や，②議事進行，質疑打切り，休憩，議長不信任等の動議が出たり，延期，続行（会317）の提案があった場合に，議決権行使書面の扱いが問題となる。①に関しては，書面投票による議決権行使数は欠席扱いとすべきであるとする説，原案賛成のものにつき反対とし，原案反対のものにつき棄権と扱うべきであるとする説，すべて棄権と扱うべきであるとする説に分かれる。この点については，書面投票をなした株主も修正動議が出された議案に関し少なくとも原案につき意思を表明しており，その意味で当該議題の審議に参加しているのであるから，欠席と扱う理由はなく，一方，書面投票をした株主の修正案に対する見解は何ら表明されていないので，結局，棄権説をとるべきである。

　それに対して，②の議事進行上の動議に関しては，書面投票をなした株主は欠席と扱われるべきである。これらの株主は，いかなる意味においても議事進行上の動議に参加していないからである。書面投票制度は，もともと，議決権の行使のみを株主に保障し，審議そのものは不要であることを前提とするから，審議の過程で出てくる提案や動議に議決権行

使書面で対応できないのは当然である。それゆえ，これらの議事運営に関する動議については現に出席している株主（委任状による代理人を含む）だけで決議しなければならない。そこで実務では，動議に備えて別に大株主から委任状の提出を受けておくことが行われる。ただ，同一の株主から議決権行使書面と委任状の両方の提出を受けることはできない（なお，両者の関係について，東京地判平成19・12・6判タ1258・69百選34参照）。

5. 電磁的方法による行使（電子投票制度）

会社法の下でも，電磁的方法による議決権行使（電子投票制度）を採用することが可能である（会312）。電子投票が採用された場合，取締役は，参考書類と議決権行使書面の内容に相当するものを株主に交付し（会301Ⅱ），総会に出席しない株主は，電磁的方法で議決権を行使することができ，その議決権数は，出席株主の議決権数に算入される（会312Ⅲ）。

Ⅵ 議事および決議

1. 議　事

株主総会は，株主が招集通知記載の日時，場所に出席し，定足数が充足され，取締役・監査役が出席し，議長が定足数を充足していることを確認し，開会を宣言することによって適法に成立する。総会の議事方法については，会社法または定款に規定がないときは，総会に関する慣習により，慣習もなければ会議体に関する一般原則による。

総会の議長は，通常定款で定められ，多くの会社では，社長を議長とする旨の規定が置かれている。議長の資格については，議長は会議の指揮運営に当たるに過ぎず，必ずしも株主であることを要しないとする見解と，総会が株主によって構成される会議体であることを理由に株主であることを要するとする見解が対立している。議長はその権限として，総会の秩序を維持し議事を整理し，その命令に従わない者や総会の秩序を乱す者があるときは，その者に退場を命じることができる（会315）。

2. 取締役等の説明義務

　会社法314条により，取締役・会計参与・監査役・執行役は，総会において株主の求めた事項について説明をしなければならない。

　ただし，質問事項が，①会議の目的たる事項（議題）に関連しないとき，②株主共同の利益を著しく害するとき（たとえば企業秘密で重要なものについての質問），③その他正当な理由がある場合として法務省令で定める場合（会施規71）には，説明を拒否することができる。

　取締役等の説明義務は，昭和56年（1981年）商法改正に際し，株主総会の活性化のために明定されたものである。株主の質問権を裏から認めた。説明義務ないし株主の質問権の根拠について，多数説は，会議体の一般原則からして議題についての説明をすることや構成員に質疑討論の機会を与えなければならないことは当然であるとする。

> 　株主の質問権を株主の権利・利益を確保するための権利ととらえるのが私見である（ドイツの通説でもある）。

　総会において株主から質問があった場合，取締役・監査役に説明義務が生じるかどうかは具体的に考える必要がある。説明義務の範囲は，説明義務の目的により限定されるから，議題との関連は形式的なものでは足りず，実質的なものでなければならない（説明義務の奥行き）。一般には，説明義務の目的を議案の賛否の合理的判断（議題が報告事項の場合，内容の合理的理解）のために必要な事項に関する情報の提供に求められるから，質問事項が議案の賛否の判断（または内容の合理的理解）に必要かどうかで決まる（東京地判平成16・5・13金判1198・18は，合理的判断の基準は「平均的株主」であるとする）。

> 　計算書類およびその附属明細書による開示に関する法令の基準は，開示の最低基準に過ぎず，質問権はその不十分なところを補うために認められたものであり，したがって，説明義務の範囲を計算書類等の記載事項に限定することは何ら根拠がない（私見）。

　株主から適法に質問権が行使されたにもかかわらず，取締役等が説明を拒絶したときは，決議方法の法令違反として決議取消事由となる（会831Ⅰ①）。なお，説明拒絶理由の立証責任は，会社側にある。

!! 質問状と一括回答

　事前の質問状は，総会において説明を求める事項の予告にすぎず，質問権の行使とはいえない。株主は総会において質問できるだけである（質問状を株主総会の相当期間前に当該事項を会社に通知していた場合には，その質問に対し調査が必要であるとして，説明を拒絶することができない：会施規71①イ）。したがって，事前の質問状に対する一括回答も説明義務の履行ではなく，会社側が自発的にする事業報告の延長と考えるべきである。たとえば，ある株主の質問状に対し会社側が一括回答の中で回答せず，しかもその株主が総会の場で質問をしなかった場合には，説明義務は発生しないので，説明義務の不履行はなく，したがって総会決議に瑕疵はないことになる（東京高判昭和61・2・19判時1207・120　百選35）。なお，同判決は，会社側の一括回答を説明義務の先履行と捉えている部分もある。

3. 総会議事録

　総会の議事については，書面または電磁的記録をもって議事録を作成しなければならない（会318Ⅰ：内容について会施規72ⅢⅣ）。会社は，この議事録を10年間本店に，その写しを5年間支店に備え置かなければならない（会318ⅡⅢ）。また，議事録は，株主および会社債権者の閲覧に供せられる（会318Ⅳ）。なお，議事録の作成の有無は決議の効力には影響しない。

4. 総会検査役の選任および資料等の調査人

　会社または総株主の議決権の100分の1以上を有する株主は，総会招集の手続およびその決議方法を調査させるために，総会に先立って検査役の選任を裁判所に申し立てることができる（会306Ⅰ。公開会社である取締役会設置会社その他について同Ⅱ）。検査役は調査の結果を裁判所に報告し（同Ⅴ），裁判所は調査の結果を見て必要があると認めたときは，取締役に総会を招集させること，または，調査結果を株主に通知させることができる（会307Ⅰ）。

　この総会検査役の制度は，経営権の争奪があるときなど総会の紛糾が予想されるときに，決議の成否についての証拠を保全し，総会の運営が適切に行われるようにするためである。

　なお，株主総会は，取締役等が当該総会に提出し，または提供した資料を調査する者を選任することができ（会316Ⅰ），少数株主の請求または自ら招集した株主総会においては，会社および財産の状況を調査する者を選任できる（同Ⅱ）。

5. 決議方法

　会社の中でも，構成員が少数で人的信頼によって結合した人的会社においては，全員一致は望ましく，また容易でもあり，制度上も多くの問題につき総社員の同意が要求され，多数決による場合でも必ずしも出資の割合によらずに頭数による場合が多い。これに対しいわば無縁の大衆から成ることを予定されている株式会社においては，全員一致は望めないので，一方において権限の分化が進み，会社の意思決定のかなりの部分が理事機関に移されるとともに，他方，最高の意思決定機関たる株主総会においても多数決制度がとられ，しかもその多数決は，原則的に出資の割合に応ずるいわゆる資本多数決による。

　総会の決議は，多数決によって行われる。可否同数の場合，議長に裁決権を与えることは許されない。一株一議決権の原則に反するからである。多数決の要件は決議事項によって異なる。重要性に応じて要件が厳しくなる。

（1）　通常決議

　定款によって特別の要件が定められていない事項についての決議方法であり，議決権行使株主の議決権の過半数に当たる株式を有する株主が出席して（定足数），その議決権の過半数をもって決せられる（会309Ⅰ）。この定足数は定款で変更することができ，実際上，大多数の会社は定款で定足数を排除し，出席株主の議決権数の過半数で決定している（役員の選解任については定足数は3分の1未満に軽減できず，出席株主の過半数以上の割合を定款で定めることができる－会341）。

　通常決議事項としては，役員（取締役・会計参与・監査役）および会計監査人の選任・解任（会329Ⅰ・339Ⅰ），役員の報酬（会361Ⅰ・379Ⅰ・387Ⅰ），総会資

料等調査役の選任（会316），計算書類の承認（会438Ⅱ），資本金額の増加（会450
Ⅱ），清算人の選任・解任（会478Ⅰ③・479Ⅰ）などがある。

（2）　特別決議

特定の重要な事項に関する決議方法であり，議決権行使株主の議決権の過半数
に当たる株式を有する株主が出席し（定足数：定款の定めをもってすれば3分の
1まで軽減可），その議決権の3分の2以上の多数でもって決せられる（定款で
もってこれを上回ることも可）。また，定款でもって一定の数以上の株主の賛成
の要件も加重できる（会309Ⅱ）。決議違反の行為・取引は（絶対的）無効となる。

特別決議事項（会309Ⅱ①〜⑫）としては，特定人からの自己株式の取得（会
156Ⅰ・160Ⅰ），株式の併合（会180ⅠⅡ），株式募集（会199ⅠⅡ），新株引受権募
集（会238ⅠⅡ），累積投票選任取締役・監査役の解任（会342Ⅵ），役員の任務懈
怠による損害賠償責任免除（会425Ⅰ），資本の減少（会447Ⅰ），事業譲渡（会467
Ⅰ①②），他の会社の事業全部の譲受（同③），事業全部の賃貸・経営委任・損益
共通契約・これらに準ずる契約の締結・変更・解約（同④），事後設立（同⑤），
定款変更（会466），会社の解散（会471），会社の継続（会473），吸収合併（会783
Ⅰ・795Ⅰ），新設合併（会804Ⅰ）などがある。

!! 事業譲渡と子会社株式（持分）の全部または一部の譲渡

特別決議事項として問題になるものとして，事業の全部または重要な
一部の譲渡（会467Ⅰ）がある。

事業譲渡の概念に関し，多数説・判例（最判昭和40・9・22民集19・
6・1656百選64）は，会社法総則（会21以下）におけるものと同一意義
であって，一定の事業目的のために組織化され，有機的一体として機能
する財産の譲渡であり，これによって事業活動の承継と競業避止義務の
負担を伴うものをいうものと解し，したがって，単なる事業用財産の譲
渡は，それが会社に重要な影響を及ぼすものであっても，特別決議を要
しないとする。それに対して，ここでいう事業譲渡とは，有機的一体と
して機能する財産の譲渡と解し，事業活動の承継と競業避止義務の負担

は，必要ないとする有力学説がある。

　なお，「事業の重要な一部の譲渡」には，当該譲渡により譲り渡す資産の帳簿価額が当該株式会社の総資産額として法務省令で定める方法により算定される額の５分の１（これを下回る割合を定款で定めた場合にあっては，その割合）を超えないものを除く，とされた（会467Ⅰ②）。

　また，平成26年（2014年）改正により，子会社の株式の譲渡が，親会社の総資産の５分の１を超え，それにより過半数議決権を失う場合には，親会社の株主総会の特別決議による承認を受けなければならないとされた（会467Ⅰ（2の2））。また，この場合，事業譲渡の場合と同様に，反対株主には，株式買取請求権が認められる（会499）。

（３）　特殊決議

　特別決議よりも厳格な多数決を要する決議方法である（会309Ⅲ）。特殊決議事項として，株式譲渡制限を設ける場合の定款変更（会107ⅠⅡ），一定の場合の吸収合併・新設合併によって消滅する会社の当該合併契約承認（会783・804）においては，議決権行使株主の半数以上が出席し（定款による要件加重可），その議決権の３分の２以上（定款による要件加重可）の多数を要する。公開会社でない会社において，株主によって株式の権利内容に差を設ける定款変更は，総株主の半数以上（定款による要件加重可）で総株主の議決権の４分の３以上（定款による要件加重可）の多数を要する（会309Ⅳ）。

!! 採決の方法

　採決の方法については，特別の制限はなく，審議の経過から各株主の賛否とその持株数が出席株主全員に明らかであれば，あらためて挙手・起立・投票等の措置を採る必要はないとする判例がある（最判昭和42・7・25民集21・6・1699。なお，大判昭和８・３・24法学２・1356参照）。

　しかし，大きな会場に多数の株主が参集して採決を行うような場合，出席株主が明認しうる方法として，単に拍手や異議なし等の発言だけで足りるとは思えない。挙手や起立などのもっと明確な方法が採られるべ

きである。
　表決方法に瑕疵があるとした大阪地判平成16・2・4金商1191・38,
一方，挙手による採決を適法とした東京地判平成14・2・21判時1789・
157が下級審判決がある。なお，金商法上，上場会社等は株主総会にお
ける議案ごとの議決権行使の結果を臨時報告書で開示する必要がある
（開示府令19Ⅱ(9の2)）。

6. 書面による株主総会決議

　株主総会の決議の目的たる事項について取締役または株主から提案があった場
合において，当該事項につき議決権を行使することができるすべての株主が，書
面または電磁的方法によって当該提案に同意の意思表示をしたときは，当該提案
を可決する株主総会の決議があったものとみなされる（会319Ⅰ）。実際上，この
制度は小規模な公開会社でない会社で利用されることとなろう。

Ⅶ　株主総会における多数決の限界と修正

1. 総　説

　株主総会の多数決によっても，強行法規に違反し，株主平等の原則に反し，ま
たは，株主の固有権を侵害する内容の決議をすることはできない。ところで，多
数決の原則は結局において多数派の意思が通り，少数派の意見が無視されること
を正当化する制度であるが，このようにして犠牲になる少数派の利益を確保する
ための制度として，反対株主の株式買取請求権のほか，取締役の選任における累
積投票（会342），および取締役・監査役の解任請求権（会339）がある。

2. 株式買取請求権

　反対株主の株式買取請求権は，株主総会において株主の利益にとくに重大な関
係のある一定の事項に関する決議が多数決によって成立した場合に，それに反対
の株主が会社に対し自己の有する株式を決議がなかったならば有したであろう公
正な価格で買い取ることを請求する権利である。多数決を認めるとともにこれを

修正し，少数派株主に投下資本を回収する途を与えて，これを経済的に救済する制度であるが，結果的に少数派を締め出すことによって対立を解消しようとするところにこの制度の限界がある。

　　反対株主に買取請求権が認められるのは，現在のところ，①株式の譲渡制限または全部取得条項を定めるための定款変更等（会116Ⅰ①②），②会社の行為により特定種類の種類株主に損害を及ぼすおそれがあるとき（同③），③株式併合の際の端数株式（会182の4Ⅰ），④事業譲渡等の企業結合契約（会469Ⅰ），⑤合併等の組織再編行為（会785Ⅰ・797Ⅰ・806Ⅰ。なお会172・182の8）の場合である。

　株主がこの買取請求をするには，総会に先き立ち会社に対し書面で反対の意思を通知し，かつ総会において反対した上で，効力発生日の20日前から効力発生日前日までに買取請求する株式の数を明らかにすることを要する（会116ⅡⅤ・469ⅡⅤ・785ⅡⅤ・797ⅡⅤ・806ⅡⅤ）。また，会社の承諾を得てその請求を撤回することができる（会116Ⅵ・469Ⅵ・785Ⅵ・797Ⅵ・806Ⅵ）。なお，当該株主総会において議決権を行使できない株主（単元未満株主を含む），および当該行為（①～⑤）が総会の決議を要しない場合には，すべての株主が買取請求権を行使できる。買取価格は，公正な価格であり，まず株主と会社が協議し，協議がととのわなければ株主が裁判所に対し価格の決定を請求する（会117・470・786・798・807。公正な価格について，組織再編により企業価値が増加しない場合の最判平成23・4・19民集65・3・1311百選86，企業価値が増加した場合の最判平成24・2・29民集66・3・1784百選87参照。また，MBOにおける公正な価格の算定については，MBOとは無関係な株式価値とMBOにより実現する価値のうち少数株主に帰属すべき部分からなるという考え方が支持されている―最決平成21・5・29金判1326・35参照）。買取は，代金の支払の時に効力を生じる（会117Ⅴ・470Ⅴ・786Ⅴ・798Ⅴ・807Ⅴ）。買取請求権は，会社が事業譲渡・合併などを中止したときは失効する（会116Ⅶ・469Ⅶ・785Ⅶ・797Ⅶ・806Ⅶ）。

Ⅷ　株主総会決議の瑕疵

1.　総　説

株主総会の決議が外形上まったく存在しない場合はもとより，一応決議と認め

られるものが存在していても，手続方法または内容において法令・定款違反があり，決議に瑕疵が存在する場合には，その決議は効力を有しないはずである。他方，その決議を基礎に会社の活動が行われ，多数の利害関係者との間に新たな法律関係が形成されていくので，瑕疵の主張を無制限に認めると混乱が生じる。そこで会社法は，決議取消・決議無効確認・決議不存在の3種の訴えの制度を認めて，集団的法律関係における法的処理の画一化によって，各利害関係者間の利益調整を図っている。

2.　決議の取消（会831以下）

　形式的・手続的な瑕疵のように比較的軽微な瑕疵については，時の経過とともに違反の判定が技術的に困難になるので，法は法的確実の要請からこのような瑕疵ある決議は訴えをもってのみ取り消し得るものとし，かつ提訴権者や提訴期間を制限している（会831Ⅰ）。取消原因のある総会決議は，決議を取り消す判決が確定したときに，初めに遡って効力がなくなる。それまでは有効な決議として扱われる。誰も取消の訴えを提起しないまま出訴期間が経過すると，瑕疵のある決議も有効なものとして確定してしまう。

　取消原因としては，（Ⅰ）総会招集の手続または決議方法が法令または定款に違反したとき（株主の一部に対する招集通知漏れ，取締役会の総会招集決議を欠く代表取締役による招集，株主でない者または正当な代理人でない者の決議参加など），または著しく不公正であるとき（議長が不当に株主の発言を制限したときなど），（Ⅱ）決議の内容が定款に違反するとき（定款で定めた員数を超える取締役の選任など），（Ⅲ）決議につき特別利害関係（他の株主とは異なる利益）を有する株主が議決権を行使することにより著しく不当な決議がなされたとき（合併の相手方たる株主が出席して不当に相手方に有利な合併決議が成立した場合など）がある（会831Ⅰ）。

　取消の訴えは，決議の日から3カ月以内に（会831Ⅰ）株主等・取締役・監査役・清算人が，会社を被告として（会834），会社の本店所在地の地方裁判所（会835Ⅰ）に提起することができる。株主は，決議当時の株主でなくてもよいが，訴え提起の時から判決確定まで少なくとも1株を継続して有していなければならない。また，他の株主に対する瑕疵についても訴えを提起することができる（最

判昭和42・9・28民集21・7・1970百選36)。ある株主への招集通知漏れなどの瑕疵によって公正な決議の成立が妨げられるおそれがあるからである。総会決議によって解任された取締役・監査役も自己の解任決議について決議取消を主張できる（決議が取り消されると任期満了後も取締役の権利義務を有することになる（会346Ⅰ）からである（会831Ⅰ後段）：東京高判昭和34・3・31下民集10・3・659)。数個の訴えが同時に係属する場合は，弁論および裁判を併合することが必要とされる（会837)。

> 　濫訴を防止するため，株主（取締役・監査役・執行役または清算人である場合を除く）が訴えを提起したときに，裁判所は相当の担保の提供を命じることができる（会836Ⅰ）。この場合，会社は訴えの提起が悪意に基づくものであることを疎明しなければならない（同Ⅲ）。

‼ 裁量棄却

　決議取消の訴えの提起があった場合において，招集手続または決議方法が法令・定款に違反するときでも，裁判所はその違反する事実が重大でなく，かつ決議に影響を及ぼさないと認めるときは，請求を棄却することができる（裁量棄却—会831Ⅱ）。この裁量棄却制度は，昭和56年（1981年）改正において，最高裁判決，とくに最判昭和46・3・18民集25・2・183百選40の考え方を明文化したものである。

　最判平成5・9・9判時1477・140は，定款に別段の定めがないにもかかわらず，本店の所在地またはこれに隣接する地に招集しなかったという，株主総会の招集手続の違法は，決議が発行済株式の約64%の株式を有する出席株主の全員の賛成によって成立したものであり，過去10年以上にわたって本店所在地または隣接地以外で株主総会が開催され，そのことについて株主から異議が出なかったことを考慮しても，重大でないとも決議に影響を及ぼさないともいえないから，決議の取消請求を平成17年（2005年）改正前商法251条により棄却することはできないとした。

　さらに，最判平成7・3・9判時1529・153は，事業全部を譲渡する旨の株主総会決議において，招集通知に事業譲渡の要領が記載されてい

なかった場合に，株主に対し，あらかじめ議案に対する賛否の判断をするに足りる内容を知らせることにより，議案に反対の株主が会社に対し株式の買取を請求することができるようにするという，平成17年（2005年）改正前商法245条2項の趣旨に照らして，招集手続の前記違法は重大でないとはいえないとして，右違法のある事業譲渡決議の取消請求を同法251条により棄却することはできないとした。

取消訴訟について原告が勝訴し判決が確定すると，これによって決議は最初に遡って無効となり（会839），当事者以外の第三者に対してもその効力を有する（対世的効力－会838）。その結果，その決議を有効要件とする行為は，会社の内部関係においても外部関係においても遡及的に無効となるものと解さざるを得ず，困難な問題を生じる。

対外関係については，合併無効の規定の類推適用ないし代表権に加えた制限の法則（会349ⅣⅤ・483ⅣⅤ・599ⅣⅤ，民54）により相手方は保護され，また，取締役選任決議が取り消されてその者が代表取締役としてした行為については，表見代理（民109以下），表見代表取締役（会354），不実の登記（会908Ⅱ）の規定により相手方は保護されると解されよう。

‼ 決議取消の訴えと取消事由の追加

会社法831条1項は，「株主総会等の決議の日から3箇月以内に，訴えをもって当該決議の取消しを請求することができる」と定めている。しかし，所定の期間内に提起した株主総会決議取消訴訟において，右期間経過後に新たな取消事由を追加主張することができるかどうかについては議論がある。

学説では，従来，多数説は，会社法831条1項の期間をもって特定の決議の取消一般に予定されたものではなく，特定の取消事由の主張に対するものとみて，同条所定の期間経過後には新たな取消事由の追加を認めない趣旨と解していた。これに対して，反対説は，会社法831条1項は出訴期間を制限しているだけであって，取消事由の追加は単なる攻撃

防御方法の展開に過ぎず，右の制限に服しないと解していた。

　　最判昭和51・12・24民集30・11・1076百選37は，否定説をとる。否定説は，攻撃防御方法を原則（民訴156）より制限するものであるが，そこに合理性があるのであろうか。会社法831条1項は，総会決議の早期安定のために置かれている。ここにおける両説の対立は，この要請をめぐる会社側の利益と提訴者側の利益との比較考量の問題に帰する。この観点から，総会決議は多数の人間に影響を及ぼすからその効力を争うものにある程度の負担を課するのはやむを得ないし，3カ月という期間制限が提訴者にとくに酷とも思われないとする見解がある。

　　しかし，訴えの提起により，決議の早期安定の要請はすでに大きく崩れているし，訴訟の実情からみて，新たな事由の追加が何ほどの遅延をさらに生じさせるかも問題である。訴えが提起され，法的安定の期待がすでに破れている以上，時の経過による主張の制限を認めることなく，納得のいくまで当事者に争わせることこそ裁判上の救済を認めた趣旨に合致するといえる。しかし，本最判以後，下級審判決はいずれも同旨の判示をしており，本判決は確定判決になっているかの観がある。

‼ 訴えの利益

　　株主総会決議取消訴訟において，その後の事情の変化により訴えの利益が失われる場合があることは，一般に認められている。

　　最高裁は，決議取消訴訟の係属中に，その決議に基づき募集株式の発行がなされてしまった場合（最判昭和37・1・19民集16・1・76）や，役員選任決議の総会決議取消訴訟の係属中に，その決議により選任された役員すべてが任期満了により退任した場合（最判昭和45・4・2民集24・4・223百選38）につき，訴えの利益が失われるとした。最判平成4・10・29民集46・7・2580は，再決議が行われた場合について，特別の事情がない限り，決議取消の訴えの利益は失われるとした最初の最高裁判例である（傍論として述べたものはある。計算書類承認決議取消訴訟についての，最判昭和58・6・7民集37・5・517百選39参照：もっとも，同判決は，計算書類承認取消の訴えの利益は，その後の事業年度

に係る計算書類が承認された場合であっても，原則として消滅しないとした）。なお，否決決議の取消の訴えは不適法であるとする最高裁判決が，最近出ている（最判平成28・3・4金判1490・10）。

3.　決議の無効

　違法な計算書類の承認決議など，決議の内容が法令に違反するときは，その決議は無効である。その無効はいかなる方法によっても主張でき，もちろん訴訟によることもでき，この無効確認の訴えは誰でもまたいつでも提起できる（会830Ⅱ）。決議無効確認の訴えについては，決議取消の訴えに準じて，管轄・弁論および裁判の併合，訴えの公告・担保の供与・担保の提供などを定め，また，法律関係の画一化を図るため無効判決には対世的効力が与えられている（会838）。

!! 多数決の濫用

　　多数決の濫用とは，株主，とくに大株主が自己または第三者の純個人的利益を追求して，客観的にみて著しく不公正な内容の決議を成立させ，会社または少数株主の利益を侵害することをいう。議決権付与の本来的目的に反した行使は議決権の濫用とされ，この濫用により会社または少数株主の利益が不当に害されるに至った場合が，多数決の濫用と把握される。学説上，多数決の濫用とされる例として，①会社規模・事業成績・職務内容からみて不相当に巨額な報酬を役員に支給する決議，②取引通念に照らして著しく不公正な条件の合併・事業譲渡・企業結合契約の承認決議，③不当に高額な経費を計上し，一部株主のみが利益を得ながら，他の株主には不当に少額の配当をなすか無配とする利益処分決議，④一部株主あるいは縁故者に対してのみ特に有利な価額でなされる募集株式発行の承認決議，⑤親会社に有利で子会社の少数株主に著しく不利な合併条件でなされる合併承認決議などが考えられている。
　　判例上，多数決の濫用に当たるとされた事例は少ない。最高裁は，少数株主と対立関係にあった代表取締役兼大株主が臨時株主総会を招集

し，もっぱら近親者など一部の株主のみが利得する増資決議を行った場合，「株主総会の決議の内容自体には何ら法令又は定款違背の瑕疵がなく単に決議をなす動機，目的に公序良俗違反の不法があるにとどまる場合は，該決議を無効たらしめるものではない」と判示した（最判昭和35・1・12商事167・18）。

会社法831条1項3号は，特別利害関係人が議決権を行使したことにより著しく不当な総会決議がなされた場合には，決議取消事由になると規定するが，特別利害関係人が関与しない場合の多数決の濫用決議の効力について，無効説と取消説が対立している。無効説として，①決議の内容が法令違反（民1Ⅲ）に当たるとして無効事由となるとする説，②決議内容が民法1条2・3項に当たる瑕疵の大きい場合には無効とするが，そこまで達しない場合は，取消原因にとどまるとする説，③一般論として，具体的な法律違反ではなくても，実質的に著しく不公正な結果を生じる場合には無効とすべきであるとする説がある。これに対し，取消説は，特別利害関係人が参加した決議との均衡を理由に，会社法831条1項3号を類推適用して取消事由になるとする。多数決の濫用は，議決権付与の本来的目的に反した行使であるから，決議の内容自体が瑕疵を帯び，無効になると解すべきである（私見）。

4. 決議の不存在

議事録または登記簿上でのみ決議があったように記載されている場合，招集権のない者が招集した場合など，決議の存在自体が認められない場合，一般原則により誰でもいつでもいかなる方法によっても決議の不存在を主張でき，必要があれば決議不存在の訴えを提起することができる。この訴えについては決議無効確認の訴えと同じ手続と効力が定められている（会830Ⅰ・838）。

!! 最判平成2・4・17民集44・3・526百選41

本判決は，株主総会決議における取締役選任決議が不存在である場合，それに引き続いて開催された取締役会においてこの決議に基づく者が代

表取締役として選任され，この者が，その取締役会の招集決定に基づき
招集した株主総会において取締役を選任する旨の決議がされたときは，
その決議は，全員出席総会においてなされたなどの特段の事情がある場
合を除き，原則として連鎖的に不存在となる，と判示した（瑕疵の連
鎖）。なお，総会決議不存在確認の訴えが訴権の濫用にあたるとした判
決として，最判昭和53・7・10民集32・5・88百選42がある。

5. 3種の訴訟の関係

以上の3種の訴訟につき，伝統的立場はそれぞれ別個な訴え（旧訴訟物理論）
とし，訴訟物も別個に解するが，原告の求めるものは決議の効力否定宣言であり，
取消事由，無効事由，不存在事由は請求原因に過ぎず，同一の決議については訴
訟物は共通1個であるとする一元論も有力である。

最判昭和54・11・16民集33・7・709百選43は，「株主総会決議の無効確認を求
める訴において決議無効原因として主張された瑕疵が決議取消原因に該当してお
り，しかも，決議取消訴訟の原告適格，出訴期間等の要件をみたしているときは，
たとえ決議取消の主張が出訴期間経過後になされたとしても，なお決議無効確認
訴訟提起時から提起されていたものと同様に扱うのを相当とし，本件取消訴訟は
出訴期間遵守の点において欠けるところはない」とする。これは，3種の訴えを
別個独立の訴えとみなし，訴訟物も異なるとする従来の伝統的訴訟物理論を前提
としながら，当事者の意思を合理的に解釈し（その意思は総会決議の効力を否定
することにあると解し），最初から，訴えの提起があったものとして，併存を擬
制するものである（なお，募集株式発行無効の訴えが募集株式発行差止の訴え提起の
ときに提起されたものと同視する。最判平成5・12・16民集47・10・5423百選101参照）。

このように判例は3種の訴え相互間において訴えの転換を認めるのであるが，
その場合，民訴法上の当事者主義ないし処分権主義を重視するのであれば，少な
くとも当事者の側から，取消を求める訴えの変更，予備的請求の追加がなされて
いることが必要であり，そうでなければ裁判所は釈明権の行使によって，訴えの
変更を促し，正しい類型の訴えに改めさせるべきであろう。

IX　種類株主総会

　種類株主総会とは，種類株式発行会社においてある種類の株式の種類株主を構成員とする株主総会であり，会社法（法定種類株主総会）または定款（任意種類株主総会‐会323）に定めのある事項についてのみ決議できる（会321）。

　法定の決議事項（会322Ⅰ）としては，ある種類の株式の種類株主に損害を及ぼすおそれのある定款の変更が挙げられるが，会社法はそれを，①株式の種類の追加，②株式内容の変更，③発行可能株式総数または発行可能種類株式総数の増加の3種の定款変更に限定している（同①）。また，ある種類株式の内容につき，あらかじめ定款をもって，会社法322条1項の規定による種類株主総会の決議を要しない旨を定めることができる（同Ⅱ）。

第5節　取　締　役

I　業務執行機関の構成原理

　株主全体によって構成される株主総会が株式会社の業務執行に当たることは，機動性や効率性の点からいっても，また能力的にも問題がある。したがって，株式会社の業務執行は，株主以外の経営専門機関に任さざるを得ず，それが取締役である。そして業務の決定および代表を含む執行は，取締役が1人の場合，その取締役が行う。複数の取締役がいる場合，決定は取締役の過半数でなされ，代表を含む執行は，各取締役または取締役の中から定められた代表取締役が行う。しかし，公開会社，監査役会設置会社，指名委員会等設置会社および監査等委員会設置会社においては，3人以上の取締役全員で構成される取締役会を置かなければならず，これが業務を決定し，さらに取締役の中から取締役会により選任される代表取締役および業務執行取締役が，業務を執行するというように，業務執行機関は決定機関と執行・代表機関に分化する。さらに，日常の業務執行については，いちいち取締役会が決定するのは現実的ではなく，そこでそれらに関する決定権限は代表取締役に委任されていると推定される。したがって，日常の業務執

行については，代表取締役が決定・執行し，かつ代表することになる。

　なお，指名委員会等設置会社においては，業務執行の実行は取締役会によって選任される執行役が行い，さらに執行役は取締役会が委任した業務の決定をも行う。したがって，取締役会は業務執行の基本方針のみを決定し，その職務の中心は業務執行の監督に移ることになる（モニタリング・モデル）。一方，監査等委員会設置会社においては，取締役会内に監査等委員会を置き，代わりに監査役（会）を廃止するほかは，監査役会設置会社と同様の業務執行機関構成となる。

II 取締役

1. 取締役の資格

　取締役となるには，株主であることを要しないばかりでなく，定款をもってしても取締役が株主であることを要する旨を定めることができない（会331 II）。これは専門的知識と能力のある人材を広く株主以外からも抜擢する可能性を残すためである。ただ，公開会社でない株式会社においては，この限りでない。このような株式会社では，株主の変動はあまり起こらず，むしろ固定的な株主が継続的に会社経営に関与していることが多いことを考慮したものである。また，監査役は取締役を兼ねることはできない（会335 II）。指名委員会等設置会社の取締役は，当該指名委員会等設置会社の支配人その他の使用人を兼ねることができない（会331 III）。

　さらに，取締役の欠格者についての規定が設けられている（会331 I ①～④。監査役にも準用－会335 I）。会社法では，破産者が欠格事由から外され，一方，金融商品取引法や各種倒産法制に定める罪を犯した者や法人が欠格事由に加えられた。なお，令和元年（2019年）改正により，成年後見人等に係る取締役等の欠格規定は削除され，取締役等への就任の承諾と成年被後見人等が取締役等の資格でした行為の効力に係る規律が設けられた（会331の2）。

　また，定款によって，国籍によって取締役の資格を制限することもそれが不合理でない限り差し支えないと解されているが（名古屋地判昭和46・4・30下民集22・3＝4・549），国際化が進む現在の日本の株式会社において，そのような定款規定の合理性は疑わしい。

2. 取締役の選任・解任

　株式会社は，1人または2人以上の取締役を置かなければならない（会326 I）。取締役会設置会社においては，取締役は3人以上でなければならない（会331 IV）。取締役の任期は，選任後2年以内に終了する事業年度のうち最終のものに関する定時株主総会の終結時までであるが，定款または株主総会の決議によって，短縮することができる（会332 I：指名委員会等設置会社は1年−同III。なお同IV）。取締役は株主総会で選任されるが（会329 I：原則として普通決議−会341），その結果が株主の利害に直接に影響することを考慮して，会社法は定足数（会341）と累積投票（会342）について特別の定めを置いている。前者は，わずかの株主だけの意思で選ばれることを避けるため，定足数を総株主の議決権の3分の1未満に引き下げることができないとするものである。後者は，少数派の利益を考慮して採用されたものであるが（一種の比例代表制），現在では定款によってこれを排除できる。なお，補欠取締役を選任することができる（会329 II）。

　取締役は，任期の満了，資格の喪失，辞任，解任によってその地位を失う。株主総会は，取締役に対するその監督が及ぶようにする趣旨で，原則として普通決議をもっていつでも取締役を解任することができる（会339 I・341 I）。たとえ正当な事由がない場合でもそうである。任期の定めがある場合に正当な事由なくして任期満了前に解任したときは，会社はそれによって生じた損害（残任期間の報酬額等）を賠償しなければならない（会339 II：正当事由を認めた例，最判昭和57・1・21判時1037・129百選44）。解任の決議が成立しなかった場合（流会を含む）でも，その取締役が不正の行為をし，または法令・定款違反の重大な事実があったときは，6カ月前から総株主の議決権の3％以上または発行済株式総数の3％以上の株式を有する少数株主は，解任の訴えを提起できる（会854 I：公開会社でない株式会社では6カ月の保有期間は必要でない−同II）。違法行為をした取締役が多数決の力を背景に保身を図るのは不当だからである。この訴えにおいて誰を被告とすべきかについて，会社法は会社と取締役の双方とする（会855）。

　なお，会社につき破産手続開始の決定がされてもただちに会社と取締役または監査役との委任関係は終了するものでないとする最判平成21・4・17判時2044・74百選A13がある。

取締役に欠員が生じたときまたは定員（法定数または定款所定数）に欠員が生じたとき，業務執行の中断を防ぐため，任期満了または辞任による退任者は，後任の取締役が就任するまで取締役としての権利義務を有する（会346Ⅰ）。その間は退任登記はできない（最判昭和43・12・24民集22・13・3349：なお，最判平成20・2・26民集62・2・638百選45は，取締役権利義務者に対し取締役解任の訴えという制度を適用または類推適用することは許されないとした）。欠員があってもこれ以外の事由による終任の場合（死亡），および退任取締役が引き続き業務執行を担当することが適当でない場合（病気・不正行為），裁判所は利害関係人の請求により，取締役の職務執行者（仮取締役）を選任することができる（同Ⅱ）。

取締役の選任・解任について訴訟が係属している場合，訴訟対象となっている取締役に業務執行を継続させることは適当でない場合があるため，その職務執行を停止する仮処分を求めることができる。また，職務執行の仮処分と同時に，またはそれに代えて，職務代行者を選任する本案訴訟または仮処分を申請できる（民保23Ⅰ・56，会917）。職務代行者ができるのは，原則として会社の常務に限り，それ以外のことをするには裁判所の許可がいる（会352Ⅰ。違反行為は無効であるが，善意の第三者に対抗できない－同Ⅱ）。

臨時総会の招集（最判昭和50・6・27民集29・6・879百選47），新株・社債の発行などは常務とはいえない。職務の執行を停止された取締役が辞任し，後任の取締役が選任されても，仮処分を取り消す判決があるまでは，仮処分は効力を失わず，代行者の権限も消滅しない（最判昭和45・11・6民集24・12・1744百選46）。

3. 業務執行

取締役は，定款に別段の定めがある場合を除き，株式会社（取締役会設置会社・監査等委員会設置会社・指名委員会等設置会社を除く）の業務を執行する（会348Ⅰ）。取締役が2人以上いる場合，株式会社の業務は，定款の別段の定めがある場合を除き，取締役の過半数をもって決定する（同Ⅱ）。この場合，次の事項についての決定を各取締役に委任することができない（同Ⅲ）。①支配人の選任および解任，②支店の設置，移転および廃止，③株主総会の招集の決定，④内部統制システムの構築，⑤定款の定めに基づく役員等の株式会社に対する損害

賠償責任の一部免除。なお，大会社においては，④は必要的決定事項である（同Ⅳ）。

　取締役（1人の場合）は，株式会社を代表する。ただし，他に代表取締役その他株式会社代表者を定めた場合は，この限りでない（会349Ⅰ）。取締役が2人以上いる場合，取締役は各自が株式会社を代表する（同Ⅱ）。株式会社（取締役会設置会社・監査等委員会設置会社・指名委員会等設置会社を除く）は，定款，定款の定めに基づく取締役の互選または株主総会の決議によって，取締役の中から代表取締役を定めることができる（同Ⅲ）。代表取締役は，株式会社の業務に関する一切の裁判上または裁判外の行為をする権限を有する（同Ⅳ）。

> **!! 会社の使用人等**
>
> 　会社法は，10条〜20条において，使用人と代理商について規定を置いているが，その内容は，商法総則に定める商人の使用人および代理商の規制と同じものである（商人が会社に置き換わっただけである）。

Ⅲ 取締役会

　株式会社は，定款の定めにより，取締役会を置くことができる（会326Ⅱ）。公開会社，監査役会設置会社および指名委員会等設置会社・監査等委員会設置会社は，取締役会を必ず置かなければならない（会327Ⅰ）。取締役会設置会社においては，取締役は3人以上でなければならない（会331Ⅳ）。取締役会は，取締役全員により構成される合議制の機関である。監査役は，取締役会の構成員ではないが，その監査権限の行使のため取締役会に出席して必要あると認めるときは意見を述べなければならない（会383Ⅰ）。また，監査役は，取締役が不正の行為をし，もしくは当該行為をするおそれがあると認めるとき，または法令・定款に違反する事実もしくは著しく不当な事実があると認めるときは，遅滞なく，その旨を取締役会に報告しなければならず（会382），そのために必要であれば取締役会の招

集を請求でき，招集がなされないときには自ら招集できる（会383ⅢⅣ）。

1. 取締役会の権限

　取締役会は，会社法または定款で株主総会の権限とされている事項を除き（会295Ⅱ），業務執行に関する会社の意思を決定する（会362Ⅱ①）。会社法上，取締役会の決議事項とされているものには，株主総会の招集（会298Ⅳ），株式分割（会183Ⅱ），募集株式の募集事項の決定（会201Ⅰ），代表取締役の選定および解職（会362Ⅱ③），取締役の競業取引および自己取引の承認（会365Ⅱ），計算書類および事業報告書ならびにこれらの附属明細書の承認（会436Ⅲ）などがある。

　取締役会設置会社の業務執行は，すべて取締役会の権限に属するが，企業の機動的かつ効率的経営のために，代表取締役や業務執行取締役を選定して決議の執行や日常業務の専決執行に当たらせることが認められている（会363Ⅰ）。しかし，法律に定められた上述の取締役会の決議事項は必ず取締役会で決議しなければならず，代表取締役等に一任できない。また，それらと同程度の重要な業務執行の基本的事項も取締役会の専決事項と解すべきであるが，会社法は，これを確認し，その固有権限とされる事項を列挙している（会362Ⅳ：なお，監査等委員会設置会社および指名委員会設置会社では趣きが異なる。会399の13ⅣⅤⅥ，416ⅢⅣ）。すなわち，①重要財産の処分および譲受，②多額の借財，③支配人その他重要な使用人の選任・解任，④支店その他の重要な組織の設置・変更および廃止，⑤募集社債に関する事項，⑥内部統制システムの構築，⑦役員の責任の免除である。このうち，大会社である取締役会設置会社においては，⑥は必要的決定事項である（同Ⅴ）。

> **‼ 内部統制体制構築運用責任**
>
> 　大和銀行事件第1審判決（大阪地判平成12・9・20判時1721・3百選60）は，平成17年（2005年）改正前商法下で内部統制体制構築責任を解釈により認めた最初の判決であり，これが会社法に明文化された。内部統制とは，経営者が経営活動を総合的に管理するために設ける制度や組織をいい，会社法は，業務の適正を確保するための体制として，取締役または取締役会（非取締役会設置会社では取締役）に決定を義務づけ

（会348Ⅲ④Ⅳ・362Ⅳ⑥・416Ⅰ①ホ），そのような体制の内容を法務省令で定めている（会施規98・100）。その中には，法令遵守（コンプライアンス）のような適法性に関わるものの他に妥当性・効率性に関わるもの，さらには情報管理やリスク管理のように両者にまたがるものも含まれている。どの程度の体制を構築すべきかについては，通常予想される不正行為を防止し得る程度の管理体制を構築すれば，リスク管理体制構築義務に違反した過失はないとした最判平成21・7・9判時2005・147百選52がある。同判決は，同体制の運用義務違反を判断する際に，「信頼の権利」の考え方を認め，取締役の善管注意義務違反による責任を否定した。なお，平成26年（2014年）改正により，「企業集団の業務の適正を確保するために必要な体制」については，会社法施行規則に規定されていたものを，会社法で規定することとした。

　会社法362条4項各号は，一部を除き，「重要」または「多額」であることを要件としている。「重要」または「多額」の判断は，すべての会社に共通な画一的基準によるのではなく，当該会社の業務や財産状態，具体的な金額，企業活動上の重要性，処分行為などの態様，従来の取扱いなど諸般の事情に照らして具体的になされる（最判平成6・1・20民集48・1・1百選63）。

2.　監督権限

　取締役会が代表取締役その他の取締役の業務執行を監督する権限を有することは，その選定・解職権がある以上，当然のこととされてきたが，会社法はこれを明文化している（会362Ⅱ②）。この業務執行の監督は，業務執行が違法でないか（適法性）だけでなく，業務執行が妥当であるか（妥当性）にも及ぶ。また，取締役会の監督権限を十分に発揮させるために，業務執行取締役に職務執行の状況について3カ月に1度以上，取締役会に報告させることとしている（会363Ⅱ）。なお，この取締役会の監督権限から，それを構成する個々の取締役の他の取締役に対する監視・監督義務が導かれる。

3.　取締役会の招集と運営

　取締役会は，各取締役が招集するが，定款または取締役会で定めた場合は，その取締役が招集する（会366 I）。後者の場合でも，招集権者が招集しないときに招集権者以外の取締役にも招集請求権および招集権が認められる（同 II III）。監査役も必要あるときは，取締役会を招集請求および招集することができる（会383 II III）。監査役設置会社，監査等委員会および指名委員会等設置会社を除く取締役会設置会社の株主にも，招集請求権・招集権が認められている（会367）。招集通知は会日の 1 週間前に発することを要するが，定款をもってその期間を短縮することができる（会368 I）。また，緊急開催に備えて，取締役と監査役の全員が同意するときは，招集手続を省略できる（会368 II）。

> 　招集通知は書面でも口頭でもよい。また，招集通知には，取締役会設置会社の株主総会招集通知のように議題を記載する必要はない。取締役は，株主と違い会議への出席義務があり，また取締役会では，事業に関すること一切が議論されると考えるべきだからである。

　取締役会は，会議を開いて決議をするのが原則である。その場合，テレビ会議（および電話による参加）は適法と認められる。議事の進行方法に別段の定めはなく，定款，取締役会規則によるほか，一般の慣例による。なお，書面決議も認められるようになった（会370：3 カ月に 1 度以上の業務執行取締役による報告のための取締役会では認められない－会372 II）。議事については，法務省令（会施規101）で定めるところにより，議事録を作成し，出席した取締役および監査役はこれに署名しなければならない（会369 III IV）。

> 　株主は，権利行使のため必要あるときは株式会社の営業時間内はいつでも（監査役設置会社，監査等委員会設置会社または指名委員会等設置会社の場合，裁判所の許可を得て），議事録を閲覧または謄写でき（一定の場合，債権者も），議事録の備置期間は10年とされる（会371：大阪高決平成25・11・8判時2214・105百選A15は，取締役会議事録の閲覧請求と権利行使の必要性について判示した事例である）。

　取締役会の決議は，議決に加わることができる取締役の過半数が出席し，その

取締役の過半数（頭数多数決）をもって行うのを原則とするが，定款をもって加重することができる（会369 I）。取締役は人的信頼に基づいて選任されているから，各自1議決権を有し，自ら決議に加わることを要し，代理人によって議決権を行使できない。また，取締役が会社と自己取引をする際の承認決議のように（会356 I），取締役が決議に特別の利害関係を有するときは，公正な議決権行使が期待できず会社の利益が害されるおそれがあるため，その取締役は決議に参加することができない（会369 II）。なお，東京高判平成12・5・30判時1750・169百選A14は，取締役会における議決権拘束契約の効力について判示した事例である。

4. 特別利害関係

前述のように，取締役会において，決議に特別利害関係を有する取締役は議決権を行使できない。株主総会の場合と取扱いを異にするのは，会社に対して忠実義務・善管注意義務を有する取締役と，一般に自己の利益のために行動することが許される株主との性格の違いによるものである。

> 特別利害関係人の範囲は，解釈に委ねられている。この場合，特別利害関係とは，本人にとって社会的にも経済的にも重大な個人的利害関係があって，本人につき忠実義務に従ってもっぱら会社の利益のためにだけ議決権を行使することを期待するのが困難であるような場合である。特別利害関係のある取締役は，取締役会への出席権もないとする説と，出席して審議に加わることはできるとの説が対立する。もっとも取締役会がその者に意見陳述ないし釈明の機会を与え，あるいは席にとどまることを認めることは自由であり，取締役会の自律に服するといえる。

!! 代表取締役の解職決議

多数説・判例（最判昭和44・3・28民集23・3・645百選66）は，解任の対象たる代表取締役は特別利害関係人に当たるとする。この場合，当該代表取締役に対し，一切の私心を去って，忠実義務に従い公正に議決権を行使することは期待しがたく，かえって，自己個人の利益を図って行動することすらあり得るから，忠実義務違反を予防し，取締役会の決議の公正を担保するため，個人として重大な利害関係を有する者とし

て，当該取締役の議決権の行使を禁止するのが相当だからであるという。一方，有力説は，株主総会における取締役の選任・解任に関する株主の支配力は，取締役会における代表取締役の選定・解職についても貫徹されるべきであるから，代表取締役の選定の場合の候補者も解職の対象たる代表取締役もともに特別利害関係人にあたらないと解する。この点は，支配権争いが多い中小会社においてあてはまるといえよう。

5. 招集手続の瑕疵と決議の効力

取締役会決議に瑕疵があった場合，会社法には総会決議におけるような特別の訴えの制度はないから，決議は私法の一般原則により無効になる。したがって，いつでも誰でも訴えによらなくても無効を主張できる。ただし，決議の方法に瑕疵があっても，決議の成立に全く影響がないことが認められるときは，決議は無効にならない。

　一部の取締役に対する招集通知漏れがあった場合，最判昭和44・12・2民集23・12・2396百選65は，瑕疵のある招集手続に基づいて開かれた取締役会の決議は無効となると解すべきであるが，この場合においても，その取締役が出席したとしてもなお決議の結果に影響がないと認めるべき特段の事情があるときは，瑕疵は決議の効力に影響がないものとして，決議は有効になるとする。この場合の特段の事情は，会議の性格（少数でかつ1人の意見が結果を左右しうる）上，安易に（単純計算でその者がいなくても決議は成立したとか）認めるべきではない。

Ⅳ 取締役会の決議要件の特則に係る制度（特別取締役）

取締役会設置会社（指名委員会等設置会社を除く）が次に掲げる要件のいずれにも該当する場合には，取締役会は，重要な財産の処分および譲受および多額の借財についての取締役の決議（会362Ⅳ①②）については，あらかじめ選定した3人以上の取締役（特別取締役）のうち，議決に加わることができるものの過半数が出席し，その過半数をもって行うことができる旨を定めることができる（会373Ⅰ）。

イ　取締役の数が6人以上であること

ロ　取締役のうち1人以上が社外取締役であること

　平成14年（2002年）商法改正によって導入された重要財産委員会制度を，会社法では，取締役会の決議要件の特則に係る制度として構成することになった。

　この決議には，監査役も出席・意見陳述義務を負うが，全員が義務を負うわけではなく，監査役の互選により定めることができる（会383Ⅰ但書）。書面決議は認められない（会373Ⅳ）。特別取締役の互選によって定められた者は，決議後，遅滞なく，当該決議の内容を特別取締役以外の取締役に報告しなければならない（同Ⅲ）。

‼️ 社外取締役

　社外取締役とは，株式会社の取締役であって，当該株式会社またはその子会社の業務執行取締役（会363Ⅰ各号の取締役その他の業務を執行した取締役）もしくは執行役または支配人その他の使用人でなく，かつ就任前10年間に当該株式会社または子会社の業務執行取締役もしくは執行役または支配人その他の使用人になったことがない者および当該株式会社の取締役もしくは執行役または支配人その他の使用人または親会社等（自然人に限る）の配偶者または2親等内の親族でない者をいう（会2⑮）。

　令和元年（2019年）改正により，監査役会設置会社（公開会社かつ大会社に限る）であって株式に係る金商法上の有価証券報告書提出会社（上場会社）についても，社外取締役を置くことが義務づけられた（会327の2）。社外取締役のうちで，指名委員会等設置会社および監査等委員会設置会社の社外取締役，特別取締役制度を利用する株式会社の社外取締役は，登記しなければならない（会911Ⅲ。監査役設置会社の社外監査役も）。

　なお，令和元年（2019年）改正により，一定の場合，取締役会（非取締役会設置会社では取締役）が社外取締役に業務の執行を委託できることとなった（会348の2）。

Ⅴ 代表取締役

1. 意義・選定・終任

取締役会設置会社では，代表取締役は会社を代表し，かつ業務執行を行う必要的機関である。会社代表行為は対外的な業務執行である。取締役会決議で，代表権のない内部的な業務執行だけを行う業務執行取締役を選定することができる（会363Ⅰ②）。代表取締役と業務執行取締役をあわせて業務執行取締役と呼ぶ。

代表取締役は，取締役会の決議により取締役の中から選定される（会362Ⅱ）。会社法に最低数に関する定めはなく，1名以上であればよい。代表取締役の住所・氏名は登記される（会911Ⅲ⑭）。代表取締役は取締役の資格を前提にするから，取締役の終任事由の発生によりその資格を喪失すれば，代表取締役の資格も喪失する。また代表取締役はいつでも辞職でき，取締役会も自由に代表取締役を解職できる（会362Ⅱ③）。しかし，これによって取締役の資格までも失うわけではない。代表取締役の終任によって法律・定款の定員を欠く場合，および一時代表取締役について，役員等の場合と同様の規定が置かれている（会351ⅠⅡ。なお，一時取締役の報酬は裁判所が定める－同Ⅲ。また，代表取締役の職務執行停止と職務代行者について，民保23Ⅱ・56，会352）。

2. 代表取締役の権限

取締役会の決議によって選定される代表取締役は，対外的に会社を代表し，対内的に業務執行を担当する取締役であって，取締役会設置会社の必要的常置機関である（会362Ⅲ）。代表取締役は，各自が会社を代表する権限を有し，その代表権の範囲は，株式会社の業務に関する一切の裁判上，裁判外の行為に及び（会349Ⅳ），代表権に加えた制限は，善意の第三者に対抗できない（同Ⅴ）。このように代表取締役の事業に関する代表権は包括的で不可制限的である。ただし，会社と取締役間の訴訟については株主総会で会社を代表する者を定め（会353），監査役設置会社においては，監査役が代表する（会386）。

客観的にみて代表取締役の権限内の行為であっても，代表取締役が自己または第三者の個人的利益のために権限を行使したときは，代表権の濫用になる。この

場合，当該取締役は会社に対し責任を負うほか解任事由にもなるが，当該行為自体は有効である。会社は，第三者が悪意の場合，権利濫用として権利の行使を拒むことができる。判例は，心裡留保の規定（民93但書）を類推適用し，第三者が権限濫用を知りまたは知り得べき場合には無効であるとするが（最判昭和38・9・5民集17・8・909），過失により知らなかった場合にまで無効にするのはいき過ぎである。

　なお，株式会社は，代表取締役その他の代表者がその職務を行うについて第三者に加えた損害を賠償する責任を負う（会350）。

3. 取締役会の決議に基づかない代表取締役の行為の効力

　代表取締役が必要な取締役会決議を経ないでなした行為（または無効な取締役会決議に基づく行為）は，常に無効になるのではなく，取締役会の決議を要求することによって守ろうとする会社の利益と，代表取締役が適法な取締役会決議に基づいて行為するものとして信頼して行為した第三者の利益（取引安全）とを比較衡量して具体的に解決することになる。

　　株主総会の招集のような会社内部の事項については，取引安全の保護を考慮する必要はないから無効と解して差し支えないが（総会決議取消事由となる），重要財産の譲渡や社債の発行については，相手方が善意・無重過失である場合は，その無効を主張することは許されない（最判昭和40・9・22民集19・6・1656百選64。同判決は，定款により取締役会決議が要求されていた事例である）。募集株式の発行については，募集株式の発行を取引行為に準じて考えるか，組織的行為とみるかによって結論が異なるが，判例は，前者に従い有効説をとる（最判昭和36・3・31民集15・3・645）。

Ⅵ　表見代表取締役

　取締役会設置会社では，代表取締役以外の取締役は会社代表権を有せず，また，代表取締役の氏名は登記事項であるから（会911Ⅲ⑭），会社と取引する相手方は，登記を見れば誰が代表権を有するかわかるはずであるが，社長・副社長等の株式

会社を代表するものと認められる名称を付けられた取締役が対外的行為をする場合，相手方はその者を代表取締役と誤信しやすい。そこで，会社法は，そのような名称を付けられた取締役の行った行為については，その者が代表権を有しなかった場合でも，外観主義および取引安全の要請から，会社は責任を負わなければならないとしている（会354）。この場合，相手方は，肩書に信頼し無権限であることに善意でさえあれば，会社の責任を問えるので，表見代理より広く保護される。このような取締役を表見代表取締役という。なお，この制度は，取引の安全確保のために認められるから，取引と関係ない不法行為や訴訟行為には適用がない。

　表見代表取締役の行った行為として会社が責任を負うためには，（Ⅰ）取締役が会社を代表する権限を有すると認められるような名称を使用すること（外観の存在），（Ⅱ）会社が取締役に表見代表取締役の名称を付したこと（取締役が勝手にこのような名称を僭称した場合は含まないが，会社がそれを知りながら放任して黙認した場合を含む），（Ⅲ）第三者が善意であること（外観への信頼。判例は，第三者に重過失があるときは悪意の場合と同様に会社は責任を負わないとする－最判昭和52・10・14民集31・6・825百選48）が必要である。

　表見代表取締役制度の目的が取引安全の保護にある以上は，会社の使用人についても会社法354条を類推適用すべきである（最判昭和35・10・14民集14・12・2499）。正式に有効な取締役会の選任決議を経ていない，事実上の代表取締役についても同様である（最判昭和42・4・28民集21・3・796参照）。

Ⅶ　取締役の義務

1. 取締役の善管注意義務と忠実義務

　会社と取締役の法律関係には委任の規定が適用されるから（会330），取締役は，取締役会の構成員または代表取締役としてその職務を執行するに当たり会社に対し善良な管理者の注意義務を負う（善管注意義務－民644）。さらに，取締役は，法令・定款の規定や株主総会の決議を遵守し，株式会社のために忠実にその職務を執行する義務をも負っている（忠実義務－会355）。

　両義務の関係について，多数説・判例（最判昭和45・6・24民集24・6・625百選2）は，忠実義務は善管注意義務を株式会社関係につき具体的かつ注意的に規定したものに過ぎず，両者は本質的に異なるものではないとする。それに対し有力説は，善管注意義務が取締役の職務の執行に当たって尽くすべき注意の程度に関するものであるのに対し，忠実義務は取締役がその地位を利用し会社の利益を犠牲にして自己（または第三者）の利益を図ってはならないという義務であり，両者は異なる義務であるとし，取締役の競業避止義務・自己取引規制（会356），取締役の報酬規制（会361）は忠実義務の体系に属するとする。

2. 取締役の競業避止義務

　取締役は，経営の中枢にあって会社の事業上の秘密を知悉しているため，取締役が自己または第三者のために会社の事業の部類に属する取引（競業取引）を行うことを無条件に許すと，会社の取引先を奪うなど会社の利益を害する危険が大きい。そこで，取締役が競業取引を行うためには，株主総会（取締役会設置会社においては取締役会）において，その取引につき重要な事実を開示し，その承認を要するものとされている（会356Ⅰ①・365Ⅰ）。これを競業避止義務という。

　会社の事業の部類に属する取引には，会社が実際に営んでいる事業のほか，会社が進出を決意しすでに準備に着手している事業や，一時的に休止しているに過ぎない事業に属する取引が含まれる（東京地判昭和56・3・26判時1015・27百選55）。また，営業の目的たる販売行為だけでなく，原材料の仕入行為も含まれ得る。さらに，競業取引を行う他の会社の代表者となることも該当する（競業会社の取締役になること自体は差し支えない）。自己または第三者のためにとは，自己または第三者の計算においての意味であって，行為の経済上の効果が自己または第三者に帰属する場合をいうと解されている。

　前述のように，取締役が競業取引を行う場合には，重要な事実を開示して株主総会（取締役会設置会社では取締役会）の承認を受けなければならない。承認は事前になされることを要するが，ある程度包括的な承認も可能である。取締役会設置会社においては，承認の有無に関係なく，競業取引をした取締役は，遅滞なく重要な事実を取締役会に報告することが必要である（会365Ⅱ）。

　競業取引により会社が損害を被ったときは，株主総会（取締役会設置会社では取締役会）の承認の有無を問わず，取引を行った取締役は，任務を怠ったものとして，会社に対して損害賠償の責任を負うが（会423Ⅰ），株主総会（取締役会）の承認がないときは，取締役または第三者が得た利益の額が会社の損害額と推定される（同Ⅱ）。

!! **取締役退任後の競業**

　　取締役は退任後は競業避止義務を負わないが，委任の余後効として，一定の範囲で委任者の利益に配慮する義務があり，退任後に行う競業のために取締役在任中に従業員に退職を勧誘することはもちろん（競業避止義務ではなく）忠実義務に違反する（東京高判平成元・10・26金判835・23百選A16）。ただ，職業選択の自由との関連で，下級審裁判例では，競業禁止契約の有効性は制限的に解釈される傾向にある（東京地決平成7・10・16判時1556・83参照）。

3.　利益相反取引の規制

　会社法356条1項2号によれば，取締役が自己または第三者のために（の名義で：多数説）会社と取引を行うには，株主総会（取締役会設置会社では取締役会）の承認を受けることを要する（直接取引）。また，会社が取締役の債務を保証し，その他，取締役以外の者との間で会社と取締役の利益が相反する取引をなすときも，株主総会（取締役会）の承認を受けることを要する（会356Ⅰ③：間接取引）。取締役会の承認があるときは，代理人に対し本人の承認があった場合と同視できるので，自己契約・双方代理に関する民法108条は適用されない（会356Ⅱ）。それゆえ，取引の相手方となる取締役が自ら会社を代表し，自己契約の形で行う利益相反取引も許されることになる。

> ## ‼️ 間接取引該当性
>
> 　最判昭和43・12・25民集22・13・3511百選58を明文化したものが会社法356条1項3号である。本件は，会社による取締役の債務引受を，最判昭和45・3・12判時591・88は，取締役の債務につき会社の連帯保証を，それぞれ利益相反間接取引にあたるとした。さらに，最判昭和45・4・23民集24・4・364は，甲乙両会社の代表取締役を兼ねるAが，乙会社の債務につき甲会社を代表してした保証を間接取引と判示する。Aが乙会社の全株保有株主であるときも同様であろう。それでは，Aが乙会社の過半数株主やいわゆる平取締役または監査役の場合はどうか等議論すればきりがない。

　以上のような規制は，取締役がその地位を利用して会社の利益を犠牲にし，自己または第三者の利益を図るのを防止するためである。したがって，取締役会の承認を要する取引は，取締役・会社間に利益衝突をもたらし，会社に不利益を及ぼすおそれのある取引に限定される。

> 　手形行為が承認を要する取引に該当するか否かについて，手形は取引の決済手段であって債務の履行と変わらないから，原因関係について取締役会の承認があれば，あらためて手形行為の承認は不要であると説く見解もある。しかし，多数説・判例（最判昭和46・10・13民集25・7・900百選57）はこれを肯定する。手形債務は，原因債務とは別個・独立の，しかもより厳格な債務だから，あらためて承認を要するとする。

　反対に，取締役と会社間の取引であっても，会社の利益が害されるおそれがない場合，たとえば普通取引約款による取引，取締役からの負担なき贈与については，形式的にも利害対立がないから，取締役会の承認は不要である。しかし，たとえば，保証を求める趣旨で会社が取締役に手形を振り出す場合のように，実質上会社が不利益を受けない取引については，取締役会の承認は不要であるとする見解があるが，不利であるかどうかという実質的判断は微妙であるとして，反対

する見解も有力である。

　取締役会の承認は，重要事実を開示した上で個別になされることを要するが，同種の取引についてある程度包括的に与えることができる。承認は事後でもよいと解されている（通説）。最判昭和49・9・26民集28・6・1306百選56は，総株主の同意があるときは，取締役会の承認を要しないとする。取締役会設置会社においては，取締役会の承認の有無を問わず，利益相反取引を行った取締役（間接取引では会社を代表した取締役と解される）は，遅滞なく取締役会に重要事実を報告しなければならない（会365Ⅱ）。

　　取締役会の承認なき取引は，無効であるが，善意（無重過失）の第三者に対してはその無効を主張できないとするのが多数説・判例（最判昭和43・12・25民集22・13・3511百選58）である（相対的無効説）。また，会社法356条は会社利益の保護を目的とするから，取締役や第三者の側から無効を主張することはできない。取締役会の承認のない自己取引により会社に損害が生じたときは，取締役（会社が当該取引をすることを決定した取締役または執行役を含む）は任務を怠ったものとして，会社に対し損害賠償責任を負うのは当然であるが（会423Ⅰ），取締役会の承認があるときでも，会社に損害があれば，取締役，会社が当該取引をすることを決定した取締役または執行役および当該取引に関する取締役会の承認の決議に賛成した取締役は，その任務を怠ったものと推定される（同Ⅲ）。

Ⅷ　取締役の報酬

1.　決定手続

　取締役と会社の間の関係は，委任に関する規定に従うことから（会330），特約がなければ報酬を請求することができないが（民648Ⅰ），実際には取締役は報酬を受けるのが通例である。そこで，一般には，会社と取締役の間の任用契約には，明示的または黙示的に報酬付与の特約が包含されていると解されている。会社法は，取締役の報酬を定款で定めるか，株主総会の決議で定めるものとしている（会361Ⅰ）。

　　取締役の報酬を決定する権限は，業務執行行為として取締役会または代表取締

役にあるはずであるが，そうするとお手盛りとなったり，株主の利益を害して役員に不当に高額な報酬を支払う危険があるので，政策的に株主総会に委ねたものと一般に解されている（政策説）。最判は，定款または株主総会決議で取締役の報酬を決定することの趣旨を①取締役ないし取締役会によるお手盛りの弊害を防止すること，②額の決定を株主の自主的な判断に委ねる（裁判所はその決定に介入しない）ことに求めている（最判平成15・2・21金判1180・29百選A17）。近時は，報酬が取締役に会社の業績上昇のために最善を尽くすことへのインセンティブを与える機能を有していることが重視されている。

　実際には，取締役の報酬額を定款で定める例はほとんどなく，株主総会の決議で定められているが，その場合でも，株主総会ごとに決定する必要はなく，いったん決定された額は変更されるまで効力を有するものと解される。

　判例（最判昭和60・3・26判時1159・150）は，各取締役の報酬額を株主総会で個別的に定める必要はなく，取締役全員に対する報酬の総額を定め，各取締役への配分の決定を取締役会の決議に委ねてもよく，また総額を確定的に定めずその最高限度を定め，その範囲内における具体的金額の決定と各取締役に対する配分の決定を取締役会に委ねてもよいとする。さらに，取締役会はその多数決により，その決定を代表取締役に一任し得るという（最判昭和31・10・5裁判集民23・409）。

　しかし，取締役会は，代表取締役の職務執行を監督する機関（会362Ⅱ②）として，このような一任に基づいてした代表取締役による個別報酬額の決定が適切であるか監督しなければならない（近時，取締役会として，取締役の積極的な経営判断を促し，会社利益（企業価値）の増進のために，取締役の報酬体系が充分なものとなっているか配慮する義務があるとする説が有力になっている）。

　会社法は，取締役の報酬について，次の事項を定款または株主総会決議で定めなければならないものとする。すなわち，①報酬等のうち額が確定したものについてはその額（会361Ⅰ①），②報酬等のうち額が確定していないものについてはその具体的な算定方法（同②：当期利益に連動して具体額が定まる賞与など業績連動型報酬），③エクイティ報酬については株式の数など（同③〜⑤：後述3参照），④報酬等のうち金銭でないものについてはその具体的な内容である（同⑥：議案の参考書類について，会施規82）。なお，株主総会に報酬の新設または改定に関する議案を提出した取締役は，その株主総会において，その報酬を相当とする理由を

開示しなければならない（会361Ⅳ）。

　また令和元年（2019年）改正により，定款または株主総会で個人別の具体的な内容が定められていない場合，一定の会社（監査役設置会社で公開会社・大会社・有価証券報告書提出会社である会社，または監査等委員会設置会社）では，取締役会で個人別の内容の方針決定を定めねばならない（会361Ⅶ①②，会施規98の５。ただし監査等委員については会361Ⅲ）。要するに取締役の個別報酬等の内容の再一任の規制を定めるものである。なお，後述の指名委員会等設置会社においては，取締役（および執行役）の報酬は，個人別に報酬委員会において定められた方針に従って決定される（会409）。

2. 報酬の範囲

　会社の配当可能利益から支給される賞与は，利益分与であって報酬ではないと解するのが従来の多数説であったが，会社法は，賞与も職務上の対価として，報酬規制に服することを明示したので，総会決議にかける必要がある（会361Ⅰ）。

　部長，工場長，支店長等を兼ねるいわゆる使用人兼務取締役の報酬に関しては，取締役の報酬規制を実質化するために，使用人としての給料の額も含めて定款または総会決議で定めるべきであるとする有力説があるが，判例（最判昭和60・3・26判時1159・150）は，取締役として受ける報酬額のみを総会で決議することとしても必ずしも違法でないとする。この点，会社法の下では，指名委員会等設置会社においては，執行役の使用人分の報酬についても報酬委員会が決定することになっており（会404Ⅲ），これを類推適用して，取締役の報酬に含まれると解すべきであろう。

　退職慰労金はすでに退職してもはや取締役でない者に対する報酬であるから，会社法361条の報酬に含まれないとする見解もあるが，多数説は，退職慰労金も取締役の在職中における職務執行の対価であるから同条の適用があると考える。その決定方法については，具体的な金額，支給期日，支給方法などの決定を取締役会に委ねているのが実状である。最判昭和39・12・11民集18・10・2143百選61は，退職慰労金の決定について，株主総会の決議でこれを無条件に取締役会に一任することはできないが，株主総会の決議において，一定の基準に従って取締役会がその金額，支払時期，支払方法を決定することは，有効であるとした。この事件

では，一定の基準が慣例によるものに過ぎず，しかもその基準によって定めることを明示もしていなかったもので，実務慣行を強引に追認するものと批判された。そこで，その後の下級審判例（東京地判昭和63・1・28判時1263・3等）は，黙示的に授権したといえるためには，支給基準の存在・開示・内容の妥当性の3条件が存在することを要求するようになった（なお，会施規82Ⅱ・82の2Ⅱ参照）。

　しかし，学説の多数説は，お手盛りの弊害防止という会社法361条の法意からは，退職慰労金についても，株主総会で少なくともその具体的金額（総額でよい）または最高限度額を定めることを要すると解すべきであるという（事業報告への報酬の開示について，会施規121④⑤⑥。最近は個人別の金額を開示することが求められている：金商24Ⅰ，開示府令15①イ参照）。

3. エクイティ報酬制度

　ストック・オプション（自社株購入権）は，会社が保有する自己株式を一定の価額で譲り受け（自己株式方式）または会社から一定の払込価額で新株を引き受ける（ワラント＝新株予約権方式）権利であり，取締役や使用人に与えられる。これは，成功報酬（業績連動型報酬）の一形態であり，会社の業績が拡大し，株価が上昇すれば，取得した株式を売却して利益を得ることができる。令和元年（2019年）改正において，株式や新株予約権報酬等を付与する場合（つまり付与の形式を問わない：エクイティ報酬という）の定款・株主総会決議事項について明確化が図られた。エクイティ報酬の場合において，募集株式の発行または新株予約権の発行手続の特例が設けられ，払込みを要しない募集株式の発行等および新株予約権の行使が認められることとなった（会202の2Ⅰ①Ⅲ・236Ⅲ Ⅳ）。なお，本規律が適用される会社は上場会社に限られ（適用対象は取締役に限られる），株式・新株予約権の数等は会社法施行規則で定められる（98の2～4，111～111の3）。

4. 取締役の報酬請求権

　取締役の報酬請求権の権利性について，最判平成4・12・18民集46・9・3006百選62は，「株式会社において，定款又は株主総会の決議（株主総会において取

締役報酬の総額を定め，取締役会において各取締役に対する配分を決議した場合を含む。）によって取締役の報酬が具体的に定められた場合には，その報酬額は，会社と取締役間の契約内容となり，契約当事者の双方を拘束するから，その後株主総会が当該取締役の報酬につきこれを無報酬とする旨の決議をしたとしても，当該取締役は，これに同意しない限り，右報酬の請求権を失うものではないと解するのが相当である。この理は，取締役の職務内容に著しい変更があり，それを前提に右株主総会決議がされた場合であっても異ならない」とした。

　一般に学説は，確定的に発生した具体的報酬請求権は，会社と当該取締役との間で締結された契約に基づく既得権とみるべきであり，当該取締役の同意がない限り，原則として株主総会または取締役会決議をもって減額したり，不支給とすることはできないとするが，しかし，任期中に職務の内容に著しい変更があり，かつこれを前提に株主総会が当該取締役の報酬の減額ないし不支給を決議したような場合とか，各取締役の報酬が個人ごとにではなく，取締役の役職ごとに定められ，任期中に役職が変われば当然に報酬額も変わることになっていて，そのような報酬の定め方および慣行を了知した上で取締役就任に応じた場合には，例外的に報酬額の変更が適法と認められることもあり得るという。

　なお，最判平成10・11・24の原審（名古屋高判平成10・6・12資料版商事178・96）は，取締役就任時において予測できる範囲の役職変更であることが前提なので，新たな役職を設けた場合に，事前に黙示の同意があったということはできないとした。

　報酬議案が株主総会に提出されないまま放置されている場合に，取締役が報酬を具体的に請求し得るかについては，報酬額が定款または株主総会の決議により定められない限り，具体的な報酬請求権は発生しない（最判平成15・2・21金判1180・29百選A17参照。なお，最判平成21・12・18判時2068・15百選A18は，これを前提に，いったん支払われた金員の返還を請求することが信義則に反し，権利の濫用にあたる可能性があることを示す）とすれば，否定的に解さざるを得ないが，取締役任用契約の有償性の観点から，これを肯定する考え方も成り立つであろう。なお，退職慰労金は別異に解してよい。退職慰労金を支払うことは，通常，任用契約に含まれていないと考えられるからである。最判平成4・9・10（資料版商事102・

143）は，株主総会の支給決議がない限り，具体的請求権は発生しないとする。しかし，株主総会が退職慰労金の額の決定を取締役会に一任した場合において，取締役らが額の決定を放置したときには，任務懈怠として会社法429条1項（退任取締役は第三者になる）により責任を負うと解すべきである（東京地判平成6・12・20判タ893・260）。さらに，中小会社については，経営陣と対立して退任を余儀なくされた取締役の保護のために，支給基準に従った支給決議履行義務の不履行責任（民415），取締役の対第三者責任（会429Ⅰ），取締役または会社の不法行為責任（会350，民709）を認めて差し支えない。

5. 会社補償

　会社補償とは，役員等がその職務執行に伴い第三者から責任の追及を受けた時に，その費用や賠償について会社が補償するというものであり，適切なインセンティブを付与するため，令和元年（2019年）改正会社法は，利害相反性を否定し（会430Ⅶ，民108），一定の範囲と手続の下，これを正面から認めることによって，役員の責任を救済するものであり（会430の2），適法かつ妥当な業務執行の確保という観点からは，次の役員等賠償責任保険（D&O）契約と同様，疑問の残る改正である（両制度は事業報告に記載：会施規121 3の2 〜 3の4 ・119 2の2 ・121の2等）。同法によると，補償契約の内容を決定するには，取締役会設置会社では取締役会（非取締役会設置会社では株主総会）の決議が必要である。補償の対象の例外としては，費用のうち通常要する額を超える部分（会423Ⅰの会社に対する取締役の責任に係る部分は含まれない），役員等が職務について悪意・重過失があり第三者責任を負う場合，役員等が自己もしくは第三者の利益を図り，または会社に損害を与える目的で職務執行をした場合がある（会430の2ⅡⅢ）。

6. 役員等賠償責任保険契約

　令和元年（2019年）改正により，役員等賠償責任保険（D&O保険）を念頭に，手続等に関する規律が設けられた（会430の3）。同保険の内容を会社が決定する（つまり会社が保険契約者となる）ためには，取締役会設置会社では取締役会（非取締役会設置会社では株主総会）の決議が必要である（会430の3Ⅰ）。この場合，利益相反取引規制（会350）や民法108条の適用もない。

Ⅸ　取締役等の会社に対する責任と株主の監督

1.　取締役の会社に対する責任

　取締役が善管注意義務または忠実義務を怠った場合，委任契約の債務不履行により会社に対して損害を賠償する義務を負う（民415）。会社法は，取締役等の地位の重要性を考え，再度，確認的に，場合によっては特別の，しかも連帯の責任を定めた（会423・428・430）。まず，会社法423条1項は，取締役等（法文上は「役員等」という）は，その任務を怠ったときは，株式会社に対し，これによって生じた損害を賠償する責任を負う，と定め，過失責任の原則を明確にしている。次に，競業取引，利益相反取引，違法な剰余金の配当，株主への違法な利益供与について，特別の規定を置いている。取締役等の任務懈怠責任を免除するには，総株主の同意が必要である（会424）。なお，一定の条件の下で責任を軽減する制度もある（後述）。

（1）　違法な剰余金の配当（会462）

　株式会社が会社法461条1項に定める分配可能額を超えて剰余金の配当をした場合，当該行為に関する職務を行った業務執行取締役等および株主総会または取締役会に議案を提案した取締役等は，当該株式会社に対して，連帯して，当該行為により金銭等の交付を受けた者が交付を受けた金銭等の帳簿価額に相当する金銭を支払う義務を負う（会462Ⅰ）。これらの者は，その職務を行うについて注意を怠らなかったことを証明したときは，義務を負わない（同Ⅱ：過失責任）。なお，分配可能額を超えて分配された部分については，株主全員の同意がある場合であっても，その責任を免除することは認められない（同Ⅲ）。このほか，期末の塡補責任を負う場合がある（会465：過失責任）。

（2）　違法な財産上の利益供与（会120ⅣⅤ）

　株式会社が株主の権利行使に関する財産上の利益供与の禁止（会120Ⅰ）に違反して利益供与を行った場合，当該利益の供与をすることに関与した取締役（執行役）として法務省令（会施規21）で定める者は，当該会社に対して，連帯して，供与した利益の価額に相当する額を支払う責任を負う。ただし，その者がその職務を行うについて注意を怠らなかったことを証明した場合は，この限りでない（会120Ⅳ－過失責任）。しかし，当該利益の供与をした取締役は，無過失責任を負

う。この責任は，総株主の同意がなければ，免除することができない（会120V）。

（3）競業取引（会423Ⅱ）

取締役等が競業取引を規制する規定（会356Ⅰ）に違反して取引をしたときは，任務懈怠として，株式会社に対して損害賠償責任を負うが（会423Ⅰ），当該取引によって取締役等がまたは第三者が得た利益の額が損害額と推定される（会423Ⅱ）。

（4）取締役・会社間の利益相反取引（会423Ⅲ）

利益相反取引によって株式会社に損害が生じたときは，次の取締役または執行役は，任務を怠ったものと推定される（会423Ⅲ）。①利益相反取引を行った取締役等，②株式会社が当該取引をすることを決定した取締役等，③当該取引に関する取締役会の承認の決議に賛成した取締役。なお，①の取締役等で直接取引を自己のためにした者の任務懈怠責任は，無過失責任で，一部免除も認められない（会428）。

（5）その他の任務懈怠（会423Ⅰ）

取締役等がその任務を怠ったときは，株式会社に対し，これによって生じた損害を賠償する責任を負う。取締役が法令または定款に違反する行為を行って会社に損害を与えた場合がその典型例であろう。この責任は，一般的な任務違反に関するものであり，取締役に故意または過失があった場合にのみ責任を問うことができる（過失責任）。また，「法令」については，会社法120条や356条のような具体的な規定ばかりでなく，取締役の一般的な善管注意義務（会330，民644）や忠実義務（会355）を定める規定をも含み，取締役がその任務を怠って会社に損害を与えたすべての場合を包含すると解し，法令一般が含まれると，従来，解されていた（最判昭和47・4・25判時670・45，大阪高判昭和54・10・30高民集32・2・214参照）。

それに対し，学説の有力説は，「法令」には，会社や株主の利益保護を図る商法（会社法）の規定と当該会社の取締役にとって公序となっている規定だけが含まれると解すべきであり，それ以外の法令については，取締役の注意義務違反になるかどうかという観点から考慮すれば足りるとする（野村証券事件第2審判決である東京高判平成7・9・26判時1549・11はこれに従う）。しかし，会社も自然人と同様にあらゆる法令に違反すべきではなく，会社機関（またはその構成員）たる取締役も同様であり，したがって，「法令」には法令一般が含まれると解すべきで

ある（最判平成12・7・7民集54・6・1767百選49参照。なお，銀行取締役の善管注意義務・忠実義務違反を認定した事例として，最判平成20・1・28判時1997・148百選51がある。MBOが頓挫した場合における取締役の会社に対する責任（善管注意義務違反）について判断した事例として，大阪高判平成27・10・29判時2285・117百選A25がある。さらに，親会社取締役の子会社管理義務を忠実義務・善管注意義務の一環として認めたものとして，福岡高判平成24・4・13金判1399・24百選53がある）。なお，後述の監視義務違反が任務懈怠になるのは当然である。

!! 経営判断原則

　取締役の経営判断が会社に損害をもたらす結果を生じたとしても，当該判断がその誠実性・合理性をある程度確保する一定の要件の下に行われた場合には，裁判所が判断の当否につき事後的に介入し，注意義務違反として取締役の責任を直ちに問うべきでないとする法理である。わが会社法の解釈論としても経営判断原則を導入すべきかどうか議論があったが，最判平成22・7・15判時2091・90百選50では，具体的な経営判断の決定の過程・内容に著しく不合理な点がない限り，善管注意義務に違反するものではないとされた。ただ，取締役に法令違反行為があった場合にまで，経営判断原則によって保護されるとは考えにくい。

2. 取締役の責任軽減（会425〜427）

　会社法は，責任免除制度（会424）のほかに，会社法423条1項に基づく責任（任務懈怠責任）に限り，一定条件の下でその軽減を認める制度を維持している（平成13年（2001年）商法改正で導入された）。

（1）株主総会決議による事後の軽減

　会社法423条1項の取締役等（取締役，会計参与，監査役，執行役または会計監査人で「役員等」という）の責任は，当該役員等に「職務を行うにつき善意でかつ重大な過失がないとき」は，会社法424条の規定にかかわらず，賠償責任を負うべき額から次に掲げる額の合計額（会社法427条1項において「最低責任限

度額」という）を控除して得た額を限度として，株主総会の特別決議（会309Ⅱ⑧）で，免除することができる（会425Ⅰ）。

① 当該役員等がその在職中に株式会社から職務執行の対価として受け，または受けるべき財産上の利益の1年間当たりの額に相当する額として法務省令（会施規113）で定める方法により算定される額に，次のイからハまでに掲げる取締役等の区分に応じ，当該イからハまでに定める数を乗じて得た額

　イ　代表取締役または代表執行役　　6

　ロ　代表取締役以外の取締役（社外取締役を除く）または代表執行役以外の執行役　　4

　ハ　社外取締役，会計参与，監査役または会計監査人　　2

② 当該取締役等が当該株式会社の新株予約権を引き受けた場合における当該新株予約権に関する財産上の利益に相当する額として法務省令（会施規114）で定める方法により算定される額

　監査役設置会社，監査等委員会設置会社または指名委員会等設置会社においては，取締役（監査委員であるものを除く）または執行役の責任軽減の議案を株主総会に提出するには，監査役設置会社では監査役全員の，監査等委員会設置会社・指名委員会等設置会社においては監査委員全員の同意を得なければならない（会425Ⅲ）。

　取締役（監査委員であるものを除く）および執行役の責任の軽減の決議をする株主総会では，次の事項を開示しなければならない（会425Ⅱ）。

　a　責任原因となった事実と賠償責任を負う額

　b　会社法425条1項により免除することができる額の限度およびその算定の根拠

　c　責任を免除すべき理由と免除額

　責任軽減の決議があった場合，株式会社が決議後にその役員等に対し退職慰労金その他の法務省令（会施規115）で定める財産上の利益を与えるときは，株主総会の承認が必要であり，その役員等が決議後に上記②の新株予約権を決議後に行使・譲渡をするときも同様である（会425Ⅳ）。また，役員が新株予約権証券を所持するときは，会社に遅滞なく預託しなければならず，その譲渡のため返還を求めるには上記の譲渡を承認する株主総会決議が必要である（同Ⅴ）。

　（2）　定款の規定に基づく取締役会決議をもって行う軽減

　監査役設置会社（取締役が2人以上ある場合に限る），監査等委員会設置会社

または指名委員会等設置会社は，（1）の場合と同じ責任について（1）の場合と同じ主観的要件・軽減の限度で，定款において，取締役の過半数の同意（取締役会設置会社では取締役会決議）により責任の軽減をすることができる旨を定めることができるが，「責任の原因となった事実の内容，当該役員等の職務遂行の状況その他の事情を勘案して特に必要と認めるとき」に限られる（会426Ⅰ）。この定款の規定は登記される（会911Ⅲ㉓）。会社法425条3項と同様，監査役（または監査委員）全員の同意は，定款を変更して上述の定めを設ける議案を株主総会に提出する場合，定款の定めに基づく責任の免除（監査委員を除く取締役および執行役の責任の免除に限る）についての取締役の同意を得る場合および責任の免除に関する議案を取締役会に提出する場合に必要である（会426Ⅱ）。

　上記の定款の定めに基づき役員等の責任を免除する旨の同意（取締役会設置会社においては取締役会の決議）を行ったときは，遅滞なく，次の事項を公告し（公開会社のみ−会426Ⅳ），または株主に通知しなければならない（同Ⅲ）。

　イ　責任原因となる事実と賠償責任を負うべき額
　ロ　算定した免除の限度額（報酬等2年分，4年分，6年分）とその算定の根拠
　ハ　責任を免除すべき理由と免除額
　ニ　免除に異議があれば一定の期間内（1カ月以上）に述べるべき旨

　そして，上記期間内に総株主の議決権の100分の3以上を有する株主が異議を述べたときは，株式会社は責任免除をすることができない（会426Ⅶ。株式会社に最終完全親会社等がある場合について，同ⅤⅥⅧ）。なお，免除後の退職慰労金の支給等の規制は，（1）の場合と同様である（会426Ⅷ・425ⅣⅤ）。

（3）　責任限定契約

　業務執行取締役等ではない者，社外取締役，会計参与，監査役または会計監査人（「非業務執行取締役等」という）については，（1）（2）の場合と同じ責任に関して，同じ主観的要件のもと，定款で定めた額の範囲内であらかじめ株式会社で定めた額と最低責任限度額とのいずれか高い額を限度とする旨の契約を非業務執行取締役等と締結することができる旨を定款で定めることができる（会427Ⅰ：同項で定める「重大な過失」の意義についての判断を示した大阪高判平成27・5・21判時2279・96百選A29参照）。この定款の規定は登記される（会911Ⅲ㉔）。なお，非業務執行取締役等が当該株式会社またはその子会社の業務執行取締役もしくは執行役

または支配人その他の使用人に就任したときは，当該責任限定契約は将来に向かってその効力を失う（会427Ⅱ）。監査役（監査委員）全員の同意は，定款を変更して上記の定め（監査委員であるものを除く社外取締役と契約を締結することができる旨の定めに限る）を設ける議案を株主総会に提出する場合に必要である（同Ⅲ）。

　責任限定契約をした株式会社がその非業務執行取締役等が任務懈怠により損害を受けたことを知ったときは，その後最初に招集される株主総会において，次の事項を開示しなければならない（会427Ⅳ）。

　　イ　責任原因となった事実，賠償責任を負うべき額および免除可能限度額，その算定根拠

　　ロ　責任限定契約の内容とその契約を締結した理由

　　ハ　任務懈怠による損害のうち，当該社外取締役等が責任を負わないこととなった額

　非業務執行取締役等が責任限定契約によって規定限度を超える部分について損害を賠償する責任を負わないとされた場合における退職慰労金の支給等の規制は，（1）（2）の場合と同様である（会427Ⅴ・425ⅣⅤ）。

3.　業務執行に対する株主の監督（違法行為の差止めと株主代表訴訟）

　株主総会が多数決の原則をとる限り，株主総会に取締役の業務執行に対する監督の機能を期待するのは限界があるので，株主総会という機関を通さないで，直接に株主に監督のための権利が与えられている。ここでは，代表訴訟提起権と取締役の違法行為差止請求権について説明する（他に，帳簿閲覧権－会433，検査役選任請求権－会358，取締役会議事録閲覧権－会371ⅡⅢなどがある）。

（1）　代表訴訟（責任追及の訴え）

　6カ月（定款で短縮できる）前から引き続き株式を有する（公開会社でない株式会社ではこの制限はない－会847Ⅱ）株主（定款の定めにより権利行使できない単元未満株主を除く）は，株式会社に対し，書面その他の法務省令（会施規217）で定める方法により，①発起人，設立時取締役，設立時監査役，役員等もしくは清算人の責任を追及する訴え，②株主の権利行使に関して利益供与を受けた者に対して当該利益の返還を求める訴え（会120Ⅲ），および，③不公正な払込価額で株式または新株予約権を引き受けた者等に支払を求める訴え（「責任追及等の訴

え」という）の提起を請求することができる（請求の相手方は通常，監査役である：会386。株主による提訴請求の不備に関する事案として，最判平成21・3・31民集63・3・472百選A19，東京高判平成26・4・24金判1451・8百選A20参照）。ただし，責任追及等の訴えが当該株主もしくは第三者の不正な利益を図りまたは当該株式会社に損害を加えることを目的とする場合は，この限りでない（会847Ⅰ）。

　株式会社がこの請求の日から60日以内に訴えを提起しないときは，当該請求をした株主は，自ら株式会社のために責任追及等の訴えを提起することができる（会847Ⅲ）。ただし，60日の期間の経過を待っていては，会社に回復することができない損害が生じるおそれがある場合には，株主は直ちに訴えを提起することができる（同Ⅴ）。これを株主代表訴訟という。

　なお，株式会社は，責任追及等の訴えを提起しない場合において，当該請求をした株主またはその相手方たる発起人等から請求を受けたときは，当該請求者に対し，遅滞なく，責任追及等の訴えを提起しない理由を書面その他の法務省令（会施規218）で定める方法により通知しなければならない（同Ⅳ）。

　会社は自ら取締役に対し訴えを提起したときは，遅滞なく訴えの提起をしたことを公告しまたは通知しなければならず（会849Ⅴ。なお，公開会社でない株式会社では通知のみ－会849Ⅺ），会社が株主から代表訴訟の告知（会849Ⅲ）を受けたときも同様である（同Ⅳ）。代表訴訟によって追及しうる取締役の責任の範囲について，通説は，会社が被る不利益は同じであるから，取締役が会社に対して負担する一切の債務であるとする全債務説（通説）をとっている（最判平成21・3・10民集63・3・361百選67は，取締役の地位に基づく責任のほか，取締役の会社に対する取引債務についての責任も含まれるとするが，全債務説をとるかどうか明らかでない）。代表訴訟は，訴訟の目的の価額（訴額）の算定については財産上の請求でない請求に係る訴えとみなされる（会847の4Ⅰ）。したがって，訴訟の目的の価額は160万円となり，訴訟費用は13,000円である。

　濫訴の防止のため，株主が代表訴訟を提起したときは，被告の申立によって裁判所は，相当の担保を立てることを命じることができるが（会847の4Ⅱ），その場合，被告は株主の訴えの提起が悪意によるものであることを疎明しなければならない（同Ⅲ）。ここにいう「悪意」については議論があり，原告株主に取締役を

害する意思があることとする害意説と，害する意思までは不要であり，株主が取締役を害することを知ることとする悪意説，そして最近は，取締役が会社に対して責任を負うべき理由がないことを知りながら，または嫌がらせのために訴えていることとする第三説が主張されている。下級審判例は，第三説を採用し，悪意の範囲を広くとらえるものが多くなっている（蛇の目ミシン事件の第1審判決，東京地決平成6・7・22判時1504・121をリーディング・ケースとする。控訴審決定は東京高決平成7・2・20判タ895・252百選68，上告審決定は最決平成7・6・14資料版商事136・75）が，このようにして担保提供を容易に認めれば，代表訴訟のもつ取締役の違法行為の抑止機能が損なわれることになりかねない。したがって，少なくとも悪意説は採るべきである（大阪高決平成9・8・26判時1631・140等参照）。なお，原告株主が担保提供を命じられた期間内にこれに応じなければ，裁判所は口頭弁論を経ないで訴えを却下できる。

代表訴訟において，馴合訴訟を防止するため，事前の防止策として会社または他の株主に訴訟参加を認め（会849Ⅰ：会社への訴訟告知－会849Ⅳ），事後的な救済策として，会社または他の株主は再審の訴えを提起することが認められている（会853）。会社が取締役側に補助参加することができるかどうかについては，従来，争いがあったが（最判平成13・1・30民集55・1・30百選69は肯定），平成13年（2001年）商法改正により，これが肯定され，会社法もこれを引き継いでいる。すなわち，株主または株式会社は，共同訴訟人として，または当事者の一方を補助するため，責任追及の訴えに係る訴訟に参加することができるとし，ただし，不当に訴訟手続を遅延させることになるとき，または裁判所に過大な事務負担を及ぼすことになるときは，この限りでない（会849Ⅰ）。株式会社が被告側に補助参加するには，全監査役（監査委員）の同意を得なければならない（同Ⅱ）。

株式会社は，責任追及等の訴えに係る訴訟において和解することができる（会849の2，令和元年（2019年）改正）。

なお，責任追及等の訴えを提起した株主または責任追及の訴えに共同訴訟人として参加した株主は，会社の株式交換・株式移転または合併により当該会社の株主でなくなる場合であっても，以下に該当する場合には原告適格を喪失しない（会851）。①株式交換・株式移転により完全子会社となる会社について係属中の責任追及等の訴えの原告が，完全親会社となる会社の株主となるとき，②合併に

より消滅する会社について係属中の責任追及等の訴えの原告が，合併により設立される会社または合併後の存続会社もしくはその完全親会社の株主となるとき。

> ## ‼ 旧株主による責任追及等の訴えと多重代表訴訟
>
> 　平成26年（2014年）改正により，株主代表訴訟の趣旨を拡大し，株主代表訴訟を提起できる株主が株式交換・株式移転または合併により完全親会社または存続会社の親会社となった場合の責任追及の訴えの制度を導入した（会847の2）。改正法は，851条をさらに拡大したものである（それまでの会社法では，合併・株式移転・株式交換が行われた時点で株主代表訴訟を提起していない株主には原告適格を認めていなかった）。
>
> 　さらに同改正法は，最終完全親会社（株式会社の完全親会社であって，その完全親会社等がないもの：会847の3Ⅰ第2括弧書）の株主による完全子会社の役員等の責任を追及するいわゆる多重代表訴訟の制度を導入した（会847の3）。これは，親会社取締役には子会社管理の権限および義務があることを前提に，完全親子会社関係にある取締役等の馴れ合いによって，完全子会社の役員追及が適切になされない場合に，最終完全親会社等の株主が完全子会社に代わってその役員等の責任追及等の訴えを提起できるようにしたものである。
>
> 　この多重代表訴訟は，子会社の最終完全親会社の議決権または発行済株式の100分の1以上の株式を有する株主に対して，特定責任（子会社の取締役の責任の原因となった事実が生じた日，つまり行為の日において，最終完全親会社およびその完全子会社等において計上された子会社株式の帳簿価額が，最終完全親会社の総資産額として法務省令（会施規286の6）で定める方法で算定される額の5分1を超える場合における，当該取締役の責任）に係る責任追及等の訴えの提起を請求できものとされるが（会847の3Ⅰ，会施規218の5），原告適格と責任追及対象に大きな障害がある。

　責任追及等の訴えを提起した株主が勝訴（一部勝訴を含む）した場合において，当該責任追及等の訴えに係る訴訟に関し，必要な費用（訴訟費用を除く）を支出

したときまたは弁護士もしくは弁護士法人に報酬を支払うべきときは，当該株式会社に対し，その費用の範囲内またはその報酬額の範囲内で相当と認められる額の支払を請求することができる（会852Ⅰ）。責任追及等の訴えを提起した株主が敗訴した場合であっても，悪意があったときを除き，当該株主は，当該株式会社に対し，これによって生じた損害を賠償する義務を負わない（同Ⅱ）。以上は，訴訟参加した株主についても同様である（同Ⅲ）。

（2）取締役の違法行為差止

取締役が株式会社の目的の範囲外の行為その他法令もしくは定款違反の行為をし，またはこれらの行為をするおそれがある場合において，当該行為によって当該株式会社に著しい損害（監査役設置会社，監査等委員会設置会社または指名委員会等設置会社では，回復することのできない損害）を生ずるおそれがある場合，6カ月（定款で短縮できる）前から引き続き株式を有する（公開会社でない株式会社ではこの制限はない）個々の株主は会社のために取締役に対しその行為を止めるよう請求できる（会360）。もともと，アメリカ法の差止命令（injunction）の制度にならって採用されたものである。

　　この制度は，会社が取締役に対して有する違法行為の差止をなす権利を株主が会社のためになすという構想に立っているのであり，その点では代表訴訟と共通の制度である。異なるのは，代表訴訟が事後救済的であるのに対して，差止制度は予防的である点である。なお，株主には，募集株式の発行等，新株予約権の発行の差止請求権が別に認められている（会210・247：しかし，これらの差止請求は，会社のためではなく，不利益を受ける株主のためになされるものである）。違法行為差止仮処分申立事件として，東京地決平成16・6・23金判1213・61百選60がある。

X　取締役の第三者に対する責任

1.　意　義

取締役は会社に対して義務を負うに過ぎず，損害賠償責任も会社に対して負うにとどまり，第三者に対しては一般の不法行為責任以外に責任を負わないはずであるが，旧商法は特に取締役の第三者に対する責任を規定していたところ，会社法は，役員等の責任としてこれを引き継いでいる。すなわち，会社法429条1項は，

「役員等がその職務を行うについて悪意又は重大な過失があったときは，当該役員等は，これによって第三者に生じた損害を賠償する責任を負う。」と定めている。

　この責任については，従来から，諸説が錯綜しているが，多数説・判例（最判昭和44・11・26民集23・11・2150百選70）は，①この責任の性質は，第三者の保護を強化するための特別の法定責任であり，②この責任と一般の不法行為責任との競合を認め，③この責任は（第三者保護強化のため）直接損害または間接損害の双方について認められ（両損害包含説），④悪意・重過失は会社に対する任務懈怠について認められれば足り，⑤第三者には会社債権者に限られず株主を含むとする（法定責任説）。

> 　それに対して，有力説は，①この責任の性質を特別の不法行為責任と解し，②一般の不法行為責任との競合を認めず，③この責任を直接損害に限って認め（間接損害は債権者代位権の行使によるべき），④悪意・重過失は第三者に対する加害について必要であるとし，⑤ただ，第三者は株主も含むとするもので，複雑な職務を迅速・大量に行う取締役の責任を軽減したもの（軽過失が免責される）と解する（不法行為特則説）。

　同条項の「第三者」に株主が含まれるか。取締役の行為によって会社が損害を被った結果，持分が減少するという株主の損害（間接損害）については，代表訴訟による回復が可能であり，独立の損害賠償責任を認める必要はないが（東京高判平成17・1・18金判1209・10百選A22），直接損害についてはそのような方法では株主の救済が図られないので，損害賠償を請求しうると考えるのが多数説である（大阪高判平成11・6・17判時1717・144百選A21は，適法な株主総会決議を経ないで行われた新株の有利発行について，取締役の第三者に対する責任を認めた。なお，MBOを行った取締役に対し，MBOの完了により株主の地位を失った者が会社法429条1項の責任を追及した事案について，東京高判平成25・4・17判時2190・96百選54は，善管注意義務の一環として公正価値移転義務と適正情報開示義務を負うと判示した。一方，相互に資本関係のない当事者間で組織再編を行う場合の取締役の義務について，東京地判平成23・9・23判時2138・134百選A26参照）。

> 　代表訴訟を提起するためには株式保有期間や担保提供などの要件があり，株主

の救済としては不十分な場合があるから，間接損害についても株主は本条の責任
を追及しうると解すべきである。なお，株主以外の事案として，従業員の過労死
についての取締役の対第三者責任を認めた大阪高判平成23・5・25労判1033・24
百選A23，相撲部屋の親方に対する名誉毀損について出版社代表取締役の対第三者
責任を認めた東京地判平成21・2・4判時2033・3百選A24がある。

このほか，取締役等による株式等引受人の募集の際の重要事項についての虚偽
通知，説明資料の虚偽記載（記録），計算書類等の特定書類の重要事項について
の虚偽記載（記録）および虚偽の登記・公告については，過失責任を前提にしつ
つ挙証責任の転換が図られ，取締役等が無過失を立証しない限り，それによって
損害を被った第三者に対して損害賠償の責任を負う（会429Ⅱ：計算書類の虚偽記
載について，取締役の対第三者責任を認めた事例として，東京地判平成19・11・28判タ
1283・303百選73参照）。

2. 取締役の監視義務
取締役の業務執行に対する監督機能を有する取締役会（会362Ⅱ②）の構成員で
ある取締役は，取締役会に上程された事項に限らず，上程されない事項について
も監視する義務があると解される（最判昭和48・5・22民集27・5・655百選71）。
取締役会を設置しない株式会社の取締役は，各自が業務執行権を有する以上，他
の取締役（や使用人）に対して，監視（監督）義務を負うと解される。この監視
義務は，名目的であれ取締役に就任することを承諾した者についても認められる
と解すべきである（最判昭和55・3・18判時971・101）。

3. 登記簿上のみの取締役の責任
多数説・判例（最判昭和47・6・15民集26・5・984）は，会社法908条2項の類
推適用により，取締役でないのに取締役としての就任登記をされた者が，取締役
でないことを善意の第三者に対抗できないときは，その第三者に対して同法429
条1項の責任を免れ得ないとする。会社法908条2項の類推適用を受ける事由と
しては，就任登記をされた者が，故意または過失により当該登記につき承諾を与
えていることとされる。

4. 辞任登記未了の辞任取締役と対第三者責任

　最判昭和62・4・16判時1248・127百選72は，取締役を辞任した者が，登記申請権者である当該会社の代表者に対し，辞任登記を申請しないで不実の登記を残存させることにつき明示的に承諾を与えていたなどの特段の事情が存在する場合には，右の取締役を辞任した者は，会社法908条の類推適用により，善意の第三者に対して当該会社の取締役でないことをもって対抗することができない結果，同法429条1項にいう取締役として所定の責任を免れることができないものとする。前記最判昭和47・6・15に比べ，不実登記についての明示的な承諾を要求しているところが本判決の特徴であり，この流れは，最判昭和63・1・2金法1196・26にも踏襲されている。

ⅩⅠ　会計参与

1. 意　義

　会計参与は，会社法により新設された会社の機関である。すべての株式会社は，定款により，会計参与を設置することができる（会326Ⅱ）。会計参与は，取締役または執行役と共同して計算書類を作成することにより，計算書類の適正性・正確性を高めることが期待されている。会計監査人が計算書類を監査する外部監査機関であるのに対し，会計参与は，計算書類を作成する業務執行機関と位置付けられる。とはいえ，公開会社でない会計参与設置会社では，監査役を置かなくてよい（会327Ⅱ但書）。実務上，会計監査人が設置されない中小会社における計算書類の信頼性向上のために会計参与を利用することが期待されている。

2. 資格および選任等

　会計参与は，公認会計士，監査法人，税理士または税理士法人でなければならない（会333Ⅰ）。欠格事由が定められている（会333Ⅲ）。会計参与は，原則として株主総会の普通決議で選任され，またいつでも解任することができる（会329Ⅰ・339Ⅰ。定足数について，会341）。会計参与が任期中，正当理由なく解任されたときは，株式会社に対し損害賠償請求できる（会339Ⅱ）。

　会計参与の任期は，選任後2年（指名委員会等設置会社の場合は1年）以内に

終了する事業年度のうち最終のものに関する定時総会の終結のときまでであるが，定款または株主総会決議によって短縮することができる（会334Ⅰ・332ⅠⅢ）。公開会社でない株式会社（監査等委員会設置会社および指名委員会等設置会社を除く）においては，定款で10年まで伸張できる（会334Ⅰ・332Ⅱ）。なお，任期満了および報酬・費用について，取締役と同様の規定が置かれている（会334Ⅰ・332Ⅳ・334Ⅱ・379Ⅰ・380）。

　会計参与を設置した旨，会計参与の氏名または名称，ならびに計算書類等を備え置く場所は登記される（会911Ⅲ⑯）。

3. 職　務

　会計参与は，取締役（指名委員会等設置会社では執行役）と共同して，計算書類およびその附属明細書，臨時計算書類ならびに連結計算書類を作成するとともに，法務省令で定めるところにより，会計参与報告を作成しなければならない（会374ⅠⅥ）。会計参与は，会計帳簿・資料の閲覧・謄写権，子会社に対する会計に関する報告請求権，および業務・財産状況の調査権を有する（会374ⅡⅢⅣ）。取締役会設置会社の会計参与は，計算書類等を承認する取締役会に出席し，必要あるときは意見を述べる義務を負う（会376）。会計参与は，計算書類等の作成に関する事項について，取締役（執行役）と意見を異にするときは，株主総会において意見を述べることができる（会377）。また，会計参与は，株主総会において，計算書類等に関して株主が求めた事項について説明義務を負う（会314）。さらに，会計参与は，その職務を行うに際して取締役または執行役の職務執行に関して不正行為または法令・定款に違反する重大な事実があることを発見したときは，遅滞なく，これを株主（監査役設置会社においては監査役，監査役会設置会社においては監査役会，指名委員会等設置会社においては監査委員会）に報告しなければならない（会375）。

4. 計算書類等の備置・開示

　会計参与は，株式会社とは別に，計算書類等を5年間，自ら定めた場所に備え置かなければならず（会378Ⅰ），株主および会社債権者は，会社の営業時間内，いつでも，会計参与に対して，その閲覧等を請求することができる（同Ⅱ）。会

計参与設置会社の親会社の株主その他の社員は，その権利を行使するため必要があるときは，裁判所の許可を得て，その閲覧等を請求することができる（同Ⅲ）。

5. 会計参与の責任

　会計参与は，役員等として，その任務を怠った場合には，株式会社に対して損害賠償責任を負う（会423Ⅰ）。また，対第三者責任，責任の一部免除，株主代表訴訟についても，同様の規制に服する（会429ⅠⅡ②・425Ⅰ①・847）。

第6節　監査制度

Ⅰ　総説──監査制度における規制区分

　企業における所有と経営の分離は，株式会社においては，所有を体現する機関としての株主総会と経営を担う機関としての取締役との分化として現れ，しかも，私的所有主体としての株式会社が私的所有秩序に服する以上，経営は所有にコントロールされねばならず，その会社法的表現が株主総会の最高機関性である。しかし，株主総会が形骸化し，他方で業務執行機能の高度化・複雑化・専門化を背景とする業務執行機関の優越性が高まるなかで，所有による経営のコントロールの機能を実質化し補完するものとして監査機関が置かれる。つまり，監査機関は，会社すなわち株主の利益を守るために業務執行機関を監査することによって，所有による経営のコントロール機能を補完する任務を担うのであり，またそのことが株式会社の対外的活動をチェックする機能をも有することになる。

　　企業規模が大きくなると，その行動が出資者や債権者だけでなく，消費者，従業員さらには国民にまで大きく影響し，企業活動に対する社会的コントロールの必要が生じるが，株式会社の対外的活動をチェックする機能を有する監査機関の充実・強化が要請される理由もそこにある。一方，小規模企業においては，所有と経営の分離が著しくなく，所有による経営のコントロールも機能しうると考えられるので，その補完機能を有する監査機関を簡素化しても構わない。こうして企業規模に応じた監査制度の規制区分が行われるのは必然の結果といえる。

会社法によれば，まず中小会社においては，監査役を置かないことができる（会326Ⅱ）。公開会社でない会計参与設置会社も監査役を置かないことができる（会327Ⅱ但書）。一方，取締役会設置会社（監査等委員会設置会社・指名委員会等設置会社を除く）は，監査役を置かなければならない（同項）。会計監査人設置会社（監査等委員会設置会社・指名委員会等設置会社を除く）は，監査役を置かなければならない（同Ⅲ）。公開会社でない株式会社（監査役会設置会社および会計監査人設置会社を除く）は，監査役による監査を会計監査権限のみに限定することができる（会389Ⅰ，登記事項：会911Ⅲ⑰イ。その場合の監査役の職務については，会389Ⅱ〜Ⅶ，会施規108）。さらに，大会社（貸借対照表上の資本金5億円以上または負債総額200億円以上の株式会社）においては，監査役会および会計監査人を置かなければならない（会328Ⅰ）。監査役会設置会社においては，監査役は3人以上で，そのうち半数以上は，社外監査役（会2⑯：平成26年改正により，取締役と同様，社外性の要件が厳格化された）でなければならず（会335Ⅲ），また，監査役会は常勤監査役を選定しなければならない（会390Ⅲ）。

なお，公開会社でない大会社は，会計監査人を置かなければならない（会328Ⅱ）。

Ⅱ 監 査 役

1. 監査役の意義

株式会社は，定款の定めにより監査役を置くことができる（会326Ⅱ：監査等委員会設置会社・指名委員会等設置会社を除く取締役会設置会社は，原則的に監査役を置かなければならない→会327Ⅱ）。監査役は，取締役（会計参与設置会社にあっては取締役および会計参与）の職務執行を監査する株式会社の機関である。

> 監査役は，各自が会社の機関を構成し，数人の監査役がある場合でも，その各々が単独で監査役の職務権限を有する（独任制）。監査役は，会計監査のみならず業務監査の権限を有する（原則）。

2. 地 位

監査役は，株主総会で選任する（会329Ⅰ）。その選任決議は普通決議の方法に

よるが（会341），累積投票の方法は認められない。取締役は，監査役の選任に関する議案を提出するには，監査役の同意を得なければならず（会343Ⅰ：東京地判平成24・9・11金判1404・52百選A28は，監査役の同意を欠くことが株主総会における選任決議の取消事由に該当するとしつつも，諸事情を考慮して，裁量により棄却した事例である），監査役は独自に議案を提出することを請求できる（同Ⅱ。監査役会設置会社においては監査役会－同Ⅲ）。監査役は株主総会において監査役の選任または解任について意見を述べることができる（会345Ⅳ）。なお，補欠監査役の制度がある（会329Ⅱ）。

（1）　監査役の資格

監査役であるための積極的資格については，取締役と同様，格別の制限はなく，公開会社でない会社を除き，定款によっても株主に限ることは許されず，取締役と同様の欠格事由が監査役についても定められている（会335Ⅰ）。また，監査役は会社または子会社の取締役または支配人その他の使用人または当該子会社の会計参与もしくは執行役を兼ねることができないが（同Ⅱ），この兼任禁止は，業務執行機関からの独立の趣旨を明確化した規定である。監査する者と監査される者とが同一人であっては，監査が無意味となるからである。

> なお，最判昭和61・2・18民集40・1・32百選74は，監査役の兼任禁止の規定は，弁護士の資格を有する監査役が特定の訴訟事件につき会社から委任を受けてその訴訟代理人となることまでを禁止するものではないと判示した。

（2）　員数および任期

監査役会設置会社においては，監査役は3人以上で，そのうち半数以上は，社外監査役でなければならないが（会335Ⅲ），それ以外の会社では，監査役の員数に制限はなく，1人でも差し支えない。監査役の任期は，選任後4年以内に終了する事業年度のうち最終のものに関する定時総会の終結の時までであるが（会336Ⅰ），公開会社でない株式会社においては，定款によって10年まで伸張することができる（同Ⅱ）。

> ただ任期の満了前に退任した監査役の補欠として選任された監査役の任期だけは，定款をもって退任者の任期の満了すべき時まで（残任期間）と定めることが

できる（同Ⅲ）。なお，監査役を廃止し，委員会を置き，会計監査に限定していた業務範囲を広げ，または株式譲渡制限を廃止する定款変更をした場合には，監査役の任期は満了する（同Ⅳ）。

（3）終　任

監査役は，死亡や辞任によって退任する（なお，欠員の場合の措置－会346）。監査役は，株主総会でいつでも解任することができるが（会339Ⅰ），必ず特別決議によらなければならない（会309Ⅱ⑦）。

　なお，監査役は，株主総会において，解任または辞任について意見を述べることができる（会345Ⅳ）。また，監査役は解任の訴えの被告になりうる（会854・855）。

3.　職務および権限

（1）総　説

監査役は取締役（および会計参与）の職務の執行を監査する機関であるから（会381Ⅰ），その職務権限は会計の監査に限らず，業務全般の監査に及ぶ。

　法文上，取締役の「業務執行」ではなく「職務の執行」の監査とするのは，会社の日常的な業務のみならず，募集株式発行のような会社の組織に関する事項も含め，取締役が職務上行う行為をすべて監査役の監査の対象とする趣旨である。

!! 適法性監査と妥当性監査

　監査役の監査は適法性監査に限られ，妥当性監査には及ばないと解するのが多数説である。もっとも，監査役は，著しく不当な取締役の職務執行については，取締役や株主総会への報告義務があるため（会382・384），監査役としては監査の対象から妥当性を判断するシーンがなくなるわけではない。監査役は取締役の善管注意義務違反の有無を監査する以上，監査役に妥当性監査の権限を認める少数説との差は少ない。

　　なお，監査等委員会設置会社・指名委員会等設置会社では，監査役で
　はなく，取締役たる監査委員が業務監査を行うが，この場合，適法性監
　査と妥当性監査の両方を行うことについては，異論がない。

（2）　個別的権限

　監査役の監査権の実効性を確保するために，次のような多数の権限が監査役に
与えられている。監査役は，いつでも取締役および会計参与ならびに支配人その
他の使用人に対して事業の報告を求め，または監査役設置会社の業務および財産
の状況を調査することができる（会381Ⅱ）。この支配人その他の使用人に対する
事業報告請求権は昭和56年（1981年）の改正によって明定された。他方，取締役
は会社に著しい損害を及ぼすおそれのある事実を発見したときは，ただちに監査
役（監査役会設置会社では監査役会）に報告しなければならない（会357）。これ
は監査役が与えられた諸権限を行使し，適切な職務の遂行をなしうるよう設けら
れた制度である。

　　監査役は職務を行うため必要があるときは，監査役設置会社の子会社に対して
　事業の報告を求め，またはその子会社の業務および財産の状況を調査することが
　できる（会381Ⅲ）。この権限は，子会社を利用した不正経理等をチェックするた
　めに認められている。ただし，子会社は正当な理由があればこの報告または調査
　を拒否できる（会381Ⅳ）。

　監査役は取締役会に出席し，必要があるときは意見を述べなければならない
（会383Ⅰ）。監査役が取締役の業務執行を知り，かつ取締役会において違法，ま
たは不当な決議がなされるのを防止するためである。さらに，取締役が不正の行
為をし，もしくは当該行為をするおそれがあると認められるとき，または法令も
しくは定款に違反する事実もしくは著しく不当な事実があるときは，遅滞なく，
その旨を取締役（取締役会設置会社においては取締役会）に報告しなければなら
ず（会382），そのため必要があれば取締役会の招集を求め（会383Ⅱ），あるいは
自ら招集することができる（同Ⅲ）。これにより監査役は，取締役の違法行為を
是正するため，取締役会の監督権限の発動を促すことができる。また，監査役は，

取締役が総会に提出しようとする議案，書類その他法務省令（会施規106）で定めるものを調査し，法令・定款に違反しまたは著しく不当な事項があると認めるときは，その調査の結果を総会に報告しなければならない（会384）。

監査役は，取締役の目的範囲外の行為その他法令・定款違反の行為をし，またはこれらの行為をするおそれがある場合において，当該行為により会社に著しい損害を生じるおそれがある場合には，当該取締役に対し，その行為の差止を請求することができる（会385Ⅰ）。

> このような権利は株主に認められているが（会360），株主と異なり，裁判所に差止の仮処分を申請する際に担保をたてる必要はない（会385Ⅱ）。株主の違法行為差止請求権（会360）とは行使要件も異なる。

監査役設置会社が取締役に対し，または取締役が監査役設置会社に対し訴えを提起する場合，その訴えについては監査役が会社を代表する（会386）。このほか，監査役には，各種の提訴権・申立権（会511Ⅰ・828Ⅱ・831Ⅰ）が認められる。

> さらに，取締役の責任を一部免除する場合，監査役全員の同意が必要とされる（会425Ⅲ①，426Ⅱ，427Ⅲ）。また，株主代表訴訟等において，会社が被告側に補助参加するとき，和解をするときに，監査役全員の同意が必要である（会849Ⅲ①，849の2①）。

（3）　監査報告

監査役による監査の結果は，期末後に作成される監査報告に示される（会381Ⅰ）。監査報告に記載すべき事項は，法務省令に定められる（会施規105。なお，会計監査に限定される監査役については，同107。監査報告の内容について，会計規150）。なお，計算書類等の監査結果も含まれる（会436Ⅰ）。

4.　監査役の会社との関係

取締役と同様，監査役と会社の関係には委任の規定が適用されるから，監査役はその職務を行うにあたっては善良な管理者の注意義務を負う（会330，民644）が，それ以上の規定はない。

　　監査役は業務執行には当たらず，会社と利益衝突するおそれがないので，取締役の忠実義務は準用されず，競業避止義務や利益相反取引の制限はない。また，監査役に対する株主による違法行為差止請求もない。

　監査役の報酬は取締役とは別個に定めなければならない（会387Ⅰ）。監査役が複数いる場合で，総額が定められたときは各自の報酬は監査役の協議で決定する（同Ⅱ）。協議とは，監査役全員の同意によって決定することである。また，監査役には株主総会における監査役の報酬についての意見陳述権が認められている（同Ⅲ）。また，監査役が職務の執行につき費用の前払いをしたとき，支出した費用および利息の償還を請求したときなどにおいて，監査役設置会社はその費用などが職務の執行に必要でないことを証明しなければ，その支払いを拒むことができない（会388）。

　　費用の必要性についての立証責任の転換を図ることによって，監査役の費用支払請求をより容易なものにし，その地位の安定強化に資するものとなっている。

5. 監査役の責任

（1）　会社に対する責任

　監査役がその任務を怠ったときは，会社に対し連帯して損害賠償の責任を負う（会423Ⅰ）。この責任は総株主の同意がある場合にのみ免除できる（会424）。取締役等の役員等と同様の責任の一部免除および責任免除契約が認められる（会425～427）。監査役設置会社に対する監査役の責任の追及については，株主の代表訴訟が認められる（会847以下）。

（2）　第三者に対する責任

　監査役がその職務を行うについて悪意または重過失があったときは，第三者に対しても連帯して損害賠償責任を負う（会429Ⅰ）。放漫経営や不正経理による企業倒産等の場合に，監査役も取締役と並んで第三者に対する責任を問われることが多い。

　　監査役の業務監査のための権限が強化されるのに応じて，その責任も厳格なも

のとなろう。また，監査報告に記載すべき重要事項について虚偽の記載をしたときは，監査役が無過失を立証できない限り，それによって損害を被った第三者に対して責任を負う（同Ⅱ③）。

（3） 他の役員等との連帯責任

監査役が会社または第三者に対して損害賠償の責任を負う場合に，他の役員等もまたその責任を負うときは，その監査役・他の役員等は連帯債務者となる（会430）。

6. 監査役会

前述のように，大会社においては監査役会を置かなければならない（会328）。これは，監査の独立性を高めるとともに，組織的監査により監査の実効性を確保することをねらったものである。

監査役会は，次の職務を行う。（Ⅰ）監査報告の作成（会計規151）。（Ⅱ）常勤の監査役の選定および解職。（Ⅲ）監査の方針，会社の業務および財産の状況の調査の方法その他の監査役の職務の執行に関する事項の決定。

これは，監査役の独立性を高めると同時に，独任制の監査役では大会社において規模が大きく複雑であり限界があるため，複数の監査役による組織監査を認めて監査役監査の実効性を確保することをねらったものであるが，監査役の独任制の長所を維持するため，個々の監査役による権限行使も妨げられないよう配慮されている（会390Ⅱ本文但書）。

監査役は，監査役会の求めがあるときは，いつでもその職務の執行の状況を監査役会に報告しなければならない（会390Ⅳ）。

監査役会の運営であるが，（Ⅰ）招集手続および議事録については，取締役会の規定と同様である（会391・392・393Ⅱ〔会施規109〕Ⅲ・394。各監査役が常に監査役会招集権を有する点が異なる）。（Ⅱ）決議要件は，監査役の過半数が原則とされ（会393Ⅰ），会計監査役の解任だけが全員一致である（会340ⅡⅣ）。なお，（Ⅲ）監査役会の決議に参加した監査役であって議事録に異議をとどめないものは，

その決議に賛成したものと推定される（会393Ⅳ）。

Ⅲ　会計監査人

1.　会計監査人の地位

（1）　資　格

高度に専門化・複雑化した会計監査を担う会計監査人には専門的職能が要求され，法は会計監査人の資格を公認会計士または監査法人に限っている（会337Ⅰ）。また，監査の公正を期するため，「著しい利害関係」のある者など，会計監査人の欠格事由が定められている（会337Ⅲ）。

（2）　任　期

会計監査人の任期は，就任後1年以内の最終の決算期に関する定時株主総会の終結のときまでであるが，その地位の安定を図るため，その総会で別段の決議がなされなかったときは，再任されたものとみなされる（会338ⅠⅡ）。

（3）　選任手続

会計監査人の選任は，株主総会決議による（会329Ⅰ）。監査役（会）はその決議をもって会計監査人の選任ならびにその選任に関する議案の内容を決定する（会344ⅠⅡⅢ）。

（4）　終　任

会計監査人の解任は，その任期中いつでも，株主総会の決議によってすることができるが（会339Ⅰ。原則として普通決議でよい−309Ⅱ⑦），監査役（会）は会計監査人の解任（および不再任）の議案を株主総会に提出する（会344ⅠⅡⅢ）。一定の場合には，監査役全員の同意（監査役会の決議）でも解任することができるが，その場合には，監査役は，その旨および解任の理由を，解任後最初に招集される株主総会に報告しなければならない（会340Ⅰ～Ⅳ。監査等委員会設置会社・指名委員会等設置会社について，同ⅤⅥ）。

　株主総会による解任の場合には，解任に正当事由がある場合を除いて，解任された会計監査人は会社に対し損害賠償を請求できるが（会339Ⅱ），監査役（会）

　による解任の場合には，損害賠償請求は認められない。

　さらに，会計監査人は，自己もしくは他の会計監査人の選任，不再任または解任について，株主総会に出席して意見を述べることができる（会345ⅠⅤ）。会計監査人に欠員が生じた場合に，遅滞なく会計監査人が選任されないときは，監査役または監査役会がその決議をもって仮会計監査人を選任する（会346ⅣⅥ）。

（5）　会社との関係

　株式会社と会計監査人との関係は，委任関係である（会330）。こうして，会社法の下では，会計監査人は，株式会社の機関であるといえる。したがって，責任追及の訴えの被告になりうる。

2.　会計監査人の職務と権限

　会計監査人は，株式会社の計算書類およびその附属明細書ならびに連結計算書類の監査を職務とする。この場合において，会計監査人は，法務省令（会施規110，会計規154）で定めるところにより，会計監査報告を作成しなければならない（会396Ⅰ：会計監査人設置会社の監査役・監査役会の監査報告の内容は，非設置会社のそれとは若干異なる→会計規155・156）。そのために，いつでも会社の会計帳簿・書類を閲覧・謄写し，また，取締役および支配人その他の使用人に対し会計に関する報告を求め，職務執行のため必要があれば，会社の業務・財産状況を調査することができ，さらに子会社調査権も有する（同Ⅱ～Ⅳ）。

　職務遂行の際，取締役の職務執行に関し不正行為または法令・定款違反の重大事実を発見したときは，それを監査役（会）に報告しなければならない（会397ⅠⅢ。監査等委員会設置会社・指名委員会等設置会社については，同ⅣⅤ）。

　計算書類および附属明細書の適法性に関し，監査役会または監査役設置会社にあっては監査役（会）と意見が異なるときは，会計監査人は定時株主総会で意見を述べることができる（会398ⅠⅢ。監査等委員会設置会社・指名委員会等設置会社については，同ⅣⅤ）。定時株主総会において会計監査人の出席を求める決議があったときは，会計監査人は，定時株主総会に出席して意見を述べなければならない（会398Ⅱ）。

取締役が会計監査人の報酬等を定める場合には，監査役（監査役会・監査委員会）の同意を得なければならない（会399）。

3. 会計監査人の責任

会計監査人は会社に対しては，任務違反により会社に損害が生じたときは，損害賠償の責任を負う（会423 I：会計監査人の責任を認めた事例として，大阪地判平成20・4・18判時2007・104百選75参照）。会社がこの責任を追及しないときは，株主は代表訴訟を提起できる（会847〜853）。この責任の免除，一部免除，責任限定契約について，取締役等と同様の規定が設けられている（会424〜427）。第三者に対しては，その職務を行うについて悪意または重大な過失があったとき，または重要な事項につき監査報告に虚偽の記載または記録をし，その職務執行につき注意を怠らなかったことを証明しないときは，損害賠償の責任を負う（会429 II・430）。

第7節　監査等委員会設置会社に関する特例

I 定　義

2014年（平成26年）改正法は，従来型の監査役（会）設置会社と2002年（平成14年）導入の委員会等設置会社（改正後は指名委員会等設置会社）の中間型として，監査等委員会設置会社制度を採用した。

これは主として従来型の大規模公開会社の経営効率を高めるために，監査役（会）を廃止し，独立性の高い社外取締役を複数取締役会内において経営の評価や経営者の人事に対する発言力を確保する（モニタリング・モデル）とともに，取締役の人事や報酬等に関する経営者の裁量の余地を認めることによって，実効性のあるコーポレート・ガバナンスを確保しようとするものであり，もちろん，従来型からの転換を狙いとしている。同改正法施行直後から多数の従来型の会社が実際に転換した。

Ⅱ 監査等委員会

1. 総 説

監査等委員会は，取締役の職務執行の監査等を行う機関であり，従来型の監査役（会）に相当するが，その構成（監査等委員）は取締役であるから（会339の2ⅠⅡ），取締役会の構成員でもある。後述のように，指名委員会等設置会社の監査委員会より独立性が高い。

2. 監査等委員

（1）選任・解任

監査等委員会設置会社では，取締役の選任は，監査等委員である取締役とそれ以外の取締役と区別してしなければならない（会329Ⅱ。なお登記について会911Ⅲ⑱）。取締役は，監査等委員である取締役の選任議案を総会に提出するには，監査等委員会の同意を得なければならない（会344の2Ⅰ）。また，監査等委員会は，取締役に対し，監査等委員である取締役の選任を総会の目的とすること，または監査等委員である取締役の選任議案を総会に提出することを請求することができる（同Ⅱ）。さらに，監査等委員である取締役は，株主総会において，監査等委員である取締役の選任もしくは解任または辞任について意見を述べることができる（会342の2Ⅰ）。監査等委員である取締役を辞任した者は，辞任後最初の総会に出席して，辞任したことと理由を述べることができる（同Ⅱ）。また，監査等委員会が選定する監査等委員は，株主総会において，監査等委員以外の取締役の選任もしくは解任または辞任について，監査等委員会の意見を述べることができる（同Ⅳ）。

> 監査等委員である取締役の解任は，株主総会の特別決議によるから（会344の2Ⅲ・309Ⅱ⑦），指名委員会等設置会社の監査委員の解任よりハードルが高い。

（2）資 格

監査等委員である取締役は，監査の第三者性と独立性確保のため，会社もしくはその子会社の業務執行取締役もしくは支配人その他の使用人又は当該子会社の会計参与もしくは執行役を兼ねることができない（会331Ⅲ）。

（3）員　数

　監査等委員である取締役は，3人以上でかつその過半数は社外取締役でなければならない（会331Ⅵ）。

（4）任　期

　監査等委員会設置会社では，監査等委員である取締役の任期は選任後2年以内に終了する事業年度のうち最終のものに関する定時総会の終結までであり，短縮することができない（会332Ⅰ本文・Ⅳ）。

3.　構　成

　監査等委員会は，すべての監査等委員で組織する（会399の2Ⅰ）。監査等委員は，3人以上の取締役であり，かつその過半数は社外取締役でなければならない（同Ⅱ・331Ⅵ）。社外取締役は，監査役（会）設置会社の社外監査役の資格要件と同じである（会2⑮）。ただし，監査役会のような常勤者の制度はない。

4.　権　限

（1）総　説

　監査等委員会は，①取締役の職務執行の監査および監査報告の作成（会施規130の2），②株主総会に提出する会計監査人の選任および解任ならびに不再任議案の内容の決定，③監査等委員以外の取締役の選任等（会342の2Ⅳ）および報酬等（会361Ⅵ）に関する監査等委員会の意思の決定を行う（会399の2Ⅲ）。

（2）調査権限等

　監査等員会が選定する監査等委員は，報告請求権，会社業務・財産状況調査権限を有する（会399の3Ⅰ）。子会社への報告請求または業務・財産の調査権限を有する（同Ⅱ，ただしⅢ）。監査等委員は，報告の徴収または調査に関する事項について，監査等委員会の決議に従う（同Ⅳ）ので，監査等委員の調査権限等は，監査等委員会の主導の下に行使される。

（3）取締役会への報告

　監査等委員は，取締役の不正の行為（そのおそれ），法令・定款違反事実または著しく不当な事実あるときは，遅滞なく取締役会に報告しなければならない（会399の4）。

（4）株主総会への報告

取締役の株主総会への提出議案その他について法令・定款違反または著しい不当な事項があるときは，株主総会に報告しなければならない（会399の5）。

（5）取締役の行為の差止め

監査等委員には監査役と同じような違法行為差止請求権が認められる（会399の6ⅠⅡ）。

（6）会社と取締役の間の訴訟における会社代表

　　ア　会社と取締役（取締役であったものを含む）との間の訴訟に関して，①監査等委員が当該訴訟の当事者であるときは取締役会が定める者（株主総会が定めたときはその者），②それ以外の場合は監査等委員会が選定する監査等委員が会社を代表する（会399の7ⅠⅡ）。

　　イ　株式交換等完全子会社の取締役等に対する責任，および最終完全親会社の完全子会社の取締役等に対する特定責任を追及する訴えを提起する場合，監査等委員会が選定する監査等委員が会社を代表する（会399の7Ⅲ）。

　　ウ　提訴を請求する場合も監査等委員会が選定する監査等委員が会社を代表する（会399の7Ⅳ）。

　　エ　会社がその取締役（完全子会社の取締役等を含む）の責任追及のため株主から提訴請求を受ける場合，監査等委員が会社を代表する（会399の7Ⅴ）。

（7）取締役の責任の免除等に関する同意

会社の取締役の責任の一部免除を行う場合，およびその責任追及訴訟において被告側に補助参加するには，各監査等委員の同意を要する（会425Ⅲ②・426Ⅱ・427Ⅲ・849Ⅲ②）。

5．運　営

（1）招　集

監査等委員会は，各監査等委員が招集する（会399の8）。監査等委員は委員会の日の1週間（定款で短縮可）前までに各監査等委員に通知を発する（会399の9ⅠⅡⅢ）。

（2）決議と議事録

　監査等委員会の決議は，議決に加わることできる監査等委員の過半数が出席し，その過半数をもって行う（会399の10ⅠⅡ）。

　委員会の議事については議事録を作成し，出席委員の署名等をする（会399の10Ⅲ）。議事録は10年間備置し（会399の11Ⅰ），株主・債権者は裁判所の許可を得て閲覧・謄写できる（会399の11ⅡⅢⅣ）。

6. 報酬等および費用負担

　これらについては監査役に準じた取扱いがされる（会361ⅡⅢⅤⅥ・399の2Ⅳ）。

Ⅲ　取締役会

1. 権　限

　監査等委員会設置会社の取締役会は，業務執行の決定（会399の13Ⅰ①。なお④⑤⑥により決定事項を限定し，その他の事項を取締役会議（過半数の取締役が社外取締役である場合）または定款で特定の取締役に決定を委任することができる），取締役の職務執行の監督（同Ⅰ②）ならびに代表取締役の選定・解職権限を有する（同Ⅰ③）。

2. 招　集

　取締役会は，招集権者の定めがある場合であっても，監査等委員会が選定する監査等委員が招集することができる（会399の14）。

第8節　指名委員会等設置会社に関する特例

Ⅰ　定　義

　指名委員会等設置会社は，指名委員会，監査委員会および報酬委員会（以下「委員会」という）を置く株式会社をいう（会2⑫）。委員会を置くためには定款の定めが必要である（会326Ⅱ）。

　その会社の仕組みはおよそ次のとおりである。すなわち，その会社では，取締

役会の構成，権限等については基本的には従来どおりであるが，監査役が置かれ
ず，その代わりに，それぞれ取締役3人以上（それぞれ過半数は社外取締役でな
ければならない）で構成される指名委員会，監査委員会および報酬委員会が置か
れる。この会社では，このほか，取締役会により選任される執行役および代表執
行役が置かれ，取締役会から委任を受けた事項の決定および会社の業務執行を行
うというものである。

指名委員会等設置会社は，基本的にアメリカ型の機関制度を採用することを是
認しようとするものである（モニタリング・モデル）。この制度のもとでは，取締
役会からの執行役に対する業務執行の決定権限の大幅な委任を認めて迅速な決定
をすることを可能にするとともに，取締役会による業務執行に対する監督機能を
大幅に強化するために，先の3つの各委員会が置かれる。また指名委員会等設置
会社においては，取締役の任期が1年とされるとともに（会332Ⅲ），剰余金の分
配権限を取締役会に与えることができる。

Ⅱ　機関の設置に関する特例

　指名委員会等設置会社には，指名委員会，監査委員会および報酬委員会（以下
「各委員会」という）ならびに執行役を置かなければならない（会2⑫）。指名委
員会等設置会社では，指名，監査および報酬の3つの委員会が必置のものとされ
る。そのいずれか1つまたは2つのみを採用することは許容されない。また，執
行役を置くことは各委員会を設けることとセットになっており，執行役を置かな
いで取締役に業務執行を担当させることはできない。また，指名委員会等設置会
社には，監査役を置くことができない（会327Ⅳ）。業務執行の監査または監督は，
監査委員会または取締役（会）によってなされるからである。

　各委員会は会議体である以上，3名以上の取締役で構成され，しかも取締役の
過半数は社外取締役でなければならず，別に執行役を置き，業務執行の実務をや
らせ，いわば執行と監督が分離しているので，監査役は要らない，という機関設
計がなされている。

Ⅲ　取締役会および取締役に関する特例

1．取締役会の権限

　取締役会は，次に掲げるａからｅの事項その他指名委員会等設置会社の業務執行を決定し，取締役および執行役等の職務の執行を監督する（会416ⅠⅡ）。取締役会で決定しなければならない事項を列挙して，それ以外は執行役に決定させることができるものとされている（同Ⅳ）。また，監督については，その対象は取締役のみならず執行役の職務の執行も含む。

    ａ　経営の基本方針

    ｂ　監査委員会の職務の遂行のために必要なものとして法務省令（会施規110の4Ⅰ）で定める事項

    ｃ　執行役が数人ある場合における執行役の職務の分掌および指揮命令関係その他の執行役の相互の関係に関する事項

    ｄ　執行役による取締役会の招集の請求を受ける取締役

    ｅ　内部統制システム（会施規110の4Ⅱ参照）

　取締役会は，指名委員会等設置会社の上記の職務の執行を，取締役に委任することができない（会416Ⅲ）。この規定は，取締役が業務の執行をすることができない旨の規定（会415）とあわせて，取締役の地位と執行役の地位を明確に区別するものである。

　取締役会は，次に掲げる事項等を除き，指名委員会等設置会社の業務を，執行役に決定させることができる（会416Ⅳ）。

---

①　譲渡制限株式の譲渡承認等に関する事項

②　自己株式の取得に関する事項

③　新株予約権の譲渡承認に関する事項

④　株主総会の招集の決定

⑤　株主総会に提出する議案の内容の決定

⑥　競業および自己取引の承認

⑦　取締役会の招集権者の決定

⑧　各委員会の委員の決定と解職

⑨　執行役の選任と解任

⑩　指名委員会等設置会社と監査委員との間に訴えにおける会社代表者の決定

⑪　代表執行役の選定と解職

⑫　取締役等の責任免除

⑬　計算書類および事業報告書ならびにこれらの附属明細書の承認，臨時計算書類の承認，連結計算書類の承認

⑭　中間配当の決定

⑮　事業譲渡等の契約の内容の決定

⑯　合併契約の内容の決定

⑰　吸収分割契約の内容の決定

⑱　新設分割計画の内容の決定

⑲　株式交換契約の内容の決定

⑳　株式移転計画の内容の決定

2. 取締役の任期および権限

　取締役の任期は，就任後1年以内の最終の決算期に関する定時総会の終結の時までである（会332Ⅲ）。なお，執行役の任期も1年とされる（会402Ⅶ）。取締役は，委員会設置会社の業務を執行することができない（会415）。したがって，いわゆる業務担当取締役（専務取締役，常務取締役）や使用人兼務取締役等は許容されない。

Ⅳ　各委員会

1. 各委員会の権限および組織等

　各委員会の権限は，次のとおりである（会404）。

①　指名委員会　　株主総会に提出する取締役の選任および解任に関する議案の内容の決定

②　監査委員会　　執行役等（執行役および取締役をいい，会計参与設置会社においては会計参与を含む）の職務の執行の監査および監査報告の作成，株主総会に提出する会計監査人の選任および解任ならびに会計監査人を再任し

ないことに関する議案の内容の決定

　　監査委員会の権限としては，取締役および執行役の職務の執行の適法性の
みならず，その妥当性にも及ぶと解される。

③　**報酬委員会**　　執行役等の個人別の報酬等の内容の決定（使用人兼務執行
　役の使用人分も同様）

取締役および執行役の報酬は，株主総会に提案されることなく，報酬委員会で
決められる。報酬の決定方法については別に規定されている。

　各委員会は，それぞれ取締役3人以上で組織するものとされている（会400Ⅰ）。
ただし，各委員会につき，その過半数は，社外取締役でなければならない（同Ⅲ）。
したがって，社外取締役2人を含む3人の取締役がいれば，取締役会および各委
員会を組織することができる。

　　監査委員会の委員は，指名委員会等設置会社もしくはその子会社の執行役も
　しくは業務執行取締役または指名委員会等設置会社の子会社の会計参与もしくは支
　配人その他の使用人または当該子会社の業務を執行する取締役を兼ねることがで
　きない（会400Ⅳ）。監査する者と「監査される者」とが同一の者になるからである。
　　各委員会の委員は，取締役の中から，取締役会の決議により選定する（会400Ⅱ）。
　この決定を執行役に委ねることはできない。

2.　委員会の運営等

　執行役等は，委員会の要求があったときは，当該委員会に出席し，当該委員会
の求めた事項について説明をしなければならない（会411Ⅲ）。招集権者の定めがあ
る場合であっても，委員会がその委員の中から選定した者は，取締役会を招集す
ることができる（会417Ⅰ）。招集権者に招集の請求をすることなく直接に取締役会
を招集できるところに意味がある。委員会がその委員の中から選定する者は，当
該委員会の職務の執行の状況を，取締役会に，遅滞なく報告しなければならない
（会417Ⅲ）。取締役会と各委員会の連携を緊密にするため，この規定が設けられた。

　　各委員会の運営について，所要の規定が置かれている（会410～414）。基本的に
　は取締役会の規定に準じて定められる。各委員会の議事録については，法務省令
　に規定がある（会施規111）。

---

3. 監査委員会による監査の方法等

監査委員は，執行役または取締役の不正行為，法令・定款違反の場合の取締役会への報告義務を負い（会406），執行役または取締役の違法行為等の差止請求権を有し（会407），監査委員会が選定する監査委員は，取締役等に対する報告聴取権または会社の業務財産調査権および子会社調査権を有する（会405）。

> 個々の委員（取締役）の権限と監査委員会が選定する委員（取締役）の権限とが区別され，後者すなわち監査委員会による組織的な監査に重点が置かれている。取締役・執行役と指名委員会等設置会社間の訴えについて，会社法386条と同様の規定が置かれている（会408）。

4. 報酬委員会による報酬の決定の方法等

報酬委員会は，執行役等の個人別の報酬等の内容に係る決定に関する方針を定めなければならず（会409Ⅰ），報酬決定の権限を行使するにはこの方針によらなければならない（同Ⅱ）。報酬委員会は，執行役等が受ける個人別の報酬の内容について，次の①から⑥までに掲げる事項を決定しなければならない（会409Ⅲ，令和元年（2019年）改正）。

① 額が確定しているもの　　個人別の額
② 額が確定していないもの　　個人別の具体的な算定方法
③ 当該会社の募集株式　　その数等
④ 当該会社の募集新株予約権　　その数等
⑤ 当該会社の募集株式または新株予約権と引換えにする払込みに充てるための金銭　　執行役等が引き受けるそれらの数等
⑥ 金銭でないもの　　個人別の具体的な内容

Ⅴ 執行役および代表執行役

1. 執行役の職務

執行役の職務は，次に掲げるとおりである（会418）。

（1）　取締役会から委任を受けた事項の決定

執行役の業務執行の決定権限の範囲は，法律で取締役会自体が決定するものと定められた事項以外の事項の中で，取締役会から委任を受けた事項（会416Ⅳ）に限られる。

具体的に次の事項は，執行役に決定させることができる。すなわち，自己株式の処分の決定，子会社からの自己株式の買受，自己株式の消却，所在不明株主の株式売却，株式の分割，株式分割の場合に会社の発行する株式の総数を分割の割合に応じて増加させる旨の定款の変更，書面投票の許容，電磁的方法による議決権行使，準備金の資本組入，募集株式の発行，新株予約権の発行，社債の発行等である。

（2）　業務の執行

業務執行権限は執行役に専属している。執行役はすべて業務執行権を有するが（その役割の分掌が定められることがある），当然に代表権を有するものではなく，それを有するのは代表執行役に限られる。

2.　執行役の選任等

指名委員会等設置会社には，1人以上の執行役を置く（会402Ⅰ）。執行役の選任および解任は，取締役会の決議をもって行う（同Ⅱ・403Ⅰ）。執行役の資格等について取締役の規定が準用される（会402Ⅳ）。公開会社を除き，執行役は株主に限ることができない（同Ⅴ）。執行役の任期は，就任後1年以内の最終の決算期に関する定時総会が終結した後最初に開催される取締役会の終結の時までとする（会402Ⅶ）。取締役は，執行役を兼ねることができる（同Ⅵ）。

執行役と取締役の兼任については，業務執行と監督との分離を徹底すべきとの観点から禁止すべきとの意見もあるが，アメリカでもそこまで両者の分離を徹底しておらず，その意見は採用されていない。

3.　執行役の義務等

指名委員会等設置会社と執行役との関係は，委任関係である（会402Ⅲ）。執行

役は株主総会において説明義務を負う（会314）。執行役の監査委員に対する報告義務（会419 I），取締役会の招集請求権（会417 II）等について所要の規定が設けられている。執行役は，任務を怠ったときは会社に対し損害賠償責任を負う（会423）。第三者に対しても損害賠償責任を負う場合がある（会429）。株主は執行役に対し，代表訴訟提起権（会847 III）および違法行為差止請求権（会423）を有する。

4. 代表執行役

　指名委員会等設置会社は，取締役会の決議をもって，指名委員会等設置会社を代表すべき執行役（以下「代表執行役」という）を選定しなければならない（会420 I）。会社代表権は，会社の業務執行権の対外的側面であるから，執行役の中から会社代表権を有する者が定められることになる。それは1人でも複数人でもよい。その者が行った行為の効果は会社に帰属する。執行役について，表見代表取締役に相当する規定を置く（会421）。

Ⅵ　登　記

　指名委員会等設置会社については，その旨および社外取締役，各委員会を組織する取締役の氏名，執行役の氏名，代表執行役の氏名および住所について登記しなければならない（会911 III㉓）。

第9節　募集株式の発行等

Ⅰ　企業資金の調達

　株式会社の資金調達の形態は，資金の源泉を会社の外部に求めるか内部に求めるかによって，外部金融と内部金融（自己金融）に分けることができる。外部金融には，金融機関等からの借入金と有価証券の発行による資本市場を通じての資金調達，つまり株式と社債がある。内部金融としては，準備金，減価償却，引当金がある。

　わが国の会社の需要資金は，昭和の初期には株式と社債によって大部分がまかなわれてきたが，戦後は株式，社債による資金調達の割合は1割を切り，銀行借入金の割合が著しく高いものとなっていた。しかし，昭和50年代に入って再び株式と社債の比率が上昇し，自己金融の比率は高まっている。いわゆるバブル期には，株式や転換社債などエクイティ・ファイナンス（新株発行を伴う資金調達）が活発に行われた。最近では，外国人を含む機関投資家の日本企業への投資割合が増えその投資行動が，企業の資本戦略においても重要となっている（「スチュワードシップ・コード」参照）。

‼ スチュワードシップ・コード

　平成25年（2013年）の政府の「日本再興戦略」に基づき，機関投資家が企業の中長期的な成長を促すなど，受託者責任を果たすための原則について検討されて策定された，日本版スチュワードシップ・コード「『責任ある機関投資家』の諸原則」（平成26年（2014年），平成29年（2017年）改訂）は，「コンプライ・オア・エクスプレイン」（遵守せよ，さもなくば説明せよ）の手法と「プリンシプルベース・アプローチ」（原則主義）を採用し，機関投資家に本原則の受入れを迫っているが，契約関係や組織によるエンフォースメント（強制）がなく純粋な自己拘束によっているため，規範性のある自治規則とはいい難いが，会社の経営者にとって無視できない存在となっている機関投資家によるコーポレート・ガバナンス強化に貢献すると思われる。

Ⅱ　募集株式の発行等

1.　はじめに

　昭和25年（1950年）商法改正により，授権資本制度が採用され，取締役会の決議だけで新株を発行できるようになった。すなわち，定款には資本の総額の代わりに発行可能株式総数を掲げ，公開会社においては，設立の際にその4分の1が

発行してあればよく（会37ⅠⅢ），発行可能株式総数から会社が発行する株式の総数を差し引いた残部については，定款の変更と関係なく，取締役会の決議によって随時に新株を発行することができる（会201・199）。

> なお，会社の設立の際，定款には，設立時の株数ではなく出資財産額または最低額が記載され，発行可能株式総数は，後日，定款に追加可能である（会37・98）。

発行可能株式総数と設立に際して発行する株式数との関係，すなわち後者は前者の4分の1以上でなければならないという関係（会社法では，公開会社以外にはこの制約はない－会37Ⅲ）は，成立後においても維持され，定款変更により発行可能株式総数を増加させる場合も，それは発行済株式総数の4倍を超えることができないものとされる（会113Ⅲ）。これは，授権資本制度のもとで新株の発行権限が取締役会に与えられるが，株主保護を考えてその限度を発行済株式総数の4倍を超えないものとする趣旨である。

> 株式会社は，定款を変更して発行可能株式総数についての定めを廃止することはできず，減少させる場合には，変更後の発行可能株式総数が，当該定款変更の効力が生じた時における発行済株式総数を下ることはできない（会113ⅠⅡ）。
> 新株発行の場合も設立の場合と同様に，発行予定株式数の全部について引受・払込がなくても，引受・払込のあった限度で新株発行の効力が生じる（会36Ⅲ・63Ⅲ・208Ⅴ：打切り発行）。授権資本制度に加えてこの方法が採られているので，新株発行による資金の調達は，著しく便利となっている。

2. 募集株式発行等の意義

募集株式の発行等とは，いわゆる新株発行のほか，自己株式の処分を含み，株式会社が設立後，資金調達を目的として発行可能株式総数の範囲内で株式の発行を行うことをいう。

募集株式発行等の態様には，株式引受人を募集する方法を基準として，株主割当，第三者割当，公募がある。株主割当とは，既存の株主に持株数に比例して新株を割り当てる方法をいう（会202）。株主が持株比率の維持に関心がある場合に有効である。第三者割当とは，株主以外の特定の者に新株を割り当てる増資方法をいう。公募とは，株式を引き受ける者を募集し，応募した者の中から株式を割

り当てる者を決定する方法による新株発行をいう。もっとも，会社法においては，第三者割当と公募について，特段の区別をしていない。なお，新株予約権が行使された場合も，原則的に払込により新株が発行され，資金調達がなされる。

　会社成立後の株式の交付は，ほかに内部資金を資本化するために行うものがある。この種の株式の交付は，転換予約権付株式の転換，強制転換条項付株式の転換，株式分割，株式併合，吸収合併，吸収分割，株式交換の場合においてなされる。

---

3. 募集株式発行等の決定

　株式会社が，発行する株式または処分する自己株式を引き受ける者を募集するときは，そのつど，募集株式について，①募集株式の数および種類，②募集株式の払込金額またはその算定方法，③金銭以外の財産を出資の目的とするときは，その旨，ならびに当該財産の内容および価額，④募集株式と引換にする金銭の払込または前号の財産の給付の期日またはその期間，⑤株式を発行するときは，増加する資本金および資本準備金に関する事項，の5つの事項を公開会社においては，取締役会で決定する（会199Ⅰ・201Ⅰ）。授権資本制度により，定款に発行可能株式総数を掲げ，設立の際にその4分の1を発行し（会37ⅠⅢ），残部については取締役会決議によって発行する（本書15頁参照）。非公開会社では株主総会の特別決議で決定するが取締役に委任することもできる（会199Ⅱ・200Ⅰ・309Ⅱ⑤：この場合，募集株式の数の上限および払込金額の下限を株主総会で定めなければならない）。

　募集株式の数については，発行しようとする募集株式の数は，定款所定の発行可能株式総数のうちの未発行株式の範囲内でなければならない。また，払込金額は，募集株式1株と引換に払い込む金銭または給付する金銭以外の財産の額をいうが，払込金額その他の発行条件は，発行ごとに均等に定めなければならない（会199Ⅴ）。

　次に，募集株式の発行等においても現物出資は認められるが，現物出資をなし得る者の資格については，設立の場合（会28）のような制限はない。しかし，不公正な現物出資を防止するために，原則として裁判所が選任する検査役の調査を受けなければならない（会207Ⅰ）。

4．募集株式の有利発行

　株式の発行が株主割当以外の方法によって行われる場合，既存株主の利益保護を考慮する必要がある。そこで会社法は，株主以外の第三者に対して特に有利な払込金額で新株を発行するには，公開会社・非公開会社を問わず，株主総会の特別決議を要求し，その場合，その理由を株主総会で開示しなければならないとしている（会199ⅡⅢ・200Ⅱ・201Ⅰ・309Ⅱ⑤）。

　　特に有利な払込金額とは，公正な払込金額と比較して引受人にとってとくに有利な価額であるが，公正な価額かどうかの判断要素として，通説・判例は時価のほかに新株の消化可能性を重視する（最判昭和50・4・8民集29・4・350百選初版27）。しかし，この結果が株主にとって不利なことはいうまでもない。実務では，時価の10ないし15％低い価額であれば，とくに有利な価額に該当しないとされてきたが，最近はこのディスカウント率は縮小の方向にある。しかし，いかに率が低くても，新株主が利益（旧株主が不利益）を受けることに違いない。そこで，払込金額を株券受渡の日にできるだけ近い日の時価とすることが提唱されている（完全時価発行論）。上場会社では，有価証券届出書の効力発生日の前日の終値に一定率（97％）を乗じた値を発行価額とし，同時に最低発行価額も公告し，計算値が最低発行価額を下回れば公募を中止するという方法（算式表示方式）が利用されている。他方，非上場会社における有利発行について，客観的資料に基づく一応合理的な算定方法によって発行価額が決定されていたといえる場合には，その発行価額は，特別の事情のない限り，とくに有利な発行価額に当たらないと判示した最判平成27・2・19民集69・1・51百選23がある。

　平成13年（2001年）改正法以降は，市場価格のある株式を公正な価額で発行する場合には，取締役会の発行決議では，払込金額の決定方法（ブック・ビルディング方式等）を定めることで足りるとして，払込期日の直前の時価を基準として，払込金額を決定できる（会201Ⅱ）。

‼ 公正な発行価額（払込金額）

　上場会社の募集株式発行等については，時価を基準として発行価額の公正性を判断すべきであるが（東京高判昭和48・7・27判時715・100百選97参照），企業提携の見込みや株式の買集めによって株価が高騰している場合には，時価が企業の客観的価値を反映していないので，これを発行価額算定の基準とすることはできないとする見解がある一方で，高騰した株価を基準とすべきであるとする見解があった。時価を基準とすべきであるとする説は学説の多数を占めるが，その根拠について，①高騰した株価を企業価値と関連づける立場と，②組織的市場で時価が形成されている場合は時価を発行価額の基準とすることが合理的であるとする立場がある。前者では，株価の高騰が企業価値と関係ないときはこれを発行価額算定の基礎から排除することになるが，後者によれば，市場の株価形成機能が損なわれていない限り，株価高騰の原因や長短を問わず時価を基準とすべきことになろう（東京地決平成16・6・1判時1873・159百選22，さらに後掲東京地決平成元・7・25参照）。

　なお，会社法においては，上述のように，発行価額ではなく，払込金額（の下限）またはその算定方法を決議する（会199Ⅰ②・200Ⅰ・201Ⅰ）。

5．募集株式発行等の手続

（1）　株主の募集・株式の申込

　株式会社は，募集株式の引受の申込をしようとする者に対しては，株式会社の商号，募集事項，払込取扱場所等を通知しなくてはならない（会203Ⅰ）。

　募集株式の申込は，株式申込人が株式申込証によって行う（電磁的記録も可）（会203Ⅱ）。

（2）　株式の割当

　申込に対して株式会社は，申込者の中から募集株式の割当を受ける者を定め，かつ，その者に割り当てる募集株式の数を定めなければならない（会204）。株主割当での未申込分の再募集はできない（同Ⅳ）。これらの規制は，募集株式を引

き受けようとする者がその総数の引受を行う契約（総数引受契約）をする場合には適用しない（会205）。ただ，どちらの場合も募集株式が譲渡制限株式である場合には，株主総会（取締役会設置会社にあっては取締役会）の決議が必要である（会204Ⅱ・205Ⅱ）。また，割当を受けた申込人は株式の引受人となり，割り当てられた株式数に応じて払込をする義務を負う（会206・208）。引受の無効または取消の制限がある（会211）。

（3） 支配株主の異動を伴う発行

公開会社において，支配株主の異動を伴う募集株式の発行等が行われる場合には，株主に対する通知・公告が求められる。それに対し，総株主の議決権の10分の1以上の議決権を有する株主がその特定引受人（その子会社を含む）による当該引受に反対する旨を会社に通知したときは，原則として（会社の財産状況が著しく悪化し，事業の継続のため緊急の必要があるときを除き），株主総会の普通決議を経る必要がある（会206の2）。本規定は平成26年（2014年）改正法で導入された。

（4） 現物出資の検査

現物出資に関する事項は募集事項の決定の際に定められるが（会199Ⅰ②），その出資の目的物の評価が不当なときは会社資本の充実が損なわれ会社債権者および他の株主を害するので，会社法は，設立の場合に準じて，原則として裁判所が選任する検査役の調査を必要としている（会207）。

設立の場合と同様に検査役の調査を要しない場合があり（会207Ⅸ），とくに会社に対する金銭債権を現物出資する場合（債務の株式化：DES→Debt Equity Swap），原則として検査役の調査を要しない（会207Ⅸ⑤）。

（5） 募集事項の公示

株主に後述の株式発行差止請求権を行使する機会を与えるために，公開会社は払込期日の2週間前に募集事項を公告または株主に通知しなければならない（会201ⅢⅣ）。

ただし，有価証券の募集または売出の届出（金商4ⅠⅡ）の届出をしている場合，その他の株主の保護に欠けるおそれがないものとして，法務省令に定める場合には，公告・通知を要しない（会201Ⅴ）。株主の新株引受権の目的たる株式，株主

総会の特別決議のあった第三者に対して有利発行される株式，株主割当の場合の
1株の100分の1に満たない端数の合計数に相当する株式および失権株式などはこ
れにあたる。

（6）　出資の履行

募集事項の決定の際に定めた期日・期間において，引受人は，払込金額の全額
の払込または現物出資全部の給付をなすことを要する（会208）。仮装払込をなし
たまたは現物出資の給付を仮装した引受人は，仮装した払込金額の支払義務また
は現物出資財産の給付義務（または相当金額の支払義務）を負う（会213の2Ⅰ，
会計規21⑤：平成26年改正）。

（7）　募集株式発行の効力発生

募集事項の決定の際に定めた期日までに払込または現物出資の給付のあった募
集株式は，払込期日に発行の効力を生じ，引受人は株主となる（会209Ⅰ①，なお，
同Ⅳ参照）。期間を定めていた場合には，出資の履行をした日に募集株式の株主
となる（会209Ⅰ②）。つまり，募集株式の全部について引受および払込がなくて
も，引受・払込のあった株式についてのみ有効に成立する（打切り発行）。

（8）　登　記

募集株式発行が効力を生じると，会社の発行済株式総数に変更を生じ，それと
ともに資本が増加するが，これらはすべて登記事項の変更になるので，変更登記
をしなければならない（会911Ⅲ，商登56）。

6.　取締役の不足額塡補責任

現物出資の目的である財産の出資者が株主となった当時における実価が，取締
役会または株主総会決議で定めた現物出資の目的財産の価額に著しく不足する場
合，当該募集株式の引受人の募集に関する職務を行った業務執行取締役（委員会
設置会社にあっては執行役）その他，当該業務執行取締役の行う業務の執行に職
務上関与した者，現物出資の価額の決定に関する株主総会（取締役会）への議案
を提出した取締役等については，株式会社に対し連帯してその不足額を支払う義
務を負う（会213Ⅰ）。募集株式の引受人が出資の履行を仮装することに関与した
取締役も，その仮装した払込金額全額の支払義務を負う（会213の3Ⅰ：平成26年

（2014年）改正）。ただし，現物出資の目的である財産が検査役の調査を受けたものであるとき，当該取締役等がその職務を行うについて注意を怠らなかったことを証明したときは，取締役等はこの義務を負わない（会213Ⅱ）。仮装払込に関与した取締役についても同様である（会213の3Ⅰ但書）。

7. 不公正な募集株式発行等に対する措置

（1）　募集株式発行等の差止

　会社が法令・定款に違反し，または著しく不公正な方法によって株式の発行または自己株式の処分をなし，これによって株主が不利益を受けるおそれがある場合，株主は会社に対して当該株式の発行または自己株式の処分の差止を請求できる（会210）。

　この差止請求権は，取締役の違法行為により不利益を受ける会社の利益の保護ではなく，不公正発行により不利益を受ける株主自身の保護を目的とする。法令・定款に違反して株式を発行する場合とは，株主総会の特別決議を経ないで株主以外の者に対してとくに有利な払込価額でなす株式発行，定款所定の株主の新株引受権を無視する株式発行などである。

　また，著しく不公正な方法によって株式を発行する場合とは，不当な目的を達する手段として株式を発行するような場合である。たとえば，株式の買占めに対抗し，取締役が株主総会における支配力を維持・強化するために，自己またはその関係者に対して多数の株式を発行することは，たとえ払込価額が公正であっても，株式発行の方法が著しく不公正といえる（東京地決平成元・7・25判時1317・28百選初版31，東京地判平成元・9・5判時1323・48）。

‼ 主要目的ルール

　会社支配をめぐる対立があるときに，会社が特定の第三者に新株を発行したケースにおいて，会社に資金調達の目的がある限り取締役会には割当権限を行使する自由があり，新株発行の結果，既存株主の持株比率が低下しても不公正発行に当たらないとする説があるが，多くの判例は，資金調達目的があっても，他方に会社支配権を維持・強化する目的

がある場合には，主要な目的を基準として判断する（主要目的ルール：東京高決平成16・8・4金判1201・4百選98，さらに新株予約権の発行に関する東京高決平成17・3・23判時1899・56百選99参照）。

学説の中には，第三者割当発行の結果，反対派株主の持株比率が低下し支配関係上の争いに影響を与えるときは不公正発行になるとする見解も有力に主張されている。

（2）　不公正な価額で株式を引き受けた者の責任

取締役と通じて著しく不公正な価額で株式を引き受けた者は，会社に対して公正な価額との差額に相当する金額の支払をなす義務を負う（会212）。この責任の追及については，取締役の会社に対する責任の追及と同様に，株主の代表訴訟が認められている（会847）。取締役と通謀して株式を引き受けた者の責任の追及を取締役に期待することは実際上困難だからである。

これら（1）（2）の措置は，昭和25年（1950年）改正法により，授権資本制度が採用され，株式発行が原則的に取締役会の決定事項とされたため，株主が株主総会を通じて株式の発行を監督できなくなったことに対応するものである。

8.　株式発行の無効

株式の発行は，出資の履行日に効力が生じるが，その場合でも種々の原因によって，株式の発行が無効とならざるを得ないときがある。しかし，株式発行の無効の主張を一般原則に委ねることは妥当でないので，会社法は，株式発行無効の訴えを設け，無効の主張を可及的に制限し，かつ株式発行が無効となる場合にも，その無効を画一的に確定し，また無効の遡及効を否定する措置を講じている（会828Ⅰ②）。

（1）　無効原因

株式発行の無効原因については，会社法に別段の定めがないために，いかなる瑕疵が無効原因となるかは，遵守すべき法令・定款の規定の解釈の問題となる。通説・判例は，一般的に募集株式の流通という取引の安全を考慮して無効原因をなるべく制限して認め，①定款所定の会社が発行する株式の総数を超える募集株

式発行（超過発行），②定款に定めのない種類株式の発行については，一般に無効原因となると解されている。

③株式発行の差止請求（会210）を無視した場合の株式発行については，当然無効と解すべきであるが，差止の仮処分に違反してなされた株式発行についてのみ無効とする折衷説が有力である。差止請求には，根拠のない単なる言いがかりのものがあり得るからだという。

> 最判平成5・12・16民集47・10・5423百選101も，仮処分命令に違反したことが株式発行の効力に影響ないとすれば，差止請求権を株主の権利として認め，しかも仮処分命令を得る機会を株主に与えることによって差止請求権の実効性を担保しようとした法の趣旨が没却されてしまうとして，株式発行差止違反の株式発行を無効と判示した（最高裁として初めての株式発行無効判決）。

④取締役会や株主総会の決議を経ないで行った株式発行について，通説・判例（最判昭和36・3・31民集15・3・645，最判昭和46・7・16判時641・97百選24）は，株式発行は会社の業務執行に準ずるものであり，取締役会や総会の決議は，会社内部の意思決定に過ぎないとして，これを有効とする。

> 一方，有力説は，株式発行は，会社の人的・物的基礎を拡大する組織法上の行為であって，その慎重な手続を単なる会社の内部上の問題とみることはできないとして，これを無効とする。最判平成6・7・14判時1512・178百選102は，有効説を維持しつつ，この理は，株式が著しく不公正な方法により発行された場合であっても同じであり，また，発行された株式がその会社の取締役の地位にある者によって引き受けられ，その者が現に保有していること，あるいは株式を発行した会社が小規模で閉鎖的な会社であることなどの事情は，結論に影響を及ぼさないとし，その根拠に株式発行の準業務執行行為性とともに，株式発行が会社と取引関係に立つ第三者を含めて広い範囲の法律関係に及ぼす可能性を挙げる。

しかし，最近，全部株式譲渡制限会社においては無効原因に該当する説が有力である（最判平成24・4・24民集66・6・2908百選29参照）。なお，有利発行についての取締役の責任の有無と損害額については議論がある。

⑤株式発行事項の公示（会201ⅢⅣ）を欠く発行については，この公示を欠くときは，株主が差止請求権を行使する機会を奪われることになるとして，無効と解

するのが多数説・判例（東京高判昭和47・4・18高民集25・2・182）である。しかし，差止の原因となる違法な点がなかったことを会社が証明すれば，株式発行を無効にしなくてよいとする説も有力である。

> 最判平成９・１・28民集51・１・71百選27は，株式発行事項の公示を欠く株式発行について，株式発行差止請求をしたとしても差止の事由がないためにこれが許容されないと認められる場合でない限り，株式発行の無効原因になるとする。

（2）　株式発行無効の訴え

株式発行の無効は，取引の安全の要請から，訴えをもってのみ主張でき，かつ提訴期間（発行のときから６カ月，非公開会社については１年（会828Ⅰ②））や提訴権者（株主・取締役・清算人・監査役・執行役）について制限されている（同Ⅱ）。無効判決は対世的効力を有し（会838），また無効判決が確定したときは，当該株式は将来に向かってその効力を失う（会839）。

> なお，新株発行の無効判決について再審事由を認めた判決として，最決平成25・11・21民集67・8・1686百選A6がある。

（3）　株式発行の不存在

募集株式発行不存在確認の訴えは，平成17年（2005年）改正前商法においては，明文の規定を欠くものであり，学説・判例（東京高判昭和61・8・21金判756・3）は，これを適法の訴えとしていた。

> そこで，この訴えの原告適格ないしは訴えの利益が解釈上問題となっていたが，最判平成４・10・29判時1454・146は，株主であると主張する者が提起した新株発行不存在確認の訴えは，その者が株主でなく，当該新株発行につき他に格別の利害関係を有しないときは，訴えの利益を欠き，不適法であるとした。なお，不存在確認の訴えの被告は，発行会社であるとする最高裁判決がある（前掲最判平成９・１・28）。

以上の経緯を経て，会社法においては，株式発行不存在の訴えとして明文の規定が設けられた。すなわち，株式会社の成立後における株式の発行，自己株式の処分，新株予約権の発行が存在しないことを訴えをもって請求することができる

（会829）。提訴権者については，明文の規定を設けず，提訴期間の制限はない。

不存在事由について，登記だけのような物理的不存在のほか，支配権の確保のための不公正発行であって会社代表者が反対派株主にその発行を秘匿しているような場合も法的不存在として認められるとする有力説もある。

---

9. 新株予約権

（1） 意 義

新株予約権とは，株式会社に対して行使することにより当該株式会社の株式の交付を受けることができる権利をいう（会2㉑）。

通常，新株予約権の行使は，あらかじめ定めた一定期間（行使期間）内にあらかじめ定めた一定金額（行使価額）の払込をすることにより行う。また，新株予約権の発行は，その価値に対応した価格で（有償で）なされるのが通常であるが，無償で発行することも認められる（有利発行となる）。

平成13年（2001年）改正法により，一般的に新株予約権という制度を導入し，これを誰に対しても発行できるようにし，また譲渡も可能になった。

そして，会社法により新株予約権の内容が明確になり，株式会社が新株予約権を発行する場合には，会社法236条各号に掲げる事項を当該新株予約権の内容としなければならない（会236Ⅰ）。

（2） 新株予約権の発行手続

新株予約権は，株主総会の委任決議により，取締役会決議で法定事項を定め，これに基づいて発行することができる（会239）。新株予約権を株主以外の者に対してとくに有利な条件で発行するには，法の定める事項と各新株予約権の最低発行価額（無償で発行するときはその旨）について，株主総会の特別決議が必要であり，この場合，代表取締役は株主総会において，その発行の必要理由を開示しなければならない（会238Ⅲ）。

募集新株予約権の有利発行について，東京地決平成18・6・30判タ1220・110百選28は，取締役会において決定された払込金額が公正なオプション価額を大きく下回るときは，原則として，募集新株予約権の有利発行に該当すると判示した。

非公開会社におけるストック・オプションについて，取締役会が株主総会決議による委任を受けて新株予約権の行使条件を定めた場合に，新株予約権の発行後に上記行使条件を変更することができる旨の明示の委任がないときは，これを変更する取締役会決議は無効と判示した前掲最判平成24・4・24がある。

　その他，新株予約権の発行手続については，株式の発行と同様の規制がある（会238〜246参照）。ここでも，新株予約権発行差止の制度が認められるが，買収防衛策として新株予約権（ポイズンピル）が発行される場合に，その違法性や不公正性を理由とした差止訴訟が提起されている（東京高決平成17・3・23判時1899・56百選99，東京高決平成17・6・15判時1900・156百選A38）。なお，差別的行使条件付新株予約権の無償割当が株主平等原則違反となるかどうかについての有名な事案として，前掲最判平成19・8・7（ブルドック・ソース事件）がある（46頁参照）。

　平成26年（2014年）改正会社法では，株主全員に対する新株予約権無償割当（ライツ・オファリング）について，その効力発生日後遅滞なく株主に対し割当内容の通知をしなければならないと改正された（会279Ⅱ）。また，払込に仮装があった場合，募集株式の引受人と同様に規制される（会286の2）。

（3）　新株予約権の譲渡
　新株予約権は原則として自由に譲渡できるが（会254Ⅰ），新株予約権付社債に付された新株予約権のみあるいは社債のみを譲渡することはできない。ただし，新株予約権，社債のいずれかが消滅すれば，存続する権利については単独での譲渡が可能である（同ⅡⅢ）。証券発行新株予約権の譲渡は当該証券発行新株予約権に係る新株予約権証券の交付によってなされる（会255）。新株予約権の譲渡は，その新株予約権の取得者の氏名・住所を新株予約権原簿に記載しなければ，その移転を株式会社その他の第三者に対抗することができない（会257）。

（4）　新株予約権の消却
　株式会社は，自己新株予約権を消却することができ，この場合においては，消却する自己新株予約権の内容および数を定めなければならない（会276Ⅰ）。取締役会設置会社においては，この決定は取締役会の決議により行う必要がある（同

Ⅱ)。

（5） 新株予約権の行使

　新株予約権の行使は，その行使に係る新株予約権の内容および数，新株予約権を行使する日を明らかにしてなさなければならない（会280Ⅰ）。新株予約権を行使した新株予約権者は，当該新株予約権を行使した日に，当該新株予約権の目的である株式の株主となる（会282）。

> **！！ 新株予約権買取請求権**
>
> 　①譲渡制限の定めを設ける定款の変更をする場合，および，②全部取得条項付種類株式とするための定款の変更を行う場合には，当該株式を目的とする新株予約権者に対して，新株予約権買取請求を付与することとして，新株予約権者の利益を保護している（会118）。

（6） 新株予約権の無効

　なお，新株予約権についても，新株発行の場合と同様に，無効の訴え（会828Ⅰ④），不存在確認の訴え（会829③）が認められる。提訴権者（会828Ⅱ④），提訴期間（同Ⅰ④），被告（会834Ⅰ④），判決の効力（会838・839）は，株式発行に準じる。

第10節　社　　債

I　総　　説

1．社債の意義

　社債とは，会社法の規定により会社が行う割当により発生する当該会社を債務者とする金銭債務であって，676条各号に掲げる事項（募集社債に関する事項）についての定めに従い償還されるものをいう（会2㉓）。社債は会社の行う借金の1つであるが，貸し手が多数の公衆であることが予定されている。そのため，多数の債権者がその債権を容易に譲渡できる方法が望まれ，社債権は有価証券に表されている。ただし，必ずしも社債券を発行する必要はない。

　　会社が新たな資金を必要とする場合，金融機関からの借入金の方法は長期かつ多額の資金調達には適当でなく，また，募集株式発行等の方法は，自己資本の増加を生じ会社組織の拡大をもたらすから，いずれは回収されるべき資金の必要に応じるには不便である。これに対し，社債は，一般公衆から零細な資金を吸収して巨額の資金を構成する他人資本の調達方法であって，会社はその組織を拡大することなく，比較的容易に長期かつ巨額の資金の需要を満たすことができる。

　社債に関する法的規制は，社債の持つ特徴から，次のようなものに分けられる。社債は金額や発行方法が大量かつ集団的である。そこで，まず，集団的な起債のため，とくに技術的処理が必要となり，そのための規制がなされている。次に，社債は一般の公衆に対する大量かつ長期の債務である。そこで，社債権者の保護が必要となり，そのための規制がある。さらに，多数の債権者が継続して利害関係をもつため，社債権者を団体として取り扱う必要が生じ，そのための規制がある。また，社債券が発行される場合は，有価証券に化体されたものという特徴から，有価証券についての規制もある。

　　なお，従来，有限会社などでは社債が発行できないことになっていたが，この

ような小規模・閉鎖会社においても，社債発行の需要はあり，それを禁止することに必ずしも合理的な理由があるわけではない。そこで，会社法の下では，取締役会がない会社，および持分会社においても，取締役会設置会社と同様の規定が設けられている（会676）。

2.　社債と株式

株式も社債も，小口の資金を広く一般から集めて，巨額の資金を調達する方法であって，いずれも出資者がいつでも投下資本を回収できるように，有価証券たる株券ないしは社債券を発行する点では共通している（不発行制度あり）。

しかし，両者は次のような相違点がある。まず，株主は会社内部の持分権者であるのに対して，社債権者は会社外部の債権者である。株主は内部者であり，会社の経営に参加する権利として議決権等の共益権が認められるのに対し，外部者である社債権者にはこのような権利はない。逆に，社債権者は配当可能利益がなくても利息が支払われるが，株主は配当可能利益がなければ，配当がなされない（会461参照）。また，社債権者は，償還期限には償還を受けられるが，株主は，原則として株金の払戻を受けることはできない。さらに，会社の解散の場合には，株主が会社債務弁済後の残余財産の分配を受けるに過ぎないのに対し，社債権者は株主に優先して通常の債権者と並んで会社財産から弁済を受ける。そこで典型的な社債は，リスクの大きい株式投資に比べ，安全な投資対象とされ，社債が利殖証券といわれるのに対し，株式は投機証券といわれる。このように，社債と株式は法律的には大きな差がある。

しかし，実際には，一般投資家としての株主は経営への参加意欲が少なく，株式の配当性向は均一化しているが低いという現状があり，この限りで社債権者の立場と類似している。そして現在では，株式と社債両者のメリット・デメリットを組み合わせる形で，さまざまな社債，株式が発行されている。たとえば，株式には，出資元本の返済を予定する取得請求権付株式，取得条項付株式や議決権制限株式，さらに一定額の剰余金配当を予定する優先株式など社債権的性質を持つものがあり，他方，社債にも株式の性質を持つものとして，返済期限が不確定な永久債，利益参加社債，新株予約権付社債が発行されている。

3.　社債の種類

　社債は，社債権の内容により，普通社債と特殊の社債（新株予約権付社債など）に区分されるほか，①社債権の担保のための物上担保の有無により，担保附社債と無担保社債に，②債券面上の社債権者の氏名の記載の有無により，記名社債と無記名社債に，③社債・株式等振替法の適用の有無により，振替社債と現物債（または本券）に，④社債の募集地の相違により，内国債（または内債）と外国債（または外債）に，⑤社債の募集方法の相違により公募債と私募債（または非公募債・縁故債）に，⑥発行主体の組織の相違により，金融機関が発行する金融債と一般の事業会社や電力会社が発行する事業債（一般事業債・電力債）に分類される。

Ⅱ　社債の発行手続

1.　発行の決定

　取締役会設置会社においては，社債の発行には取締役会の決議が必要である（会362Ⅳ⑤）。なお，指名委員会等設置会社では，執行役に決定を委任できる（会416Ⅳ）。また，監査等委員会設置会社においても特定の取締役に委任できる（会399の13ⅤⅥ）。

　社債も一種の借入金であるから，その発行は業務執行に属するが，多額かつ長期の借入なので，会社の財政，株主の利益に重大な関係を有するため，取締役会の決議事項とされている。

> 　取締役会決議の内容は，発行する社債の総額とその主な内容（社債金額・償還期限・利率・弁済方法等）と法務省令に定められた事項である（会676Ⅰ，会施規162）。なお，具体的な額等の決定は代表取締役に委任することもできる。

2.　発行方法

　社債発行の方法には，総額引受（会679）と公募発行（会677）がある。総額引受は，特定人が発行会社との間で引受契約により社債の総額を包括的に引き受ける方法である。起債会社との引受契約によって社債が成立するから，起債会社は

ただちに必要とする資金を入手できる。公募発行は，直接公衆から募集する方法で，発行会社は応募者に一定事項を通知し（会677Ⅰ，会施規163），応募者はその氏名・住所と引き受ける社債の金額およびその数を書面（社債申込証）に記載して申し込む（会677Ⅱ：電磁的方法も可，同Ⅲ）。募集事務を起債会社が直接行うことは少なく，他の会社（銀行や信託会社）に委託することが多い。

3.　その他の手続

　前述のように，社債の応募は，社債申込証の用紙に必要事項を記入して行うが（電磁的方法も可—会677ⅡⅢ），総額引受の場合は格別その保護の問題を生じないから，社債申込証は必要ない（会679）。この応募に対し，会社は，申込者の中から募集社債の割当を受けるものを定め，かつその者に割り当てる募集社債の金額および金額ごとの数を定めなければならない（会678Ⅰ）。

> なお，払込期日までに払込や現物出資の給付をしないと，当然に失権するという発行形態を打切り発行といい，会社法においては，社債の発行については，打切り発行が原則である。すなわち，会社は一定の日までに募集社債の総額について割当を受ける者を定めていない場合においては，募集社債の全部を発行しないこととする旨を定めることができる（会676⑪）。

Ⅲ　社債の管理

　社債は，多数の公衆に対する，長期・集団的な会社の借入である。そこで，社債権者が自己の利益を守りやすくし，集団的な処理を可能にするために，社債管理者と社債権者集会の制度が設けられている。

1.　社債管理者

　社債を募集する場合には，社債管理者を置かなければならない（会702）。ただし，各社債の額が1億円を下らない大口投資家の場合，その他社債権者の保護に欠けるおそれがないものとして法務省令（会施規169）で定める場合はこの限りではない（会702但書）。自分で自分の利益を守れるような場合や社債権者が少ない場合は，設置を強制する必要はないという趣旨である。その場合でも，令和元年

（2019年）改正により，社債発行会社は，社債管理補助者を定め，社債権者のため，社債の管理の補助を委託することができる（会714の2〜7まで等。会施規162⑤〜⑦・163②・165⑥⑧⑪・171の2・173Ⅰ②ハ・177Ⅲ④⑤）。社債管理補助者は，社債管理者より限定された権限のみが認められる（会714の4）。

　社債管理者になることができるのは，銀行・信託会社およびこれらに準ずるものとして法務省令（会施規170）で定める会社に限られる（会703）。多数の小口社債権者が自分の利益を守るのは容易ではないから，専門家に権利保全や債権回収の世話をさせようとするものである。社債管理者になると，任意に辞任することも，発行会社が一方的に解任することもできない（会712・713）。それでも社債管理者が欠けてしまう場合には，事務承継者を定めなければならない（会714）。そして，社債管理者がなくなった後2カ月内に，発行会社が事務を承継すべき社債管理者を定める手続をとらなかったときは，社債の総額について期限の利益を喪失する（同Ⅱ）。これは社債権者の保護のための制約である。必要な社債管理者を置かずに社債を発行すると，取締役には罰則の適用がある（会976㉝）。

（1）　社債管理者の権限

　社債管理者は，社債権者の利益のため社債発行後の社債の管理，すなわち，弁済（償還および利息の支払）を受け，または債権の実現を保全するのに必要な一切の裁判上または裁判外の行為をする権限を有する（会705）。債権の処分にわたるような行為は，社債権者集会の決議に基づいて行う（会706）。社債管理者は発行会社の業務および財産について調査権を持ち（会705Ⅳ・706Ⅳ），社債権者集会を招集して（会717），これに出席して意見を述べ（会729），その決議を執行する（会737）。発行会社が一部の社債権者に対して行った弁済・和解などが著しく不公正な場合，社債管理者は訴えによりその取消を求めることができる（会865）。社債管理者が複数あるときは，その権限に属する行為は共同ですることを要する（会709）。

（2）　社債管理者の義務

　社債管理者は，社債権者のために公平・誠実に善良な管理者の注意をもって社債を管理する義務を負う（会704）。この義務は契約の当事者である発行会社に対してではなく，第三者である社債権者に対して負う。公平義務とは，多数いる社債権者を平等に取り扱わなければならない義務であり，誠実義務とは，発行会社と社債権者の利益が衝突した場合に，契約当事者である発行会社ではなく，社債

権者のために尽くさなければならないという義務である。なお，社債管理者が複数ある場合は，発行会社から弁済を受けた元利金を社債権者に連帯して支払う義務を負う（会709Ⅱ）。

（3）　社債管理者の責任

　社債管理者が会社法（公平誠実義務や善管注意義務など）または社債権者集会の決議に違反し，そのために社債権者に損害が発生すれば，社債管理者は損害賠償責任を負う（会710）。社債権者と社債管理者は契約の当事者ではないが，社債権者保護のために特に定められた。社債管理者は社債権者の利益のために行動する義務を負うが，社債権者と利益が衝突する地位に立つ可能性がある。このような場合に，社債管理者が社債権者に損害を与えると，特別の責任が生ずる（同Ⅱ各号）。これを免れるには，①誠実義務違反がなかったこと，②自己への弁済等がなくても社債権者は損害を受けたはずであること（3カ月以前に取得した担保を3カ月内に実行して弁済を受けた場合等）を，社債管理者側で証明しなければならない（同Ⅱ但書）。

　①の誠実義務について，名古屋高判平成21・5・28判時2073・42百選83は，経済的窮境に陥った社債発行会社に対して社債管理会社が担保を徴して救済融資を行うことは，原則として，社債管理者が誠実になすべき社債管理を怠らなかった場合に当たると判示した。

　以上の損害賠償請求権は，個々の社債権者が行使することができる。社債管理者が社債権者と利益相反の関係にある場合，社債権者集会の請求により裁判所は特別代理人を選任する（会707）。

2.　社債権者集会

　社債権者集会は，社債権者の利害に重大な関係を有する事項について決議する機関であって，社債の種類別に構成される（会715）。同一種類の社債権者は共通の利害関係に立ち，したがって客観的には一種の利益共同体を構成し，共同の利益のために団体的行動をとる必要が生じることがあるから，社債権者が一体的に権利を行使できるように，社債権者集会の制度が認められている。各個の社債権者との折衝が困難な発行会社にとっても便宜なものである。会社の外に存在する

ものであり，株主総会のような会社の機関ではない。

社債権者集会は会社法に定める事項のほか，社債権者の利害に関する事項について決議することができる（会716）。招集権者は発行会社および社債管理者であるが（会717Ⅱ），社債総額の10%以上の社債を有する社債権者は，招集を請求することができ，それでも招集されなければ，裁判所の許可を得て自分で招集することもできる（会718ⅠⅢ）。招集手続は株主総会の招集手続同様に，社債権者集会の日の2週間前までに，知れている社債権者および社債発行会社ならびに社債管理者がある場合にあっては社債管理者に対して，書面をもってその通知を発しなければならない（会720Ⅰ）。また，その費用はすべて発行会社が負担する（会742Ⅰ）。

なお，令和元年（2019年）改正により，社債権者全員の同意があった場合には，社債権者集会の決議の省略が認められることになった（会732の2，会施規177Ⅳ，226㉝・232㉛・234㊹）。

社債権者は，それぞれの社債権者集会において，その有する当該種類の社債の金額の合計額（償還済みの額を除く）に応じて，議決権を有する（会723Ⅰ）。なお，社債発行会社自体は，自己が有する自己の社債について議決権を有しない（同Ⅱ）。無記名社債について議決権を行使するには，会日の1週間前にその社債券を招集者に提示しなければならない（同Ⅲ）。社債権者は，議決権を代理行使することも可能であり（会725），書面や電磁的方法による議決権行使（会726・727），議決権の不統一行使も認められている（会728）。

決議の方法は，原則として出席者の過半数による普通決議であるが（会724Ⅰ），以下のような重要度の高い事項については，議決権者の議決権の総額の5分の1以上で，かつ，出席した議決権者の議決権の総額の3分の2以上の議決権を有するものの同意が必要である（同Ⅱ）。

① 当該社債の全部についてするその支払の猶予，その債務の不履行によって生じた責任の免除または和解（会706Ⅰ①・724Ⅱ①）。

② 当該社債の全部についてする訴訟行為または破産手続，再生手続，更生手続もしくは特別清算に関する手続に属する行為（会706Ⅰ②・724Ⅱ①）。

③ 社債管理者が社債権者集会の決議によりする行為（会706Ⅰ・724Ⅱ②）。

④ 社債権者代表者の選任（会736Ⅰ・724Ⅱ②）。

⑤ 決議執行者の選任（会737Ⅰ但書・724Ⅱ②）。

⑥　代表者・執行者の解任（会738・724Ⅱ②）。

> 　普通決議，特別決議いずれによる場合でも，裁判所の認可により効力が生じ，認可があればその決議は欠席者・反対者を含め総社債権者を拘束する（会734）。招集手続や議事録などについては，株主総会に関する規定と類似している（会720・731）。決議の執行は，社債管理者または社債権者集会代表者があたる（会737）。このように株主総会と類似の制度が置かれているが，社債権者の団体性は株主ほど広範かつ強固なものではない。株主総会とは，次のような点で違いがある。まず，社債権者集会では決議の効力は当然には生ぜず裁判所の認可を要すること，さらに決議取消の訴えや決議不存在・無効確認の訴えについての規定がないことなどである。

3.　社債発行会社の義務

（1）　社債原簿の作成と社債券の発行

　社債発行会社は社債原簿を作成しなければならない。社債原簿には，種類ごとの社債の総額や各社債と引換に払い込まれた金銭の額および払込の日など（会681）のほか，記名社債の場合，社債権者の氏名・住所，社債権者が各社債を取得した日，無記名社債の場合にはその数，番号，発行年月日が記載または記録される（同Ⅰ④⑤⑥，会施規166）。社債発行会社は社債原簿を本店に備え置かなければならず（会684），社債権者等は，営業時間内，いつでも閲覧・謄写を請求することができる（会684Ⅱ①）。

> 　社債を表章する有価証券を社債券という。社債券を発行する場合，社債発行会社は，社債券を発行する旨の定めがある社債を発行した日以後遅滞なく，当該社債に係る社債券を発行しなければならない（会696）。なお，社債券には，社債発行会社の商号，当該社債券に係る社債の金額，社債の種類およびその番号を記載し，社債発行会社の代表者がこれに署名し，または記名押印することを要する（会697）。なお，社債券は発行しないことができる（会676⑥）。株式について不発行制度が存在することにあわせる。振替社債は，社債券を発行できない（振替67Ⅰ）。

（2）　利払と償還

　社債権者には定期的に利息が支払われる。社債発行条件である利率・支払時

期・支払方法は，取締役会設置会社においては取締役会で決定される（会362Ⅳ
⑤）。わが国で実際上多く発行される無記名社債の場合は，利札が付けられて，
各利札の期日にこの利札と引換に利息が支払われる。利札が社債券から分離する
と，利息の支払請求権を表章する無記名式の有価証券となり，社債券とは別に流
通し得る。会社が利息の支払を怠った場合には，社債権者集会の決議で，会社に
対して２カ月を下らない一定の期間内に弁済すべきこと，その期間内に弁済しな
い場合は社債の総額について期限の利益を失う旨を通知することができる（会
739ⅠⅡ）。会社が期限内に弁済しないと，社債の総額について期限の利益を失う
（同Ⅲ）。なお，利息支払請求権は５年の消滅時効にかかる（会701Ⅱ）。

　発行会社が社債権者に対する債務を弁済することを社債の償還という。発行会
社は，社債の満期が到来すると元本を償還するが，満期前に定期的に一部ずつ償
還することもできる。いつ，どういう方法で償還するかは，申込者に通知するこ
とになる（会676④・677Ⅰ②）。償還のときは，券面額を払い戻すのが原則である。
払戻は，社債管理者が発行会社から一括して償還を受け，社債権者に通知・公告
し，社債権者は社債券と引換に社債管理者から支払を受ける（会705）。発行会社
によってある社債権者に対して著しく不公正な行為がなされた場合，社債管理者
は訴えをもってその行為の取消を請求することができる（会865）。なお，個々の
社債権者が個別的に直接に発行会社に対し社債の償還を請求することも妨げない
（大判昭和３・11・28民集７・12・1008百選84）。

　　また，社債には自己株式のような取得に関する制限（会156）はないから，会社
　自身が取得して，債券を破棄し社債を消滅させることができる。これを買入償還
　という。社債の市場価格が下落している場合，会社は社債の償還よりも有利なこ
　の方法を選ぶことがある。社債の償還請求権は10年の経過により時効で消滅する
　（会701Ⅰ）。なお，社債の一種である金融債を受働債権とする相殺を認めたものと
　して，最判平成15・２・21金判1165・13百選A31がある。

Ⅳ　社債の流通

　社債には記名式と無記名式があり，いずれも社債券により流通するが，譲渡方
法や第三者に対する対抗要件が異なる。記名社債は，意思表示と相手方への社債

券の交付により譲渡されるが，社債原簿を書き換えないと，会社その他の第三者に譲渡を対抗できない（会688）。したがって安全性が高いが，社債券の交付のみで譲渡される（民178）無記名社債のほうが便利であるため，実際にはほとんど無記名社債が用いられている。無記名社債は動産とみなされ（民86Ⅲ），債券の占有で第三者に対抗し得る。また，その質入も債券の引渡により成立し（民344），債券の継続的占有により第三者に対抗できる（民352）。社債権者は，記名式から無記名式に，あるいはその逆への転換を請求できるが，募集社債に関する事項を決定するときに制限することもできる（会698・676Ⅰ⑦）。有価証券である社債券では，占有者は権利を適法に有するものと推定され，善意取得がある（会689）。

　なお，振替株式の譲渡・質入れは，振替口座の記載・記録によって行われる（振替67）。

Ⅴ　特殊な社債

1.　担保附社債

　担保附社債とは，元利金の支払を担保するために物上担保権が設定されている社債であり，担保附社債信託法の規制を受ける。社債の発行会社が，多数で変動しうる社債権者に対して個別に担保権を設定するのは困難であるので，信託会社と信託契約を結び，この信託会社が物上担保権を取得して，総社債権者のために担保権を保存し実行する義務を負うものとし，総社債権者がその債権額に応じて平等に担保の利益を受けるようにしたものである。

　従来発行された社債は大部分が担保附社債だったが，最近は社債権者の保護を図り得る範囲で，無担保の発行も認められている。

　　担保附社債は次の3点で特色を有する。
　　①　信託契約　　担保附社債は発行会社と信託会社との信託契約に従って発行することを要し（担信2），信託契約は信託証書によって締結される（担信18〜23）。この契約は，従たる担保権が主たる社債権の成立前に効力を生じ，社債と担保権とが別人（社債権者と信託会社）に帰属することに特徴がある。
　　②　担保権　　物上担保権の種類にとくに制限はない。
　　③　分割発行　　発行すべき社債の最高額を定め，これに対してあらかじめ担

保権を設定しておき，その額に達するまで数回にわたって社債を分割して発行し，各回の社債権者は担保につき同一順位に立つ方法が認められている（担信19ノ2・19ノ3）。

2.　新株予約権付社債

　平成13年（2001年）改正により，従来の転換社債と非分離型新株引受権付社債に対応するものとして，新株予約権付社債についての規定が設けられることとなった。すなわち，転換社債は，新株予約権付社債であって，新株予約権の分離譲渡ができず，社債の発行価額と新株予約権の行使に際して払い込むべき金額（行使価額）を同額とし，新株予約権を行使するときは，必ず社債が償還されて社債の償還額が新株予約権の行使に際して払い込むべき金額の払込にあてられるものとされた。

　他方，非分離型の新株引受権付社債については，新株予約権付社債であって新株予約権を分離して譲渡できないものとされた。それに対し，従来の分離型新株引受権付社債は，会社が社債と新株予約権を同時に募集し，両者を同時に割り当てるものなので，社債の規定と新株予約権の規定が同時に適用されるものと位置付けられ，各別の規定は置かないものとされた。

　新株予約権付社債は，新株予約権が付けられた社債であって（会2㉒），新株予約権または社債が消滅した場合を除き，新株予約権と社債の一方のみを譲渡することができないものである（会254ⅡⅢ）。

　これら新株予約権付社債の制度は，会社法においては，新株予約権制度として整備されている（会236）。新株予約権付社債の社債権者は，社債の保有者として安定的な地位を享受できるとともに，会社の業績が上がれば新株予約権を行使して株主となることができる。一方，会社にとっても，このようなオプションを付与する分，社債を低利で発行することができ，その意味で資金調達の多様化という利益を得ることができる。

　株式会社が新株予約権付社債を引き受ける者を募集して同社債を発行するときは，募集新株予約権の発行手続による（会238以下）。同時に社債事項について定める（同Ⅰ⑥・676）。

　新株予約権付社債を，株主に対して申込を必要とせず持株比率に応じて自動的

に割り当てることができる。この場合には，新株予約権付社債についての社債の種類および各社債の金額の合計額またはその算定方法も定めなければならない（会278 I ②）。その決定は，原則として株主総会（取締役会設置会社では取締役会）によるが，定款で別に定めることもできる（同Ⅲ）。

> なお，新株予約権付社債の有利発行について判示したものとして，東京地決平成19・11・12金判1281・52百選A32がある。裁判所は，当該社債に付された募集新株予約権の実質的な対価とその公正な価値を比較し，前者が後者を大きく下回るときは，当該社債の発行は有利発行（会238Ⅲ①）に該当すると述べた。

第11節 会社の計算

Ⅰ 総説──企業会計法の概要

　営利法人としての株式会社においては，正しい損益計算に基づいて株主に適正な利益を配当することが最重要課題であり，またその活動が広範囲に及びかつ永続的であるから，債権者などの利害関係者も多く，したがって，会社の財産状態や収益力を定期的に公開することが要請される。この課題や要請に対応するものが，株式会社に適用される計算規定（会431以下）である。

　会社の財産状態の把握や損益計算という課題は，企業の公的性格が高まるにつれて，法的にもますます重要となる。株式会社のうち上場会社等は，会社の計算が会社法のほかに金融商品取引法によっても規制を受ける。この場合，会社は「財務諸表規則」（金商193：公正な会計慣行を要約した「企業会計原則」（企業会計基準委員会）を基礎として制定される）に基づき財務諸表を作成し，公認会計士の監査証明を得て，内閣総理大臣に提出し，これが公開される。なお，監査役設置会社・会計監査人設置会社においては，それぞれの監査を受ける必要がある（会436 I Ⅱ）。

　したがって，大会社のうち上場会社等は，会社法（商法）による監査を受けるとともに，金融商品取引法による監査をも受けることになるが，両者の監査方法

や基準が違うのは不都合なので，会社法（商法）の計算規定および法務省令と企業会計原則および財務諸表規則とを一元化することが必要である。そこで昭和49年（1974年）の商法改正以来，「公正ナル会計慣行ヲ斟酌スベシ」（商旧32Ⅱ）とする規定を設けて，両者の一致が図られている。なお，会社法においては，さらにこれを進めて，「株式会社の会計は，一般に公正妥当と認められる企業会計の慣行に従う」ものとしている（会431：なお，公正な会計慣行と取締役等の責任について，最判平成20・7・18刑集62・7・2101百選76：銀行取締役の刑事責任が否定された，大阪高判平成16・5・25判時1863・115参照）。また，「中小企業の会計に関する指針」も公正な会計慣行に含まれる。

また，平成14年（2002年）商法改正以降は，会計帳簿における財産の価額の評価方法や貸借対照表等の記載事項および記載方法など，計算関係規定の省令委任を行うことによって，国際的な会計基準に即応した機動的改正を可能とするとともに（会435），会計監査人設置会社において，上場会社等と同様，連結計算書類制度を導入している（会444）。

!! 企業会計の考え方

企業会計の基本的考え方として従来，財産法と損益法が対立していた。前者は，会社債権者保護の立場から会社にどれだけの財産があるかを重視する立場である。この立場では，会社に現存する財産を実際に確認して（実地棚卸），財産目録を作成し，その財産の評価は，時価で行い（時価主義），利益は一定期間の期首と期末における純資産額の増減によって計算する。これは会社の解体を前提とする会計処理の方法であり，従来のやり方であったし，現在でも，会社の解散・清算等の場合にとられる。

一方，後者は，投資者保護の立場から会社が一定期間にどれだけもうけたか損したか（期間損益），つまり収益力を明らかにすることに重点を置く立場である。期間損益は，収益と費用を正確に比較することによって行われるが（費用収益対応の原則），その収益・費用は，系統的な簿記記録（「複式簿記」の方法による）に基づいて認識する（誘導法）。

この立場は，会社の継続を前提にした会計処理であり，この場合の資産
評価は時価ではなく原価で行われる（原価主義）。
　　ただ，日本の企業会計も国際化の波を受けて（国際会計基準自体がそ
の時々の経済情勢を受けてゆれ動いている），時価主義の導入が一部見
られることにも注意すべきである。

Ⅱ　決算手続

　株式会社は，法務省令で定めるところにより適時に，正確な会計帳簿を作成し
なければならない（会432Ⅰ，会計規4。電磁的記録も可）。なお，株式会社は，会
計帳簿閉鎖の時から10年間，その会計帳簿およびその事業に関する重要な資料
（電磁的記録を含む）を保存しなければならない（会432Ⅱ）。

　以上に基づき，株式会社は，法務省令で定めるところにより，各事業年度に係
る計算書類（貸借対照表，損益計算書その他株式会社の財産および損益状況を示
すために必要かつ適当なものとして，法務省令で定めるもの，すなわち株主資本
等変動計算書および注記表）および事業報告ならびにこれらの附属明細書を作成
しなければならない（会435Ⅱ，会計規59Ⅰ）。これらは，電磁的書類をもって作
成できる（会435Ⅲ）。なお，計算書類とその附属明細書の保存期間は10年である
（同Ⅳ）。

　　監査役設置会社においては，上記の書類は監査役の監査を受ける必要がある（会
　436Ⅰ）。また，会計監査人設置会社においては，計算書類とその附属明細書を監
　査役（監査等委員会設置会社では監査等委員会，指名委員会等設置会社において
　は監査委員会）および会計監査人が監査し，事業報告とその附属明細書については，
　監査役（監査等委員会設置会社では監査等委員会，指名委員会等設置会社では監
　査委員会）の監査が必要である（同Ⅱ）。さらに，取締役会設置会社においては，
　上記の書類は，取締役会の承認を受けなければならない（同Ⅲ）。なお，取締役会
　設置会社においては，定時株主総会の招集通知に際して，株主に対して，承認を
　受けた計算書類および事業報告を提供する必要があるが（会437），もし，取締役

会が不設置の場合は，総会招集通知に計算書類等を添付する必要はない。なお，以上の手続の期限は以前よりは早められており，続いて開催される定時総会も早期にできるようになった。

　株式会社は，定時総会の会日の1週間（取締役会設置会社においては2週間）前から計算書類と附属明細書，監査報告書を5年間本店に，その謄本を3年間支店に備え置くことを要し，株主，債権者はその閲覧，謄写をすることができる（会442）。また，株式会社は，上記のように監査された計算書類等を定時株主総会の招集通知に添付することを要し，定時総会において，計算書類の承認を受け，事業報告の内容を報告しなければならない（会438）。会計監査人設置会社においては，取締役会による承認があり（会436Ⅲ），計算書類が法令および定款に従い計算書類の財産および損益の状況を正しく表示しているものとして法務省令（会施規116⑤，会計規135）で定める要件に該当する場合は，定時株主総会の承認は不要である。この場合，取締役は，当該計算書類の内容を定時株主総会に報告しなければならない（以上，会439）。すべての株式会社は，定時総会による承認を得た後，遅滞なく貸借対照表（大会社にあっては貸借対照表および損益計算書）を公告しなければならない（会440）。ただし，官報・日刊紙を通じた要旨の公告や，電磁的方法，EDINET等での開示が認められる（同ⅡⅢⅣ）。

　なお，株式会社は，最終事業年度の直後の事業年度に属する一定の日（臨時決算日）における当該株式会社の財産の状況を把握するため，臨時計算書類を作成することもできる（会441）。

!! 臨時決算制度

　会社法においては，事業年度ごとに行う通常の決算制度のほかに，期中の特定の日までの財産および損益を反映した貸借対照表および損益計算書を作成する臨時決算諸制度を設けている（会441）。これは上場会社等において，半期決算制度が導入され、四半期決算制度の導入もなされることになったことから，会社法でも，株主や債権者に対する適時な財

産状況等の開示制度を整備することが重要と考えられたからである。また，臨時決算制度を設けることによって，各事業年度に係る貸借対照表に基づき行う配当規制についても，当期の期中損益を反映させることが可能となり（会461Ⅱ⑤），さらに剰余金の配当について，期中いつでも行うことができるものとしていることとあわせて，より柔軟に株主に利益還元できるようになるという利点もある。しかし，臨時決算を行わないと，剰余金の分配ができないわけではない。

Ⅲ 計算書類等および附属明細書の方式

1. はじめに

計算書類は，会社の財産および損益の状況を明らかにするものである。貸借対照表・損益計算書・株主資本等変動計算書ならびに注記表から成るが，それらと事業報告および附属明細書の記載または記録の方法については，法務省令で詳細に定められる（会435ⅠⅡ，会施規116・117・118～，会計規57～）。これらは，電磁的記録をもって作成することもできる（会435Ⅲ）。株式会社は，計算書類を作成した時から10年間，当該計算書類およびその附属明細書を保存しなければならない（同Ⅳ）。

なお，貸借対照表・損益計算書とその附属明細書において会社の財産および損益の状態を，事業報告書とその附属明細書において会社の状況を正確に判断することができるよう明瞭に記載または記録しなければならない。「真実性の原則」および「明瞭性の原則」である（会計原則第一の一・四）。会計方針の変更を制限する「継続性の原則」については，会社法が商業帳簿の作成に関する規定の解釈については一般に公正妥当と認められる会計慣行に従うべき旨を定め（会431），公正な会計慣行を要約した企業会計原則が，会計処理の原則および手続は毎期継続して適用し，みだりにこれを変更してはならない旨を定めている（会計原則第一の五，同注解3）。以上，会社法上もこの原則に従うことが要求されていると解すべきである。なお，評価方法，その他会計処理の方法を変更した場合は，その旨およびその変更による増減額を注記することが必要とされる。

2. 貸借対照表

　貸借対照表（表1参照）とは，一定時点（成立時および毎決算時）における会社の資産と負債および資本を項目別に対照させ，一覧表として示すことによって，会社財産の構成を明らかにするものである。貸借対照表には資産・負債・純資産の3部を設け，各部にはそれぞれの合計金額を記載または記録しなければならない（会計規73）。記載または記録の方法には，一列に書き流す形の報告式と，左右対照させる形の勘定式があるが，後者が多く用いられている（以下，勘定式に従う）。

　資産の部は，貸借対照表の借方として左側に記載または記録され，投下資金の運用形態を表すものである。負債の部と純資産の部は，貸方として右側に記載または記録され，投下資金の調達源泉を表すものである。左右それぞれの合計額は一致する。

（1）　資産の部

　資産の部は，流動資産・固定資産および繰延資産の各部に区分し（会計規74 I），固定資産の部は，さらに有形固定資産・無形固定資産および投資その他の資産の部に区分する（同 II）。そして，各項目は適当な項目に細分しなければならない（同 I II）。流動資産は，現金および預金，受取手形，売掛金，有価証券，商品，製品，原材料など1年内に現金化できると認められるものをいい，有形固定資産は，建物，機械，土地などをいい，無形固定資産は，特許権など無体財産権をいい，さらに投資その他の資産は関係会社の株式，長期貸付金などをいう（同 III）。資産が担保に供されているときは，その旨を注記表に表示しなければならない（会計規103①）。

（2）　負債の部

　負債の部は，流動負債・固定負債の部に区分し，その各部はさらに支払手形・買掛金・社債その他の負債の性質を示す適当な名称を付けた科目に細分しなければならない（会計規75 I）。流動負債には，支払手形・買掛金など1年以内に支払または返済される短期金銭債務が含まれ，固定負債には，社債・長期借入金等が含まれる（同 II）。引当金は，流動負債または固定負債の部に各資産の控除項目として個別にまたは一括して表示するが，貸倒引当金等の名称を付けて各資産の金額から直接控除し，残高のみを表示することもできる（会計規78）。

表1 貸借対照表の様式

（令和××年3月31日現在）（単位：百万円）

資産の部			負債の部		
科　目	金　額		科　目	金　額	
流動資産	××××		**流動負債**	××××	
現金及び預金	×××		支払手形	×××	
受取手形	×××		買掛金	×××	
売掛金	×××		短期借入金	×××	
有価証券	×××		未払金	×××	
製　品	×××		未払費用	×××	
半製品・仕掛品	×××		未払法人税等	×××	
原材料・貯蔵品	×××		その他の流動負債	×××	
繰延税金資産	×××		**固定負債**	××××	
短期貸付金	×××		社債	×××	
その他の流動資産	×××		長期借入金	×××	
貸倒引当金	△×××		関係会社長期借入金	×××	
固定資産	××××		繰延税金負債	×××	
有形固定資産	×××		退職給付引当金	×××	
建　物	×××		役員退職慰労引当金	×××	
構築物	×××		その他の固定負債	×××	
機械及び装置	×××		**負債合計**	××××	
減価償却累計額	△×××		**純資産の部**		
工具器具備品	×××		**株主資本**	××××	
土　地	×××		資本金	×××	
建設仮勘定	×××		新株式申込証拠金	×××	
無形固定資産	×××		資本剰余金	×××	
商標権	×××		資本準備金	×××	
その他の無形固定資産	×××		その他の資本剰余金	×××	
投資その他の資産	×××		利益剰余金	×××	
投資有価証券	×××		利益準備金	×××	
関係会社株式	×××		自己株式申込証拠金	×××	
子会社出資金	×××		自己株式	△×××	
長期貸付金	×××		**評価・換算差額等**	×××	
繰延税金資産	×××		その他有価証券評価差額金	×××	
その他の投資等	×××		繰延ヘッジ損益	×××	
貸倒引当金	△×××		土地再評価差額金	×××	
繰延資産	×××		**新株予約権**	×××	
創立費	×××		**純資産合計**	××××	
資産合計	××××		**負債及び純資産合計**	××××	

（3） 純資産の部

　純資産の部は，株主資本，評価・換算差額等，新株予約権（連結貸借対照表では少数株主持分）の項目に区分し，株主資本に係る項目は，資本金，新株申込証拠金，資本剰余金，利益剰余金，自己株式申込証拠金，自己株式に分類し（会計規76ⅠⅡⅢ），資本剰余金の項目には，資本準備金およびその他資本剰余金の項目に分類しなければならない（同Ⅳ）。利益剰余金の部には，利益準備金およびその他資本準備金の項目に分類しなければならない（同Ⅴ）。また，評価・換算差額等に係る項目は，その他有価証券評価差額金，繰延ヘッジ損金，土地の再評価差額金，為替換算調整勘定の項目に分類しなければならない（同Ⅶ）。

3. 損益計算書

　損益計算書（表2参照）とは，1営業期間内の収益と費用を対比させて，会社の損益の状態を表示する計算書類である。損益計算書の記載の内容は経常損益の部と特別損益の部に2分される。記載の方式は報告式が多いが，勘定式でもよい。

（1） 経常損益の部

　経常損益の部は，営業損益および営業外損益の部に区分し，各部は，収益または費用の性質を示す適当な名称つまり，売上高，売上原価，販売費および一般管理費を付けた勘定科目に細分する（会計規88Ⅰ）。次に売上総損益（売上高と売上原価の差額：会計規89），さらに営業損益（営業収益と営業費用の差額：会計規90）を記載し，この金額に営業外収益と営業外費用の額を加減した額を経常利益または経常損失として記載する（会計規91）。

（2） 特別損益の部

　特別損益の部には，特別利益と特別損失（会計規88Ⅰ⑥⑦），すなわち前期損益修正損益（過年度の誤りの修正，償却済債権の取立など），固定資産売却損益その他の異常な利益または損失（災害による損失など）について，その内容を示す項目の区分に従い細分して記載する（同ⅡⅢⅣ）。

（3） 当期損益等

　経常利益または経常損失の額に，特別利益または特別損失の額を加減して税引前当期純利益または当期純損失を記載し（会計規92ⅠⅡ），これから法人税等を控除した額を当期純損益金額として表示する（同94）。

表2 損益計算書の様式

(令和○○年4月1日～令和○○年3月31日)(百万円)

科　目	金　額	
売上高		××××
売上原価		××××
売上総利益(売上総損失)		×××
販売費及び一般管理費	×××	
販売手数料	×××	
広告宣伝費	×××	
貸倒引当金繰入額	×××	
役員報酬	×××	
給料諸手当	×××	
交際費	×××	
…………	×××	
雑費	×××	×××
営業利益(営業損失)		×××
営業外収益		
受取利息及び割引料	×××	
受取配当金	×××	
投資不動産賃貸料	×××	
…………	×××	×××
営業外費用		
支払利息及び割引料	×××	
雑損失	×××	
…………	×××	×××
経常利益(経常損失)		×××
特別利益		
固定資産売却益	×××	
…………	×××	×××
特別損失		
固定資産売却損	×××	
投資有価証券評価損	×××	
減損損失	×××	
…………	×××	×××
税引前当期純利益		×××
法人税,住民税及び事業税	×××	
法人税等調整額	×××	×××
当期純利益(純損失)		×××

4.　事業報告

　事業報告は，前営業年度における営業の経過および会社の状況を示す文書記録
である（計算書類に含まれない）。事業報告には，会社の状況に関する重要な事
項および内部統制についての決定または決議の内容を記載しなければならない
（会施規118，なお同120Ⅰ⑦参照）。

　　特に公開会社では①会社の現況，②会社役員，③株式，④新株予約権等，それ
　ぞれに関する事項を記載する（同119）。①については，主要な事業内容，営業所・
　工場・使用人の状況，主要な借入先，事業の経過と成果，資金調達・設備投資等
　についての状況，財産・損益の状況，重要な親会社・子会社の状況，対処課題等
　の重要事項を内容とする（同120Ⅰ）。②については，会施規121条に定めがあるが，
　とくに報酬等については4号イおよびロならびに5号の2〜6号の3が改正され
　た（なお，社外役員について同124）。③④についても法務省令に内容が規定され
　ている（同122・123）。

5.　株主資本等変動計算書

　剰余金の配当，資本金の減少等による資本剰余金の増加，自己株式の処分によ
る資本剰余金の増減，資本準備金の減少等，いわゆる損益取引に含まず，純資産
の部の計算を変動させるものが多くあり，会社法は，資本金等の増減を示す独立
した計算書類として，株主資本等変動書の作成を命じている（会435Ⅱ，会計規59
Ⅰ。記載事項については，会計規96に規定）。

　　なお，従来，利益処分案に記載されていた役員賞与は，利益処分案自体なくなり，
　お手盛りの弊害を考慮して，報酬等として規制される（会361）。

6.　注記表

　貸借対照表や損益計算書には，注記（および損益計算書には別注記）が記載され
ていたが，会社法はその注記をまとめて注記表を作成することを命じている（会
435Ⅱ，会計規59Ⅰ）。

　　注記表には，継続企業の前提に関する注記，重要な会計方針に係る事項に関す

る注記，貸借対照表に関する注記，損益計算書に関する注記，株主資本等変動計算書に関する注記，リースにより使用する固定資産に関する注記，税効果会計に関する注記，持分法損益等に関する注記，関連当事者との取引に関する注記，1株当たり情報に関する注記，重要な後発事象に関する注記，その他の注記の項目に区分して表示する（会計規97：注記の分法や内容については，同98～116）。

7. 附属明細書

附属明細書は，貸借対照表，損益計算書，株主資本等変動計算書ならびに注記表および事業報告の内容を補足する重要な事項を表示した文書・記録である。

記載事項は，有形固定資産および無形固定資産の明細，引当金の明細，販売費および一般管理費の明細等を表示しなければならない（会計規117。なお，事業報告については会施規128）。

!! 連結計算書類

会社法においては，会社の規模にかかわらず，会計監査人設置会社においては，連結計算書類（当該会社およびその子会社から成る企業集団の財産および損益の状況を示すために必要かつ適当なものとして法務省令で定めるもの）を作成することができるとした上で，従来から連結計算書類の作成義務が課せられている株式会社（大会社で有価証券報告書提出会社）については，会社法においても作成義務を課している（会444 I～III）。連結計算書類は，監査を受けた後に，（取締役会設置会社では）取締役会の承認を受けた上で，取締役は，定時株主総会の招集に際して株主に提供し，そして定時株主総会に提出（提供）し，その内容と監査の結果を報告しなければならない（会444IV～VII）。

Ⅳ　計算書類の内容

1.　株式会社における資産評価

　　株式会社の会計帳簿に記載し，したがってそれに基づいて作成される貸借対照表に記載する資産の評価は，一般の商人に比べて厳格でなければならない。そのため，平成14年（2002年）改正前の商法は，貸借対照表に記載する資産を流動資産，固定資産，金銭債権，社債その他の債券，株式その他の出資による持分，暖簾の6つに分け，原価主義を基調とし，それぞれに個別に評価基準を定めていた。

　　一般に，資産の評価に関する基本的立場には，原価主義，時価主義，低価主義，時価以下主義等があるが，原価主義が見積り，予測という不確実な要素がなく，営業損益の算定に適合し，ながらく企業会計の支配的考え方であったが，最近，国際的に時価主義が主流になりつつあり，わが国でも平成11年（1999年）改正により，時価主義が一部採用された（市場価格ある金銭債権・社債・株式等の金融資産）。

　このような状況を背景に，平成14年（2002年）改正法は計算書類の記載事項を法務省令に委任し，会社法もそれを受け継いでいる。すなわち，株式会社は法務省令の定めるところにより，適時に，正確な会計帳簿を作成しなければならないとし（会432Ⅰ），個別に評価基準も法務省令の規定事項としている。これは国際基準への機動的対応をねらったものである。なお，法務省令で定める各資産についての評価基準は，以下のとおりである。全体的に原価主義を基調としている（会計規5Ⅰ）。

　①　流動資産　　商品，製品，原材料，仕掛品等など会計学上棚卸資産と呼ばれる流動資産については，取得価額を付し（原価主義），時価が原価より著しく低いときは，その価額が原価まで回復すると認められる場合を除いて，時価を付けなければならない（会計規5ⅠⅢ①：強制低価主義）。これとは別に（以下，すべての資産にあてはまる），時価が原価より低いときは時価または適正価格を付けることもできる（低価主義：同Ⅵ①）。また，市場価格のある資産その他の資産についても同様である（同Ⅵ②③）。

　②　固定資産　　土地，建物，特許権，著作権など固定資産については，取得価額を付け，償却すべき資産（土地は含まれない）は事業年度の末日に相当の償

却をなすことを要するが，時価が取得原価より著しく低いときは時価を付け，予測できない減損が生じたときは相当の減額をする（会計規5ⅠⅡⅢ）。相当の償却とは，公正な会計慣行によって認められる方法（定額法，定率法，生産高比例法など）に従って，計画的かつ規則的に資産の原価を減じていくことをいう。

③　**債権**　　債権については，短期債権であると長期債権であるとを問わず，その債権金額を付けるのを原則とするが（額面主義），手形を割り引いて取得したときのように，債権金額より低い価額で買い入れたときその他相当の理由があるときは，適正価格を付けることができる（会計規5Ⅳ）。また，取立不能見込額を控除する（同Ⅳ）。また，前述のように，市場価格がある金銭債権については，時価主義により時価を付けることができる（同Ⅵ②）。

④　**社債その他の債券**　　債権の一種として③と同様に扱われる。

⑤　**株式その他出資による持分**　　流動資産の一種として①と同様に扱われる。なお，組織再編行為による株式の特別勘定について法務省令に規定がある（会計規8）。

⑥　**暖簾**（のれん）　　得意先関係，仕入先関係，営業の名声，営業上の秘訣，経営組織，地理的関係などの事実上の関係を総合したものである。暖簾は，無形固定資産として（連結）貸借対照表に計上できるほか（会計規74Ⅲ③リ・85，固定負債につき同75Ⅱ②ヘ），会社の組織再編に際し，資産または負債として計上することができる（同11）。

2. 繰延資産

本来は損費の性質を有する費用であるが，貸借対照表の資産の部に計上し数年度にわたって漸次償却することを認められるものであり，それが資産として取り扱われる根拠は，ある年度に支払われた金額でも後年度において効果をもたらすときは，そのうちで後年度の収益に対応する部分を後年度の負担とすることにより，費用と収益を対応させて期間損益計算をするのが合理的と認められることにある。

> 繰延資産には，資産の部の総額を増加させて利益配当を容易にする効果があるから，繰延資産をみだりに認めると会社資産の充実が害されるので，その種類は

限定し，それぞれ所定の期間内に毎決算期に均等額以上の償却をすべきものとされる。ただ，会社計算規則は，貸借対照表等の資産の部に繰延資産の項目を設け（会計規74Ⅲ⑤），その償却を予定した表示を求める（会計規84）のみであり，したがってあとは公正妥当な会計慣行に従うことになる（会計規3）。従来，認められてきた繰延資産としては，創立費・開業費・研究開発費・新株発行費用・社債発行費用・社債発行差金・建設利息がある。

3. 繰延税金資産（負債）

これは，いわゆる税効果会計を認めるものである。企業会計と税務会計とで，損益の期間帰属が相違することから，翌期以降に支払がなされる税金の額を当期の費用として計上することを認める会計処理をいう（会計規75Ⅱ②ホ・83）。

4. 引当金

引当金とは，将来における特定の支出または損失に備えるため，あらかじめ貸借対照表の負債の部に見越計上することが認められるものである。たとえば，機械が3年後に修理が必要で費用がかかる場合，当期，次期も費用の3分の1ずつ負担し，3年後に修理費を支出する用意をするため引当金を計上する。

　これが認められるのは，後年度に支出されるべき金額であっても，それが前の年度の収益に対応すると考えられる部分は，当該年度の負担とすることによって，費用と収益を対応させて期間損益計算を可能とするのが合理的だからである。

これについて，会社計算規則は，流動負債と固定負債に計上することを認めている（会計規75Ⅰ）。なお，貸倒引当金などの評価性引当金，価格変動準備金などの利益留保引当金は，ここにいういわゆる負債性引当金に含まれないが，各資産の控除項目として（資産に係る引当金）表示することを要するものとされる（会計規78）。

Ⅴ　資本金・準備金

1.　総　説

　株式会社においては，株主は会社に対して有限責任を負うに過ぎないため，会社財産のほかに財産的基礎となるものがない。会社債権者は会社財産だけを頼りとするほかなく，したがって，会社財産を確保することが会社債権者を保護し，会社の信用を維持するために必要となる。そのような財産確保の基準として一定の方法により算定されるものが資本金である。また，資本金の額を超過する会社財産を全部利益として株主に配当すると，次年度以降に損失が生じたときは直ちに欠損が生じるので，会社法はさらに，会社の財産的基礎を強固にし，経営の安定を図るため，資本金の額を超えて会社が保有すべき財産の額を定めるとともに，自治的に積み立てることをも認めており，この金額を準備金という。

2.　資本金

　会社債権者の担保として会社の有すべき財産の理想額を示す金額である資本は，発行済株式を基礎として定まる。すなわち，会社の資本金の額は，原則として設立または株式の発行に際して株主となる者が当該株式会社に対して払込または給付をした財産の額とされている（会445Ⅰ）。しかし，会社はその払込または給付に係る価額の2分の1を超えない額を資本に組み入れないことができる。この資本に組み入れない額を払込剰余金といい，資本準備金に積み立てられる（同Ⅱ）。

　資本金の額は，登記され公示される（会911Ⅲ⑤）。授権資本制度を採用しているから，定款には記載されない。また，資本金の額は，貸借対照表の純資産の部の株主資本に係る項目として表示される（会計規76Ⅰ①イ）。資本金の増減は株主資本等変動計算書等に明示しなければならない（会計規96Ⅱ①イ）。なお，組織再編行為に際して計上すべき額については，別途定められている（会445ⅤⅥ）。

3.　準備金

　積立金とも呼ばれ，貸借対照表上の純資産額が資本を超える額の一部を拘束して留保するための一定の計算上の数額であり，貸借対照表の資本の部に掲げられる。準備金には法律の規定によって積み立てられる法定準備金と，定款の規定ま

たは株主総会の決議によって積み立てられる任意準備金があり，法定準備金には利益準備金と資本準備金がある。なお，法定準備金は貸借対照表等の純資産の部（会計規76Ⅳ）に，その増減については株主資本等変動計算書等（会計規96Ⅲ）に記載される。

（1） 利益準備金

毎決算期の利益の一部をもって積み立てられる準備金である。企業の健全な発展のために会社の営業活動から生じた利益のすべてを株主に配当してしまわないで，不時の出費に備えてその一部を留保しておくものである。剰余金の配当をする場合には，残りの額の金額の10分の1を資本準備金または利益準備金（「準備金」）として積み立てることを要する（会445Ⅳ）。

> ほかに，合併，吸収分割，新設分割，株式交換，株式移転に際しての準備金積立項目は，法務省令で定められる（同Ⅴ，会計規4・35〜42他）。

（2） 資本準備金

株主の出資の一部など資本に準ずべきものを財源として積み立てられる準備金である。設立または株式の発行に際して，株主となる者がなした株式の払込または給付に係る価額の2分の1を超えない額は，資本金として計上しないことができ，資本準備金となる（会445Ⅱ）。

4. 準備金の使用および剰余金の資本金・準備金組入

（1） 法定準備金の使用

> 法定準備金は，資本の欠損（会社の純資産額が資本と法定準備金の和より少ないとき）の塡補にあてる場合のほか使用できないのが原則であるが，例外として資本に組み入れることが認められている。

会社法においては，準備金の資本組入は，準備金の減少に統合された（会448）。なお，この場合においては，株主総会の決議によって，以下の事項を定めなければならない。①減少する準備金の額，②減少する準備金の額の全部または一部を資本金とするときは，その旨および資本金とする額，③準備金の額の減少がその効力を生ずる日（会448Ⅰ①②③）。また，この額は，減少の効力発生日における

準備金の額を超えてはならない（同Ⅱ）。

　さらに株式会社が，株式の発行と同時に準備金の額を減少する場合においては，取締役会設置会社にあっては，取締役会の決議（取締役会非設置会社では取締役の決定）で可能であり（会448Ⅲ），平成17年改正前商法のように，必ずしも，資本準備金および利益準備金の合計額から資本の4分の1に相当する額を控除した額を限度（商旧289Ⅱ）とするわけではない。なお，会社債権者保護手続は原則として必要である（会449）。

　　この場合，その決議において，減少すべき資本準備金または利益準備金の額，および，①株主に払戻をするときは，払戻に要すべき金額，②資本の欠損の塡補にあてるときは，塡補にあてるべき金額について決議をしなければならない。さらにこの場合においては，①②の合計額は減少すべき資本準備金および利益準備金の合計額を超えることができない（会448）。①②以外の場合，減少分は配当可能利益に算入される。

　　なお，自己株式の買受を授権する定時総会であわせて準備金の減少を決議したときは，減少した準備金の額は，自己株式の買受の財源とすることが認められる（会157・461Ⅰ③）。資本減少の場合も同様である。

　ところで，法定準備金の資本組入は貸借対照表上，法定準備金を資本に振り替えることである。資本組入は，配当可能利益に関係がなく，株主・債権者に不利益をもたらさないので，取締役会の決議によって行われる。資本に組み入れた金額については，取締役会の決議により，株式を発行して株主に交付することができる（会183・185：いわゆる無償交付）。

（2）　剰余金の資本金・準備金組入

　　従来の商法は，利益配当の一種としての株式配当について規定していたが，株式配当は任意準備金を含む利益の資本組入を伴う株式分割であるとする説が有力になり，そこで，平成2年（1990年）改正法は，配当可能利益の資本組入と株式分割を分け，平成17年（2005年）改正前商法293条ノ2は，前者につき利益処分に関する総会決議をもってこれを行うことができると定めた。資本に組み入れた金額については，取締役会の決議により新株を発行して株主に交付することができるが（会183・185），発行しないこともできる。

会社法においては，株主総会の決議（臨時株主総会でも可能）により，剰余金の額を減少して，準備金の額を増加すること，資本金の額を増加することが可能であることが定められている（会450・451：法定準備金の組入も同様である）。

Ⅵ 剰余金の配当

1. 利益配当

会社法においては，株主に対する会社財産の払戻に対する横断的規制が設けられている。すなわち，現行の利益配当，中間配当，資本および準備金の減少に伴う払戻，自己株式の買受等による株主に対する会社財産の払戻，ならびに利益処分によるその他の金銭の支払といった，株主に対する分配に関する制度を，一律に「剰余金の配当」として，整理したのである（会453以下）。剰余金の配当は，株主総会の普通決議でいつでも何回でもできる（会453・454Ⅰ）。また，金銭以外の財産を配当することができ（中間配当は金銭に限る－会454Ⅴ），これを現物配当というが，これのみを行うときは，株主総会の特別決議を要する（会309Ⅱ⑩）。

また，会社法においては，剰余金の分配することができる限度額のことを「分配可能額」とし，分配可能額は，最終の貸借対照表上の留保利益等から，最終の貸借対照表上の自己株式の価額等および当期に分配した金銭等の価額の合計額を控除して得られた額となる（剰余金の額－会446，配当の制限－会461参照）。

剰余金の配当をするためには，株主総会の決議によって，配当財産の種類，株主に対する配当財産の割当に関する事項，剰余金の配当がその効力を生ずる日を定めなければならない（会454）。

会計監査人設置会社については，一定の条件の下で剰余金の配当等を取締役会が決定する旨の定款の定めが可能である（会459）。剰余金配当議案の承認によって，各株主が受けるべき配当額が決定し，具体的な剰余金配当請求権が発生する。この権利は独立して譲渡・差押・転付命令等の目的となり（大判明治37・3・5民録10・244），また10年の時効にかかるが（民167Ⅰ），実際上，定款をもって配当請求権について3年ないし5年の除斥期間を定めるのが通常である。このような定款規定も有効とされる（大判昭和2・8・3民集6・10・484）。配当金の支払を受ける株主は，総会における承認決議のときの株主名簿上の株主であるが，別

に配当を受ける株主を確定するために基準日を定めている場合には，その基準日現在の株主名簿上の株主が配当を受けることになる。また，剰余金配当は株主平等原則に従い各株主の有する株式の数に応じてなされなければならない（会454Ⅲ。なお，最判昭和45・11・24民集24・12・1963）。優先株や劣後株など内容の異なる数種の株式が発行されている場合，株式の種類に従って異なる扱いがなされる（会454Ⅱ）。

‼ 剰余金の配当と処分

　剰余金があっても，資本金額に関係なく，純資産額が300万円未満の場合には株主に配当することができない（会458）。また，株式会社は法務省令（会施規116⑪，会計規153）に従い，株主総会の決議によって，損失の処理，任意積立金の積立てその他の剰余金の処分（剰余金の他科目への振替え）をすることができる（会452）。

　会社が配当可能利益がないのに配当をしたときは，その配当（蛸配当−狭義の違法配当。広義には株主平等原則違反や株主総会決議なしの配当も違法配当である）について，金銭等の交付を受けた者，業務執行者（業務執行取締役，委員会設置会社にあっては執行役）等の責任が発生する（会462）。したがって，会社は株主に対し不当利得としてその返還を請求できる。

　会社法においては，業務執行者等の過失責任化が図られている。すなわち，取締役等，配当に関する業務執行者が，その職務を行うについて注意を怠らなかったことを証明したときには，弁済責任を負う必要はない（会642Ⅱ）。なお，これら分配額に関する弁済責任については，分配可能額を超える部分については，免除の対象とはならず，分配可能額を限度として免除する場合でも総株主の同意が必要である（同Ⅲ）。会社債権者の利益を考慮する必要があるためである。違法配当がなされた場合，会計参与，監査役，会計監査人も，任務懈怠責任として，会社に対して損害賠償責任を負う（会423）。第三者に対する責任も法定されている（会429）。

取締役等が違法配当額を弁済したときは，悪意の株主に対して求償できる（会463Ⅰ）。会社の債権者は，会社に対する債権額の範囲内で，直接株主に対して，違法配当額を支払うよう請求できる（同Ⅱ）。

なお，期末に欠損が生じたときは，業務執行者は，会社に対して，連帯してその欠損の額を支払う責任を負う（会465Ⅰ：分配額が上限で，無過失を立証したときは義務を免れる）。

2.　中間配当

営業年度を1年とする会社は，定款の定めにより1営業年度中に1度だけ取締役会の決議により営業年度中の一定の日における株主に金銭の分配をなすことができる（会454Ⅴ）。これが中間配当であるが，決算を行わず，総会の承認もないまま実施するものであるから，利益配当ではなく，単なる金銭の分配である。

従来，会社の大部分は半年決算であったが，会計処理の合理化と監査手続の長期化を理由に1年決算に移行する会社が増大した。これに伴い，年2回配当を受領していた株主の利益を尊重して，昭和49年（1974年）改正により中間配当を認めたが，会社法もこの制度を維持している。中間配当は，最終の貸借対照表上現存する余剰利益の限度でできるから，利益の後払的性格を持っている。

Ⅶ　株主の経理検査権

1.　総　説

株主は違法行為差止請求権（会360），代表訴訟提起権（会847），取締役解任請求権（会854）などによって取締役の業務執行を直接的に監督・是正することができるが，これらの権利を効果的に行使するには，会社の業務および財産の状況を正確にかつ詳細に知っておくことが必要であり，その必要はとくに会社の経理について大きい。そこで法は株主のために次のような権利を認めている。

2.　帳簿閲覧権

総株主の議決権の100分の3以上の議決権を有する株主および発行済株式の100分の3以上の数の株式を有する株主は，会社の営業時間内はいつでも，会計の帳

簿および書類の閲覧または謄写を求めることができる（会433Ⅰ）。閲覧できるのは会計の帳簿および書類であるが，計算書類とその附属明細書は単独株主権として入手できるので（会442Ⅲ），計算書類作成の基礎となる資料がここでいう会計の帳簿・書類の意味である。株主が閲覧等を請求するためには，会社に対しこの請求の理由を付した書面を提出しなければならないが（会433Ⅰ），請求の理由は具体的に記載しなければならないものの，その理由を基礎付ける事実が客観的に存在することについての立証は要しない（最判平成16・7・1民集58・5・1214百選77）。

　株主に権利濫用と認められるような一定の事情があるときは，会社は相当の理由のあることを証明して，株主の閲覧請求を拒否できる（会433Ⅱ各号）。この一定の事由（同③）につき，当該株主が当該会社と競業をなす者であるなどの客観的事実が認められれば足り，当該株主に会計帳簿等の閲覧謄写によって知り得る情報を自己の競業に利用するなどの主観的意図があることを要しないと判示した最決平成21・1・15民集63・1・1百選78がある（主観的意図不要説）。

　なお，親会社の社員（株主）は，その権利を行使するために必要があるときは子会社の帳簿閲覧権を有する（会433Ⅲ。少数株主権で裁判所の許可が必要）。また，裁判所による会計帳簿の提出命令の制度が定められている（会434）。

!! 会計帳簿・書類の意義・範囲

　会計帳簿に関しては，会社の経理の状況を示す一切の帳簿および書類と広義に解する立場と，会計の帳簿を会社法432条にいう会計帳簿と解し，かつ会計の書類についても，会計帳簿に記入する際の材料となった書類その他会計帳簿を実質的に補充すると認めるべき書類に限定して解する立場（限定説）が対立している。前説は，帳簿閲覧権を会社の業務執行に対する各種の監督是正権を行使するための手段的権利として位置付け，閲覧の実をあげるべきことを根拠に，閲覧の対象範囲の拡大を意図している。これに対して後説は，営業秘密を侵害する危険が大きく，また閲覧請求それ自体が会社の業務執行の妨げになると批判する。しか

し，会社法433条2項は，そのような場合のために存在するのであって，批判には理由がない。したがって，私見は前説を支持する。なお，横浜地判平成3・4・19判時1397・114百選A30は，限定説をとる。

3. 検査役の選任請求権

　会社の業務執行に関し不正行為または法令・定款違反の重大な事実が存在する疑いがあるときは，総株主の議決権の100分の3以上の議決権を有する株主および発行済株式の100分の3以上の数を有する株式を有する株主は（100分の3の要件は，原則として裁判の確定まで維持しなければならない：最決平成18・9・28民集60・7・2634百選59），会社の業務および財産の状況を調査させるため，裁判所に検査役の選任を申し立てすることができる（会358）。

　この権利は帳簿閲覧権に比べて一層強力であるために，濫用防止のためにより厳重な制限（株式保有要件と，不正行為または法令・定款違反の重大事実の存在の疑い）が付けられている。不正行為とは，取締役が自己または第三者の利益を図って会社を害する行為を意味する。法令違反とは，会社法の規定違反の場合だけでなく，わが国の法令一般の違反が問題となる。法令違反についてはとくに重大な事実であることを要し，重大性の判断については業務財産状況の調査を検査役にさせることを相当とする程度のものであるかどうかが基準となる。大阪高決昭和55・6・9判タ427・178百選A27は，会社の業務執行に関して，不正行為または法令定款に違反する重大事実の存在を疑うべき事由があるとしたものである。

　さらに，解釈上，本条にいう不正または違法行為に該当するためには，会社の経理または会社財産に影響を及ぼすものでなければならず，したがって単に違法・不正行為があるというだけでは不十分であるとする説がある（参照，東京高決昭和40・4・27下民集16・4・770）。しかし，会社財産に損害が生じない場合でも，株主の利益が不当に害される場合（合併比率の不公正など），取締役としての資質・能力を疑わせる重大な違法行為がある場合に総会において解任等の対策を講じるためにも，選任請求は認めるべきである（私見）。

選任された検査役は，その職務を行うため必要あるときは，子会社の業務および財産の状況を調査することもできる（会358Ⅳ）。検査役の調査結果は，裁判所に報告し，検査役は会社および申立株主にこれを提供する（同ⅤⅦ）。なお，裁判所は報告を受けて，株主総会の招集または（および）調査結果の株主への通知を取締役に命じることができる（会359）。

4. 計算書類等閲覧・交付請求権（会442Ⅲ）

貸借対照表その他の計算書類とその附属明細書および監査役（および会計監査人）の監査報告書は，定時総会の2週間前から本店に5年間，謄本を支店に3年間備え置かれ（会442ⅠⅡ），株主，会社債権者は，営業時間内いつでもそれらの閲覧または謄本・抄本の交付を請求できる（同Ⅲ）。貸借対照表（大会社にあっては損益計算書も含む）は定時総会終了後に公告され（会440Ⅰ），取締役会設置会社の株主には計算書類と監査報告書が招集通知に添付されるから（会437），閲覧・謄写の意味があるのは附属明細書のみである。

　親会社の株主は，その権利を行使するため必要あるときは，裁判所の許可を得て子会社の計算書類の閲覧謄写権を行使することができる（会442Ⅳ）。会計帳簿と同様に，裁判所による計算書類およびその附属明細書の提出命令の制度がある（会443）。

第12節　会社の基礎の変更

Ⅰ　定款変更

1. 意　義

定款の変更とは，会社の組織活動を定める根本規則としての実質的意義の定款内容を変更することである。新しい用紙への書換，常用漢字・新仮名遣いの採用，縦書きから横書きへの変更など，定款の内容にまったく変更を生じない定款の単なる書面（記録）上の変更は，ここでいう定款変更ではない。

　定款変更は，株式会社の基本的特質や強行法規に反しえないのはもちろん，株主平等原則に反してはならない（会29参照）。

　　原始定款に定款を変更しえない旨の規定がある場合でも，通常の定款変更手続によってまずその部分を削除し，次いで定款の全部または一部を変更できると解するのが通説であるが，そのような定款不変更の規定は株式会社の本質に反するので無効であるとする見解も有力である。

2.　定款変更の手続

　定款変更は株主総会の特別決議によって行われる（会466・309Ⅱ⑪）。

　会社が数種の株式を発行している場合に，定款の変更によってある種類の株主が損害を被るときは，株主総会の決議のほかにその種類の株主の総会の決議が必要である（会322）。定款の規定のうち事実に基礎を置いているものは，その事実の変更に伴い当然に変更され（たとえば市町村の合併による本店所在地の変更），株主総会の決議は不要である。法の改正により定款のある規定が法と抵触することとなった場合にも，当該定款規定は当然に失効する（なお変更されたとみなされる場合がある）。

　　定款の変更は，総会の決議によって効力を生じ，書面たる定款の更正は，定款変更の効力発生後に代表取締役の職務としてなされるに過ぎない（多数説・判例－大判大正5・10・14民録22・1894）。定款作成の場合と異なり，公証人の認証（会30）も不要であるが，定款の変更が登記事項の変更になる場合には，その変更の登記を必要とする（会911Ⅲ・915，商登79Ⅰ）。

3.　会社の発行する株式総数の変更

　会社は，必要に応じて定款を変更して発行可能株式総数（会37・98）を増加できるが，公開会社においては，設立時の発行済株式総数の4倍を超えて増加できない（会37Ⅲ：それ以外の会社ではこのような制限はない－同但書）。そして，公開会社が設立後に，定款を変更して発行可能株式総数を増加する場合には，変更後の発行可能株式総数は，当該定款の変更が効力を生じた時における発行済株式の

総数の4倍を超えることはできない（会113Ⅲ）。

　これは，授権資本制度の下で取締役会の新株発行権限を制限する趣旨を会社成立後も貫いたものである。本条に違反する定款変更の効力については，定款変更は全体として無効となると解すべきである。発行予定株式総数の変更は，未発行株式が残っているときでもなし得るし，すでに決定した新株発行（将来決定するかもしれない新株発行では足りない）の効力発生を条件とし，その条件成就時における発行済株式総数の4倍を超えない範囲内でなすこともできる（最判昭和37・3・8民集16・3・473百選A9）。

　合併に際し，存続会社が発行する株式総数を増加するときも，合併の結果生じる発行済株式総数を基準として，その4倍まで拡大することができる。

---

4. 株式の譲渡制限

　株式の譲渡制限は，会社成立時の原始定款で定めるほか，定款変更によっても定めることができる。しかし，株式の自由譲渡性を信頼して株式を取得した株主の利益を守るため，通常の定款変更の場合より厳格な手続を定めるとともに（会309Ⅲ），さらに決議に反対した株主には株式買取請求権が認められている（会116）。

　株式の譲渡制限を設定した場合には，発行している株券については，その規定を株券に記載することを要する（会216Ⅰ③）。会社は1カ月以上の期間を定めて株券を提出させなければならず（会219），この期間内に提出されない株券は無効となる（同Ⅲ）。株主としての地位には影響ない（最判昭和60・3・7民集39・2・107百選26は，名義書換未了株主もそうであるという）。

Ⅱ　資本金額・準備金の減少

1. 意義および目的

　資本金額の減少とは，会社の資本額を法定の手続によって減少させることであり，会社債権者保護のため，法は厳重な手続の下でこれを認めている。資本金額

の減少には，会社財産の減少を伴うもの（実質上の資本金額減少）と伴わないもの（名義上の資本金額減少）とがある。実際には名義上の資本金額減少が普通であり，欠損を生じた会社がすでに減少している会社資産に資本金額の額を合わせ，利益配当を可能にするために行う。時には名義上の資本金額減少をするとともに新株の発行（資本の増加）をして資金を調達し，会社の再建を図ることもある。資本金額の額をゼロにする資本減少は平成17年（2005年）改正前商法上，許されないと解されていたが，会社法は減少できる資本金の額についての制限を設けないこととした。

　また，従来の準備金の資本組入についても，準備金の減少として資本金減少とあわせて規定され，株主総会の決議を要する（会448）。

2.　資本金額減少の方法

　株式数の減少によるほか，株式数を減少しないで資本を減少することもできる（会447）。前者の場合，特定の株式を消滅させる株式の消却と数個の株式を合わせて少数の株式とする株式の併合がある（会180）。なお，消却には，株主の意思に関係なく行う強制消却（抽選の方法により消却株式の決定がなされるのが普通）と株主との契約によって会社が株式を取得して行う任意消却（自己株式の消却－会178）があり，また会社が株主に対価を支払うかどうかによって有償消却と無償消却がある。任意で有償の場合，株式会社は，消却する自己株式の数を定めなくてはならず（会178Ⅰ），取締役会設置会社においては，取締役会決議により，自己株式の消却を決定する（同ⅠⅡ）。

　なお，会社法においては，減少資本金額を準備金に計上できるようになった（会447Ⅰ②，なお，平成26年（2014年）改正により，いわゆる人的分割においては会445Ⅳによる準備金の計上は要しないものとされた―会792・812）。

3.　資本金額減少の手続

　資本金額減少は，株主の利害にも直接影響するので，原則として株主総会の特別決議事項とされる（会309Ⅱ⑨）。
　なお，定時株主総会において当該決議を行う場合に，資本金の額の減少を行っ

た後に分配可能額が生じない場合には（いわゆる「欠損填補」），普通決議で足る（会309Ⅱ⑨イロ参照）。

> いずれにせよ決議の際には，①減少すべき資本金の額，②減少する資本金の額の全部または一部を準備金とするときは，その旨および準備金とする額，③資本金の額の減少がその効力を生ずる日を定めておかなくてはならない（会447Ⅰ）。
>
> また，株式会社が株式の発行と同時に資本金の額を減少する場合において，当該資本金の額の減少の効力が生ずる日後の資本金の額が，当該日前の資本金の額を下回らないときにおいては，株主総会決議ではなく，取締役の決定（取締役会設置会社においては取締役会決議）で足る（同Ⅲ）。

また，株式会社が資本金または準備金の額を減少する場合には，減少する準備金の額のすべてを資本金とする場合を除いて，当該株式会社の債権者は異議を述べることができる（会449Ⅰ本文）。ただし，準備金の額のみの減少の場合には，債権者保護の要請に乏しく必ずしもこの限りではない（同但書）。債権者が異議を述べることができる場合には，当該株式会社は，①当該資本金等の額の減少の内容，②当該株式会社の計算書類に関する事項として法務省令（会計規152①〜⑥）で定めるもの，③債権者が一定の期間内に異議を述べることができる旨を官報に公告し，知れたる債権者に対して，個別にこれを催告する必要がある（会449Ⅱ）。

> 「知れたる債権者」とは，債権者が何人であるかその債権がいかなる原因に基づくいかなる請求権であるかの大体が会社に知れている債権者をいい，会社との間に訴訟継続中の債権者もこれに該当しないとはいえないという（大判昭和7・4・30民集11・706百選79）。もっとも，債権者への個別の催告は，日刊紙への掲載・電子公告により回避することが可能である（会449Ⅲ・939Ⅰ）。

債権者が期間内に異議を述べなかったときは，資本金額減少を承認したものとみなされる（会449Ⅳ）。債権者が異議を述べたときは，資本減少によってその債権者が害されるおそれがない場合を除き，会社は弁済をするか相当の担保を提供し，または債権者に弁済を受けさせる目的で信託会社に相当の財産を信託しなければならない（同Ⅴ）。社債権者が異議を述べるには社債権者集会の決議によることを要する（会740）。

資本金額減少の実行手続は資本減少の方法によって異なる。①株式数の減少を伴わない場合，原則として特別の実行手続は要しないが，株主への払戻を伴うときは現実の支払を要する。②任意消却の場合，株主との契約によって自己株式を取得して行うが，有償消却には対価の支払が必要である。この場合，特定の者から買受けるか，市場取引または公開買付の方法による（会160・161・178）。③株式併合の場合，株式の併合がその効力を生ずる日の2週間前までに，株主およびその登録株式質権者に対し，併合に関する事項（会180）を通知または公告しなければならない（会181）。株券を発行していれば，株主提出公告・通知が必要となる（会219）。

　株主総会の特別決議，債権者保護手続および資本金額減少の実行手続のすべてが完了したときに，資本金額減少はその効力を生じる。これに伴い登記事項に変更を生じるので，会社は本店の所在地においては2週間以内に変更の登記をしなければならない（会911Ⅲ，商登79・87）。発行済株式総数の減少を伴う資本金額減少の場合，発行済株式総数の減少分についてはすでに株式の発行権限が行使されたのであるから，その分だけ未発行株式数が増加するものではない。

4. 資本金額減少の無効

　資本金額減少の手続・内容に瑕疵がある場合，資本金額減少は無効となるが，法律関係の安定を確保するため，設立無効に準じ資本金の額の減少無効の訴えの制度がある（準備金についてはない）。すなわち，資本金の額の減少の無効は，株主，取締役，清算人，監査役設置会社にあっては監査役，委員会設置会社にあっては執行役，破産管財人または資本減少を承認しない債権者に限り，資本金額減少による変更登記の日から6カ月以内に，訴えをもってのみ主張することができる（会828Ⅰ⑤Ⅱ）。資本金額減少無効の判決は，第三者に対しても効力を有する（会838）。しかし，その効果は法律関係の安定のため，将来に向かってその効力を有する（会839）。

Ⅲ　組織変更

1.　総　説

　会社が他の種類の会社に移行することを望む場合にその会社を解散して新たに他の種類の会社を設立することは，労力と費用の無駄であり，企業維持の観点からも好ましくない。また，法人格が異なることにより免許や許可の再取得を必要とする。そこで，会社は，その組織を変更して人格の同一性を保ちながら他の種類の会社に変わることができる（会2㉖）。

　平成17年（2005年）改正前商法上，このような組織変更は，形態の類似する会社間，すなわち合名会社・合資会社間（商旧113・163），および株式会社・有限会社間においてのみ認められていた（旧有64Ⅰ・67Ⅰ）。

　会社法においては，会社は組織変更計画を作成して，組織変更ができる旨を規定し，株式会社から持分会社への組織変更（会744），持分会社から株式会社への組織変更（会746）について定めている（合同会社から株式会社への組織変更が多くなされることが予想されている）。なお，持分会社内での変更は可能であるが，厳密には会社法における組織変更とはいえない。

2.　組織変更の手続

　株式会社が持分会社に組織を変更する際には，まず組織変更計画を定めなければならない。その内容としては，合名会社・合同会社・合資会社のいずれに変更するか，組織変更後の持分会社の目的，商号，本店所在地，社員の性質，氏名，組織変更する株式会社の株主に対する金銭等の割当の内容，効力発生日などである（会744Ⅰ各号）。

　組織変更をする株式会社は，効力発生の前日までに組織変更計画について当該株式会社の総株主の同意を得なければならない（会776Ⅰ）。また，効力発生の20日前までに，その登録株式質権者および登録新株予約権質権者に対しても，組織変更をする旨を通知しておく必要がある（同Ⅱ）。そして，反対する新株予約権者には，新株予約権の買取請求権が認められる（会777）。会社は，組織変更計画備置開始日から組織変更の効力発生日まで，組織変更計画に関する書面を備え置き，

閲覧に供さなくてはならず（会775 I），株主および債権者は，営業時間内はいつでも閲覧や謄本の交付請求が可能である（同Ⅲ）。

　なお，株式会社から持分会社への組織変更については，常に，債権者保護手続をとらなければならない（会779）。

3.　組織変更の無効

　組織変更の手続または内容に瑕疵がある場合には，組織変更は無効となる。具体的な無効原因としては，社債の償還を完了していない場合，組織変更決議に取消，無効または不存在の原因（会831・830）がある場合，債権者保護手続をとらずに資本を減少する場合などがある。会社に現存する純資産額より多い金額を資本額とする場合は，決議当時の取締役および株主に純資産不足額塡補責任が認められることから，ただちに無効原因とはならないが，塡補責任が現実に履行されないときは，組織変更は無効となるものと解される。組織変更の無効について，無効の一般原則に委ねるのは利害関係者が多数であるので適当ではなく，画一的処理を行うことが必要とされる。そこで，判例は，法的安定性を確保するために会社の設立無効の訴えに関する平成17年（2005年）改正前商法428条の類推適用を認めていた（最判昭和46・6・29民集25・4・711）。

　会社法においては，組織変更の際の無効の訴えの手続が明文で示されることになった（会828）。これにより，組織変更無効の主張は，他の会社の組織に関する訴えと同様に制限され，効力が発生することとなるが，組織変更の手続がまったくなされていないにもかかわらず，組織変更登記があるような場合には，組織変更は不存在であり，誰でも何時どのような方法によってもその不存在を主張することができる。組織変更無効判決が確定した場合には，組織変更後の会社は，当然に組織変更前の会社に復帰するものと解されており，解散の場合に準じて清算されるのではない。

Ⅳ 合　併

1．合併の意義

（1）　合併の目的と種類

　合併は，複数の企業の法人格を合同し全事業・全財産＝権利義務の全部を承継させるものであり，最も強力な企業結合の手段である（合併の定義について，会2 ㉗㉘）。その目的は企業の競争力を維持強化することにある。合併には2種類あり，複数の当事会社のうち1会社だけが存続し他の解散する会社をその中に吸収する吸収合併（会2㉗）と，全当事会社が解散しそれと同時に新会社を設立してこの中に入り込む新設合併（会2㉘）とがある。

　しかし，新設合併は，新会社の設立という法形式をとることから，事業についての官庁などの許認可をあらためて取得しなければならないこと，証券取引所への株式上場手続をあらためて行わなければならないこと，さらに登録免許税が高いことなどの不利な面があるため，ほとんど行われていない。実務上は，対等の会社が合併する場合にも，抽選などの方法で存続会社を決定して吸収合併を行うことが多い。

　合併，および後述の株式交換，株式移転，会社分割を合わせて，組織再編という。

‼ 合併の法的性質

　平成17年（2005年）改正前商法下では，通説は，会社の合同を生ずる組織法上の一種特別の契約であり，その契約の効果として権利義務の包括承継と株主の収容を生ずるものと解していた（人格合一説）。これに対しては，解散会社の営業全部を現物出資とする存続会社の新株発行あるいは新会社の設立と解する説（現物出資説）も存在した。しかし，会社法の下では，合併対価が株式に限定されず，金銭のみを交付する合併も認めているため，現物出資説だけでなく，人格合一説でも合併の法的性質を説明することは困難となった。

（2）　合併の自由と制限

①　**会社法上の問題**　　会社法上の４種の会社は，いずれの種類の会社とも自由に合併できる（会748）。

平成17年（2005年）改正前商法においては，株式会社同士で新設合併を行う場合には，新設会社は，株式会社または有限会社でなければならない等の制限があったが（商旧56Ⅱ，旧有60Ⅰ），会社法においては，持分会社同士で株式会社を設立する新設合併も可能である（会922）。なお，会社法においては，合併対価の柔軟化や簡易組織再編行為，略式組織再編行為，新株予約権の承継などが整備されたが，これについては後述する。株式会社が解散した場合には，当該株式会社は，合併により当該株式会社が存続するような合併はできない（会474①）。

また，会社法第５編においては，組織変更，合併・会社分割・株式交換および株式移転に関して，それぞれ株式会社と持分会社に分けて規定されている。

！！ 債務超過会社の合併

平成17年（2005年）改正前商法下では，のれん等を含めて資産を再評価した場合に債務超過となる会社が合併できるかどうかについては争いがあった。会社法は，以上のような債務超過の場合を含め，差損を生じさせる組織再編行為は，株主総会の特別決議があれば可能としている（会795Ⅱ・796Ⅲ但書）。合併のような組織再編行為は，前述のようにもはや現物出資とはいえず，また債務超過の子会社を吸収することにより，グループ企業全体の経営効率化を図るという実際的要請に応えるためである。ただ，株主・債権者の保護のため，株主総会での説明が求められ（会795Ⅱ），株式買取請求権，債権者保護手続が認められているし，簡易組織再編行為はできない（会796Ⅲ但書）。

②　**独占禁止法上の制限**　　独占禁止法は，合併によって一定の取引分野における競争を実質的に制限することとなる場合および合併が不公正な取引方法によるものである場合には，合併をしてはならないものとし（独禁15Ⅰ），これに違

反するときは，公正取引委員会は，違反行為を排除するために必要な措置を命じることができるものとしている（独禁17の2 I）。

そして，違反行為を予防するため，国内の会社が合併をしようとする場合には，あらかじめ公正取引委員会に届出をさせ（独禁15 II），その届出受理の日から原則として30日を経過するまでは合併をしてはならないものとしている（独禁15 IV）。

---

2. 合併の手続

（1）　合併契約書の作成

　会社法においては，株式会社，持分会社において別途独立に合併の手続を定めているので，ここでは，株式会社同士が吸収合併するケースを中心に説明する。まず，会社が合併をするためには，会社間で合併契約書を作成しなければならないが（会748），株式会社が存続する場合の吸収合併における合併契約書には，以下の事項を記載することが要求されている（会749：なお，株式会社を新設する新設合併の場合につき，会753参照）。

---

① 吸収合併後存続する株式会社（以下「存続会社」という）および吸収合併により消滅する会社（以下「消滅会社」という）の商号および住所（会749 I ①）。

② 存続会社が消滅会社の株主または持分会社の社員に対してその株式または持分に代わる金銭等を交付するときは，当該金銭等の内容ごとに以下の事項（同 I ②）。

　ア）当該金銭等が存続会社の株式のときは，株式の数（種類株式発行会社にあっては，株式の種類および種類ごとの数）。

　イ）当該金銭等が存続会社の社債であるときは，当該社債の種類および種類ごとの各社債の金額の合計額またはその算定方法。

　ウ）当該金銭等が存続会社の新株予約権であるときは，当該新株予約権の内容および数またはその算定方法。

　エ）当該金銭等が新株予約権付社債である場合には，社債・新株予約権に関する上記の事項。

　オ）当該金銭等が株式以外の財産であるときは，当該財産の内容および数もしくは額またはこれらの算定方法。

　　なお，これらに係る消滅会社の株主または社員に対する金銭の割当に関する事項を定める必要もある（同Ⅰ③）。この場合には，株主の有する株式の数に応じて金銭等を交付することを内容とするものでなければならない（同Ⅲ）。

③　消滅株式会社が新株予約権を発行しているときは，存続会社が当該新株予約権者に対して交付する存続会社の新株予約権または金銭についての以下の事項（同Ⅰ④）。

　ア）存続会社の新株予約権を交付するときは，新株予約権の内容および数またはその算定方法。

　イ）消滅会社の新株予約権者が保有する新株予約権が，新株予約権付社債であるときは，存続会社が当該社債に係る債務を承継する旨ならびにその承継に係る社債の種類および種類ごとの各社債の金額の合計額またはその算定方法。

　ウ）消滅会社の新株予約権者に金銭を交付するときは，当該金銭の額またはその算定方法。

　　なお，これらに係る新株予約権または金銭の割当に関する事項を定める必要もある（同Ⅰ⑤）。

④　吸収合併がその効力を生ずる日（同Ⅰ⑥）。なお，効力発生日は登記日ではなく，合併契約によって定められる（会750Ⅰ）。

⑤　消滅会社が種類株式発行会社であるときは，存続会社と消滅会社間で当該種類株式の内容に応じて，ある種類の株式の株主に対して金銭等の割当の有無，株式の種類ごとに異なる内容の取り扱いをするときは，その旨とその内容（会749Ⅱ）。

　　なお，平成17年（2005年）改正前商法では，解散会社の株主に支払うべき金額（合併交付金）を定めたときの規定（商旧409Ⅰ④）により，合併比率の調整のための外，配当に代えて解散会社の株主に合併交付金が支払われることが認められていた。

　会社法においては，合併対価が柔軟化され，消滅会社の株主に対して金銭だけを交付する合併（キャッシュアウトマージャー）も認められた（会749Ⅰ②）。また，存続会社の親会社の株式を交付する合併（三角合併）も認められる（そのため，子会社が親会社株式を取得する際の規制は適用されない—会800）。さらに，新株

予約権や種類株式の扱いについても明確になった。企業結合における会計処理の方式には，パーチェス法（再評価計上方式）と持分プーリング法（従来帳簿価額引継ぎ方式）がある。

!! 合併比率

　　合併比率とは，合併によって消滅する会社の株式1株に対して存続する会社の株式何株を交付するかその割合比率を指す。その内容は，合併契約書に定めなければならない（会749）。

　　実際には，株券交付事務の簡易化の必要や当事会社の体面等の理由から，1対1の合併比率を定める場合が圧倒的に多い。合併比率の調整のために，株価等の高い会社において減資，株式分割が，低い会社において増資，株式併合が行われることがある。合併比率の調整の方法としては，他に合併交付金を交付することも認められる。

　　ところで，合併比率は両当事会社の株主の利益に関係するので，各当事会社の企業価値からみて公正であることが要請される（会施規182 I ①～③Ⅲ～Ⅴ・191 I ②・204①②・213参照）。企業価値は，会社の純資産額のみでなく収益力・成長力なども考慮した継続企業としての価値であり，この企業価値からみて著しく不公正な合併比率が定められた場合，合併無効の原因となると解される（後述）。また，会社法においては，キャッシュアウトマージャーや三角合併が認められること，合併のシナジー効果についても考慮すべきであることから，合併比率の算定はより困難になったといえる。

（2）　合併契約書の公示

　吸収合併契約において，存続会社，消滅会社が株式会社の場合，合併契約書の作成後，合併当事会社は，吸収合併契約の備置開始日（株主総会の承認決議を有するときはその2週間前の日）から吸収合併がその効力を生ずる日（存続会社において合併承認決議を要しない場合につき，会796参照）後6カ月を経過するまでの間，合併契約書その他法務省令に定められた事項（合併契約の内容，合併条件の相当性に関する事項，合併対価の発行会社に関する事項，相手方当事会社の計算書類等の

内容，当該当事会社の重要な後発事象等の内容，存続会社・新設会社の債務の履行見込みに関する事項—会施規182・191・204・213）を記載した書面または電磁的記録を本店に備え置かなければならない（会782・794）。これらは，株主および会社債権者の閲覧・謄写に供しなければならない（会782Ⅲ・794Ⅲ）。

（3）　合併承認決議

合併当事会社は，原則として合併の効力が発生する前日までに，合併契約書について株主総会の承認を受けなければならない（会783・795）。事柄の重要性から，その承認には特別決議が通常必要とされ（会309Ⅱ⑫），その総会の招集通知にはとくに議案の要領も記載しなければならないものとされている（会299Ⅳ）。そして，反対株主には株式買取請求権が認められる（会785・797）。

株式の譲渡制限は，とくに株主の重大な利益にかかわることから，解散会社の定款に株式の譲渡制限の定めがない場合に，存続会社の定款にその定めがあるときまたは新設会社の定款にその定めを設けるとき，合併により消滅する株式会社の株主に対して交付する金銭等の全部または一部が譲渡制限株式等である場合には，解散会社において特別決議よりも厳重な特殊の決議が必要とされる（会783Ⅰ・309Ⅲ）。また，存続会社の定款に株式の譲渡制限の定めを設ける場合にも，存続会社およびその定めのない解散会社において同様の決議が必要とされるのは当然である（会309Ⅲ）。

なお，合併期日の到来までは合併決議の撤回の決議ができると解されている。また，合併においては，反対株主の株式買取請求・新株予約権の買取請求が認められており，株主総会の決議が必要な合併においては，事前に反対の旨を通知し，かつ実際に株主総会において反対した株主については，公正な価格で，株式を買い取ることを請求できる（会785・787・797：非上場株式の評価について，最決平成27・3・26民集69・2・365百選90は，非流動性ディスカウントを行うことはできないとした初めての最高裁決定である）。買取りの効力が生じる時期は，合併の効力発生日である（会786Ⅵ・798Ⅵ：その他の組織再編も同じ—平成26年（2014年）改正）。

簡易合併・略式合併制度・略式組織再編制度

　吸収合併において，存続会社の規模が解散会社に比べて著しく大きく，存続会社の株主の利益に重大な影響を及ぼす危険性のない場合には，合併手続の簡素化を図るために存続会社での合併承認総会の省略が認められている（簡易合併）。具体的には，吸収合併の存続会社が，合併の対価として交付する存続会社株式の数の発行済株式総数に対する割合と，存続会社の株式以外の財産の純資産額に対する割合との合計が5分の1以下の場合には，存続会社において株主総会の決議を得ることを要しないものとされる（会796Ⅲ）。ただし，一定数以上を有する少数株主が反対したときは株主総会決議が必要であり（同Ⅳ），簡易合併が行われた場合でも，合併に反対の株主には，株式買取請求権が与えられている（会797Ⅰ。なお，会828Ⅰ⑦～⑫）。

　また，略式合併として，会社法では，支配関係のある会社間で合併を行う場合には，被支配会社における株主総会の決議を要しないことが認められる（会796Ⅰ）。ここで，支配関係のある会社間とは，ある株式会社が，他の株式会社の総株主の議決権数の9割以上を保有しているようなケースを指す。この場合でも，少数株主や種類株主を保護する措置が講ぜられている（会784Ⅱ・796Ⅱ・783ⅢⅣ・795Ⅳ・785Ⅰ・797Ⅰ・828Ⅰ⑦⑨⑪）。

　他の組織再編においても，簡易の組織再編や略式の組織再編が認められている（会796）。また，事業の全部または重要な一部の譲渡および事業の全部の譲受等の場合についても，同様である（会468）。

（4）　債権者保護手続

　合併は，会社債権者の利益に重大な影響を与えるから，合併をするためには，合併当事会社は，以下の債権者保護手続をとらなければならない（以下，合併存続会社の債権者保護手続を中心に述べる）。すなわち，会社は，債権者に対し合併に異議があれば1カ月を下らない一定の期間内にこれを述べるべき旨および最終の貸借対照表に関する事項で法務省令で定めるものを官報で公告し，かつ知れたる債権者には個別にその旨を催告しなければらないが（存続会社につき，会

799)，手続の簡素合理化のために，合併をする会社が債権者に対する公告を官報および公告方法として定款で定めた日刊新聞紙に掲載したときは，債権者に対する個別の催告を要しないものとされている（同Ⅲ）。債権者が上の期間内に異議を述べなかったときは，合併を承認したものとみなされる（同Ⅳ）。債権者が異議を述べたときは，合併によってその債権者が害されるおそれがない場合を除いて，会社は，弁済をするか相当の担保を供し，または債権者に弁済を受けさせる目的で信託会社に相当の財産を信託しなければならない（同Ⅴ）。

（5）　株式の併合・分割

　合併比率を単純化して，解散会社の株主への合併新株の割当を円滑に行うために，解散会社において株式の併合または分割の手続を行うことができる。すなわち，解散会社の多数の株式に対し存続会社あるいは新設会社の少数の株式を割り当てる場合には，合併期日において消滅会社の株式1株に対して存続会社あるいは新設会社の株式1株を割り当てるために，解散会社において株式の併合が行われる（会180）。

（6）　合併期日・合併登記

　　平成17年（2005年）改正前商法においては，合併期日（商旧409⑥・410⑤）には解散会社の財産や株主関係の書類が存続会社に引き渡され，また，通常，解散会社の株主に対し存続会社あるいは新設会社の株式が割り当てられ，当事会社が実質的に合体することになっていた。そして，会社が合併をしたときは，本店の所在地では2週間内，支店の所在地では3週間内に存続会社の変更登記，解散会社の解散登記，新設会社の設立登記がなされなければならないとされていた（商旧414Ⅰ）。

　会社法においては，吸収合併につき，合併契約において，合併の効力発生日を定めることになり（会749Ⅰ⑥），登記は効力発生の要件ではない。また，新設合併においては，新設会社の成立の日が効力の発生日となる（会754）。なお，吸収合併については効力発生日から，新設合併については一定の日から，それぞれ2週間以内に登記しなければならない（会921・922）。

　なお，会社法においては，効力発生日後に合併の登記をすることになるため，その間，登記が実態を反映していないことになりかねない。そこで，このような

事態が生じないよう，たとえば合併による会社の消滅については，合併の登記を
するまでの間は，第三者の善意悪意を問わず第三者に対抗することができない等
の措置を講じている（会750Ⅱ）。

（7）　合併に関する事項の報告

合併当事会社においては，債権者保護手続の経過，合併登記の日，消滅会社か
ら承継した財産の価額および債務の額その他の合併に関する事項を記載した書面
を合併後6カ月間本店に備え置き，株主および会社債権者の閲覧・謄写に供しな
ければならない（会791・801）。

> これは，株主および債権者に対して合併手続の適切性を間接的に担保し，また
> 合併無効の訴えを提起すべきか否かの判断資料を提供するための事後的な情報開
> 示である。

3.　合併の効果

（1）　当事会社の解散と金銭等の割当・新会社の設立

合併の効力が生じると，吸収合併の場合における存続会社を除くすべての当事
会社が解散し（会471④），清算を経ないで消滅する（会475①）。吸収合併の場合，
存続会社は，通常，新株を発行して解散会社の株主を収容する。また，新設合併
の場合，解散会社の株主を収容した新会社が成立する。両者の場合における解散
会社の株主への新株の割当は，持株数に応じて行われる。しかし，親会社が完全
子会社を吸収合併する場合には，新株発行は行われない。また，会社法により合
併対価が柔軟化されたことに伴い，存続会社は，解散会社の株主に対し新株を発
行する代りに，その有する自己株式を移転することによって解散会社の株主を収
容し得るだけでなく，金銭，社債，新株予約権，新株予約権付社債などを割り当
てることができる（会749・753）。

（2）　権利義務の包括移転

合併においては，解散会社は，清算を経ないで消滅するため，その一切の権
利・義務は，存続会社あるいは新設会社に格別の移転行為なくして包括移転され
る（会750・754）。この場合に解散会社の義務が移転されるのは，解散会社の債権
者を保護するためであるから，解散会社の義務を移転しないものとすることはで

きないと解されている（大判大正6・9・26民録23・1498）。動産および債権については，譲渡の場合にのみ対抗要件が必要とされているため（民178・467），存続会社あるいは新設会社は，動産の引渡や債権者に対する通知または承諾がなくともその移転を第三者に対抗し得る（大判昭和12・4・22民集16・487）。これに対し，不動産については，「得喪および変更」に対抗要件が必要とされているため（民177），存続会社あるいは新設会社は，登記をしなければその移転を第三者に対抗できないものと解するのが通説であるが，合併の場合には，対抗問題を生ずる余地がないとしてこれに反対する見解も有力である。

　なお，従業員との労働契約や身元保証契約，あるいは賃貸借契約のような解散会社との継続的法律関係も，合併によって存続会社または新設会社に移転する。

4.　合併の差止め（平成26年（2014年）改正）

　①合併が法令もしくは定款に違反する場合，または②略式吸収合併において合併対価の定めが消滅会社もしくは存続会社の財産の状況その他の事情に照らして著しく不当である場合に，合併（簡易合併を除く）により消滅会社または存続会社の株主が不利益を受けるおそれがあるときは，当該株主は，消滅会社または存続会社に対して，合併をやめることを請求できる（会784の2・796の2・805の2）。後述のように，この差止請求権はその他の再織再編行為においても認められる。

5.　合併の無効

　合併手続に問題がある場合，株主や監査役はその差止を請求できるが（会360・385），合併の効力が生じた後の是正方法は合併無効の訴えだけに限定される（会828Ⅰ）。

（1）　無効原因

　合併の手続または内容に瑕疵がある場合には，合併は無効となる。具体的な無効原因としては，存続会社または新設会社が不適格である場合，合併契約書を作成していない場合，合併契約書に所定事項の記載を欠く場合（大判明治19・8・25民集23・524），合併承認決議に取消，無効または不存在の原因（会831・830）がある場合，債権者保護手続がとられない場合，独占禁止法15条2項および3項に違反する場合（独禁18条）などがある（名古屋地判平成19・11・21金判1294・60百選

92は，合併契約の錯誤無効を合併無効原因とした事例である）。なお，前述のように，解散会社の義務を存続会社に移転しないものとすることはできず，このようなことを定めた条項は無効であるが，その無効は，合併自体の効力には影響を与えないものと解される。

　　問題となるのは，合併比率が不当または不公正な場合である。前述のように，合併比率の算定は必ずしも容易ではない。東京地判平成元・8・24判時1331・136，東京高判平成2・1・31資料版商事77・193百選91は，合併比率が不当であるとしても，合併契約の承認決議に反対した株主は，会社に対し，株式買取請求権を行使できることに鑑みると，合併比率の不当または不公正ということ自体が合併無効事由になるものではないとする。しかし，株式買取請求権は，株主として居残りながら不公正な合併に対する救済を求めようとする者にとっては役に立たないから，この見解はとり得ない。一方，合併比率が当事会社の財産状態・収益力からみて若干不公平な場合でも，不公平の程度が利害の異なる会社同士が合併に至るための条件としてやむを得ないと認められるときは，著しく不公正なものに当たらないとする見解もある。しかし，前述のように，合併比率の不当・不公正は，合併差止事由になっている現在，やはり無効原因となると解すべきである。

（2）　合併無効の訴え

　合併の無効の訴えは，合併登記の日から6カ月内に各会社（多数説は，これを存続会社，新設会社および解散会社と解している）の株主等（株主，取締役，監査役または清算人，監査役設置会社にあっては監査役，委員会設置会社にあっては執行役），破産管財人，または合併を承認しない債権者に限り，提起できる（会828Ⅱ①⑦⑧）。これは法的安定性を確保するために無効の主張を可及的に制限したものであるが，合併の手続がまったくなされていないにもかかわらず，合併登記があるような場合には，合併は不存在であり，誰でもいつでもどのような方法によってもその不存在を主張することができる。

　　合併承認決議に瑕疵がある場合，合併の効力発生前には決議の瑕疵を争う訴えを提起せざるを得ないが，効力発生後は，その訴えは合併無効の訴えに変更しなければならず，また，独立に決議の瑕疵を争う訴えを提起することはできないものと解すべきである。

　なお，合併承認決議に取消原因があることを理由とする合併無効の訴えは，決議後3カ月以内に提起されなければならないものと解される（会831参照）。訴えの手続については，会社の組織に関する訴えとして，会社設立無効の訴え，株式発行無効の訴え，自己株式の処分の無効の訴えと同様に扱われる（会828参照）。すなわち，被告については，会社法834条に規定されるほか，専属管轄（会835），弁論の開始・訴訟の併合（会837），担保の供与（会836）等の定めは，会社の組織に関する訴えに共通のものである。なお，合併時の株主は，株主でなくなっても原告適格があることが明文化された（会828Ⅱ⑦等）。

　このほか，独占禁止法15条2項・4項に違反する場合には，公正取引委員会に提訴権が与えられている（独禁18）。

（3）　無効判決の効果

　合併無効判決は，会社の組織に関する訴えとして，第三者に対してもその効力を有し（会838），また，判決の遡及効も否定される（会839）。したがって，存続会社，新設会社および解散会社は，それぞれ，将来に向かって分割され，消滅し，復活することとなる。各合併当事会社が合併前に有していた財産は，現存する範囲において各合併当事会社に復帰する。これに対し，存続会社または新設会社が合併後負担した債務は，各合併当事会社が連帯して弁済しなければならず（会843Ⅰ），存続会社または新設会社が合併後取得した財産は，合併当事会社の共有に属する（同Ⅱ）。そして，上の債務の負担部分または財産の持分は，協議により定められるが，協議が調わないときは，裁判所が請求により合併当時の各会社の財産額その他一切の事情を斟酌して定めることとなる（同ⅢⅣ）。吸収合併を無効とする判決が確定した場合には，合併に際して交付された自己株式も無効になる。

6.　合併以外の企業結合

　企業結合は，合併のほか，事業の全部または重要な一部の譲渡（平成17年（2005年）改正前商法における営業譲渡については，前掲（99頁）最判昭和40・9・22参照），他の会社の事業の全部の譲受けによっても生じる。また，事業の全部の賃貸，事業の全部の経営の委任等も，株主総会決議による契約の承認があれば認められる（会467Ⅰ：以下，事業譲渡等という）。その他，企業結合は株式の保有，役員の兼任，業務提携などによっても生じる。なお，企業買収の基本合意書中の協議禁止条項の効力に

触れたものとして，最決平成16・8・30民集58・6・1763百選96参照）。

事業譲渡等と合併は，いずれも株主総会の特別決議を要し，決議に反対の株主には株式買取請求権が認められる点で共通する（会467以下・749・753・309Ⅱ）が，事業譲渡等は個別的な財産の移転（個別承継）を必要とする取引法上の契約であるのに対し，合併は組織法上の契約であるため，両者は以下の点で相違する。①事業譲渡等の場合には，譲渡会社は存続することもでき，解散するときはその株主は残余財産の分配を受けるのに対し，合併の場合には，被合併会社は当然に解散し，その株主は存続会社あるいは新設会社の金銭等の交付を受ける。②事業譲渡等の場合には，譲受会社が当然に譲渡会社の債務を引き受けるわけではなく，譲渡会社が一部の財産を移転しないこともできるのに対し，合併の場合には，解散会社の債務も含めた全財産が存続会社あるいは新設会社に包括的に移転する。

なお，平成12年（2000年）改正商法以降は，事業譲渡等についても，合併と同様，簡易な事業譲渡等が認められている（会468）。

独占禁止法は，会社が他の会社の国内における営業の全部または重要部分の譲受や賃借などの行為を行う場合について合併に準じた規制をしている（独禁16）。また，株式の保有について事業支配力が過度に集中することとなる持株会社を禁止し（独禁9Ⅰ），大規模会社の株式所有の総額，および金融会社の株式保有を制限し（独禁9の2・11），株式の保有および役員の兼任について一定の取引分野における競争の実質的制限となる行為を規制している（独禁10・13・14）。

‼️ 事業譲渡の場合の競業禁止等

事業譲渡の場合，譲渡会社の競業の禁止（会21：この禁止規定は，事業譲渡後に適用され，事業譲渡契約の際，適用除外の合意もできる），譲渡会社の商号を使用した譲受会社の責任等（会22），譲受会社による債務の引受（会23），商人との間での事業譲渡または譲受（会24）について，商法総則と同様の規制がある。

Ⅴ　会社分割

1．会社分割の意義と形態

（1）　会社分割制度の創設

　1つの会社を2つ以上の会社に分けることを会社の分割という（定義について，会2㉙㉚）。多数の事業部門を抱える会社が，特定部門を分離して経営の合理化を図ることなどを目的とする。

　わが国では，従来，特に会社分割のための法制度は用意されてこなかった。そのため，A社からB社を分離するには，一人会社としてB社を設立し，分離すべきA社の営業をB社に現物出資（または事業譲渡）する方法等がとられていた（分社化）。しかし，その場合，検査役の検査が求められ，また財産の包括的移転が認められないなどの難点があった。

　そこで，平成12年（2000年）に，会社分割制度を創設する商法改正がなされたが，会社法もこれを引き継いでいる。

（2）　分社型と分離型（物的分割と人的分割）

　会社分割は，2つの形態に分けられる。1つは，A社が新設のB社に営業を移転するとともに，B社が設立に際して発行する株式をA社が取得するにとどまる場合であり（分社型：物的分割），この場合，A社とB社の間には完全親子会社の関係が残る。もう1つは，A社が新設のB社に営業を移転するとともに，B社が設立に際して発行する株式をA社株主に分配する場合である（分離型：人的分割）。A社株主へのB社株の分配は，株主平等原則に従って按分に行うことを要する。しかし，会社法は，物的分割のみを認め，人的分割は，分割会社が物的分割によって承継会社から交付を受けた株式を株主に剰余金の配当として現物配当するものとした。

（3）　新設分割と吸収分割

　A社から営業を承継するB社は，必ずしも新設会社である必要はなく，既存の会社でもよい。B社が既存の会社である場合を吸収分割（会2㉙），B社が新設会社の場合を新設分割（会2㉚）と呼び，会社法は，会社分割の制度をこの2つの場合に分けて規定を設けている。吸収分割と新設分割のそれぞれについて，A

社株主がB社株の割当を受けない分社型と，割当を受ける分離型がある。吸収分割については，基本的に新設分割と同様の規定が設けられているので，以下では，主に新設分割により株式会社が設立される場合の規制について述べる。

> 会社法においては，会社分割をできるのは，株式会社と合同会社のみである（会757・762）。吸収分割承継会社，新設分割により設立する会社については，会社の種類の制限はない（会760・765参照）。

2. 会社分割の手続

（1） 分割計画書の記載事項

会社分割は，合併と逆方向の手続であり，他の組織再編行為と同様の手続規制が用意されている。

会社分割の手続は，分割計画書の作成に始まる。分割計画書の記載事項は次のとおりである（会762・763 I 各号）。

> ① 株式会社で新設される会社（B社）の定款規定（目的，商号，本店所在地，発行可能株式総数）および設立時の取締役の氏名。
> ② B社が会計参与設置会社である場合は設立時会計参与の氏名または名称，監査役設置会社である場合は設立時監査役の氏名，会計監査人設置会社である場合は設立時会計監査人の氏名または名称。
> ③ B社が新設分割をする会社（A社）から承継する資産，債務，雇用契約その他の権利義務に関する事項。
> ④ B社がA社に対して交付するその事業に関する権利義務の全部または一部に代わる当該B社の株式の数（種類株式発行会社にあっては株式の種類と種類ごとの数）またはその数の算定方法。つまり，B社がどのような株式をどれだけ発行し，どのように割り当てるかを記載する。
> ⑤ B社の資本および準備金　B社の資本は，A社からの承継純資産額を上限とする（合併と同じ）。B社の資本増加可能額のうち，資本に組み入れなかった残り（分割差益）は，資本準備金として積み立てるのが原則であるが，分割型の場合には，A社の利益準備金その他会社に留保した利益に相当する部分は，資本準備金としないで，そのまま引き継ぐことができる（合併と同

じ）（会445V）。

⑥　二以上の株式会社または合同会社が共同で分割によりB社を新設するとき
に，株式の割当に関する事項。

⑦　B社がA社に社債等を交付する場合には，それに関する事項。二以上の株
式会社または合同会社が共同して新設分割する際の割当に関する事項。

⑧　B社がA社の新株予約権者に対して，B社の新株予約権を交付するときは
それに関する事項と割当に関する事項。

⑨　B社が設立の日に，全部取得条項付種類株式の取得を行うとき，剰余金の
配当を行うときはその旨。

上記のように，労働契約も分割計画等に記載されれば，一般承継により相手方
労働者の個別の同意なく承継会社に継承されるが（会759Ⅰ・761Ⅰ・764Ⅰ・766Ⅰ，
承継法3），分割会社の労働者保護の見地から，分割会社は，会社の分割に当たり，
その雇用する労働者の理解と協力を得るよう努めなければならず（承継法7），分
割計画等の備置開始日より前に労働者との間で協議をしなければならない（附則
5：この5条協議が行われない場合および協議内容が著しく不充分な場合，当該
労働者は承継法3条の定める労働契約承継の効力を争うことができるとする，最
判平成22・7・12民集64・5・1333百選94がある）。

なお，新設分割においては，設立の日に新設分割計画の定めに従い権利義務を
承継するが（会764），吸収分割については，計画の段階で効力発生日を定めてお
く必要がある（会758⑦）。

（2）　株主総会の承認（会804）

会社分割は，株主に重大な影響を与えるので，分割計画書は株主総会の特別決
議による承認を受けなければならない（会804・309Ⅱ）。反対株主には株式買取請
求権が認められる（会806：最決平成23・4・19民集65・3・1311百選86は，吸収分
割により企業価値が増加しない場合の公正な価格が，当該分割行為がなければ有したで
あろう価格であること，算定基準時が買取請求権の行使日であることを示した）。ただ，
B社の規模が小さい場合には，A社株主にそれほど大きな影響を与えないので，
分社型の分割において，B社がA社から承継する財産がA社の資産の5分の1以
下のときには，株主総会決議を省略できる（簡易分割－会805）。この場合，反対

株主の株式買取請求権は認められない（会806）。

（3）　債権者保護手続

　会社分割においても，債権者保護手続が設けられている（会810）。会社は，会社分割を承認する株主総会決議の日から2週間以内に，債権者に対し，分割に異議があれば一定の期間内（1カ月以上）にこれを述べるよう官報で公告し，かつ知れたる債権者には個別に催告をしなければならない（新聞，電磁的方法により省略可能－会810Ⅲ・939Ⅰ）。異議を述べた債権者に対しては原則として弁済や担保提供等の措置をとらなければならない。ただ，分社型の会社分割でかつ分割後もA社にとどまる債権者については，債権者保護手続は必要ない。

> ## ⚠ 詐害的会社分割（平成26年（2014年）改正）
>
> 　会社分割が認められて以来，実際には優良な資産と事業継続上，必要な債権者のみを新会社に移転しながら，金融機関などを残存債権として切り捨てるような詐害的会社分割が行われるようになった。このような場合，残存債権者は，①詐害行為取消の行使（民424Ⅰ：最判平成24・10・12民集66・10・3311百選93），②商号続用の場合は会22Ⅰの類推適用（最判平成20・6・10判時2014・150百選A37），③破産法の否決権の行使（破160Ⅰ①：東京高判平成24・6・22判タ1388・366百選A36），④法人格否認などの救済を利用されることが考えられた。
>
> 　これに加え，平成26年（2014年）改正法は，残存債権者に分割承継会社または分割設立会社に対し直接，債務の履行を請求する権利を認めた。すなわち，分割会社が残存債権者を害することを知って会社分割をした場合には，残存債権者は，吸収分割承継会社または新設分割設立会社に対し，承継した財産の価額を限度として，当該債務の履行を請求できる（会759Ⅳ本文・764Ⅳ）。ただし，吸収分割承継会社が効力発生時において残存債権者を害することを知らなかったときは，この限りでない（会759Ⅳ但書）。また，この規定は人的分割の場合，適用されない（同Ⅴ・764Ⅴ）。これらの責任は，残存債権者がこのことを知ってから2年以内に請求または請求の予告をしないとき，または効力発生日から20年を経過したときは消滅する（会759Ⅵ・764Ⅵ）。また，詐害行為取消権と異

なり，この請求は個別の債権者への履行請求であるので，分割会社について，破産手続開始，再生手続開始または更生手続開始の決定があったときは，当該権利を行使できない（会759Ⅶ・764Ⅶ）。

（4）　事前および事後の開示

事前の開示として，代表取締役は，会社分割を承認する株主総会の会日の2週間前から，分割の後6カ月を経過するまでの間，分割計画書など一定の書類を本店に備え置き株主および会社債権者の閲覧に供しなければならない（会803）。株主が会社分割を承認するかどうか，また債権者がこれに異議を述べるかどうかの判断資料を与える。

事後の開示として，代表取締役は，分割の日から6カ月間，分割に関する予定の事項を記載した書面を備え置き，株主・会社債権者など利害関係人の閲覧に供しなければならない（会811）。分割手続が適正に行われることを間接的に担保するとともに，株主・債権者に，分割無効の訴えを提起するかどうかの判断資料を与えるためである。

3.　会社分割の救済と効果

（1）　会社分割における事前救済（会社分割の差止）

合併の場合と同様に，①会社分割が法令もしくは定款に違反する場合，②吸収分割において分割対価の定めが分割会社もしくは承継会社の財産の状況その他の事情に照らし著しく不当である場合に，会社分割（簡易会社分割を除く）により分割会社または承継会社の株主が不利益を受けるおそれがあるときは，当該株主は，分割会社または承継会社に対し，会社分割をやめることを請求することができる（会784の2・796の2・805の2）。

（2）　会社分割の効果

新設分割は，新設会社（B社）の設立登記によりその効力を生じる（会764。なお，吸収分割について，会758⑦・759）。A社の権利義務は，分割計画書の定めるところに従い，分割により法律上当然にB社に移転する（包括承継）。各個の権利義務について，引渡などの個別の移転行為は必要ないが，対抗要件は個別に

具備しなければならない（合併と同様）。

　分割の効果として当然に，分社型の場合にはA社がB社の完全親会社となり，分離型の場合にはA社株主がB社株を取得してB社株主になる。

（3）　会社分割の無効（事後救済）

　会社分割において，手続に瑕疵がある場合，一般原則に従い無効にすると，法律関係の安定を害するので，会社法は，合併と同様，分割無効の制度を設け，無効の主張を制限するとともに，法律関係を画一的に確定し，遡及効の阻止を図っている。分割を無効とする判決が確定すると，分割により設立したB社は将来に向かって消滅する。B社が分割後に取得した財産は，A社の所有となり，B社が負担した債務は，A社が弁済責任を負う（以上，会828・834〜839）。

Ⅵ　株式交換・株式移転

1. 株式交換制度等の創設の趣旨

　平成9年（1997年）の独占禁止法の改正によって，持株会社の設立等が原則として解禁されたことにあわせて，平成11年（1999年）の商法改正では，親会社が子会社の発行済株式の総数を有するという，完全親子会社関係を円滑に創設するための手続として，株式交換および株式移転制度を新設した。株式交換は，既存の複数の会社の間に完全親子会社関係を創設するのに対して，株式移転は，会社が単独でまたは共同して，その完全親会社を設立するものである。

　現在の多くの企業は，経営の効率化，国際的競争力の向上を図るために企業グループを形成しているが，株式交換や株式移転は，会社がこのような企業グループを形成するための有効な法的手段である，完全親子会社関係の創設を簡易かつ円滑に行うことができるようにするものと位置付けられている。会社法でも，株式交換・株式移転制度を引き継いでいる（会2㉛㉜・767〜・772〜）。

2. 株式交換

（1）　株式交換の意義および効果

　株式会社は，その一方が他方の発行済株式総数を有する会社となるため株式交換を行うことができ，これによって，その会社との間で完全親子会社関係を創設

することができる（会767）。なお，合同会社も完全親会社になることができるが，合名会社，合資会社は完全親会社になることはできない（会770）。

> 　株式交換によって，完全子会社となる会社の株主が有するその会社の株式は，効力発生日に完全親会社となる会社に移転し，完全子会社となる会社の株主は，完全親会社が株式交換に際して発行する株式の割当を受けて完全親会社の株主となる（会769）。

（2）　株式交換の手続

株式交換によって重大な効果を生じるので，株主の権利を保護するために，株式交換契約書の作成（会768），株式交換契約書等の事前開示（会794：なお会社法においては，吸収合併存続株式会社，吸収分割承継株式会社と一緒に，「存続株式会社等」に関する手続の規定として手続規定を制定している），株式交換契約書についての株主総会の特別決議による承認（会795），株式交換に関する事項を記載した書面の事後開示（会801）等の手続が要求されている。なお，完全親会社となる会社の資本増加の限度額等（会445）および完全子会社となる会社の株券の失効手続（会219）について規定が置かれ，また，株式交換に反対する株主の株式買取請求権が認められている（会797）。

> 　株式交換に反対した株主が，（上場）会社に買取請求をし価格の決定を裁判所に求めた事案において，株式交換の計画公表後における市場全体・業界全体の動向その他を踏まえた補正を加えるなどして基準時に同社株式が有したであろう客観的価値を算定することが可能であれば，このような補正をするなどした算定の方法（回帰分析手法）は，合理性ある「公正な価格」算定の手法であるとした最初の公表裁判例として，東京高決平成22・10・19判タ1341・186百選A33）がある。

完全親会社となる会社が規模の小さい会社と株式交換をする場合には，完全親会社となる会社の株主に与える影響が軽微であるので，株式交換手続の簡素合理化のため，簡易合併の場合の要件にならって株主総会の特別決議を経ることなくして株式交換できる簡易な株式交換の手続，略式の株式交換の手続を設けている（会796）。

（3）　株式交換差止めおよび無効の訴え

株式交換手続等に瑕疵があった場合には，株主は株式交換の差止めを請求でき（会784の2・796の2・805の2），また，会社の組織に関する行為無効の訴えの一類型として，株式交換無効の訴えを提起できる（会828Ⅰ⑪）。提訴権者は，効力が生じた日において株式交換契約をした会社の株主等，破産管財人もしくは株式交換について承認をしなかった債権者である（同Ⅱ⑪）。

> 株主等については他の無効の訴えと同様：名義書換未了株主による株式交換無効の訴えを提起した場合に，当該株主の原告適格を否定した事例として，名古屋地一宮支判平成20・3・26金判1297・75百選A35）がある。

株式交換に際し，株式以外の財産が交付される場合に異議を述べた債権者等にも訴えの提起が認められる。管轄は，完全親会社または子会社となる会社の本店所在地の地方裁判所とされる（会835Ⅰ・834⑪）。

3.　株式交付

（1）　意　義

株式交付とは，株式会社（株式交付親会社）が他の株式会社（株式交付子会社）をその子会社とするために，当該他の株式会社の株式を譲り受け，当該株式の譲渡人に対して当該株式の対価として当該株式会社の株式を交付することをいう（会2(32の2)）。

本制度は，「部分的な株式交換」として，株式交換のような組織法上の行為と同様の性質を有すると考えられることを基礎とする。しかし，株式交付親会社は，株式交付子会社の株式を法律上当然に取得するものとはせず，当該株式を有する者から個別に譲り受けるものとしており，すなわち，株式交付については，株式交換とは異なり，株式交付親会社と株式交付子会社との間に契約関係があることは要せず，株式交付親会社は，株式交付親会社と譲渡人との合意に基づき，株式交付子会社の株式を譲り受けるものとしている（株式交付子会社の株式を現物出資財産として給付しようとする者に対する募集株式の発行という側面を有している）。

（2）　手　続（会774の2〜11）

　組織法的行為という側面（部分的な株式交換）からして，株式交付親会社は，株式交換親会社に要求されると同様な手続が課される。すなわち，株式交付計画は，取締役会設置会社では取締役会が決定するが（会348Ⅱ），株式交付計画の記載事項が法定され（会774の3），株式交付計画の事前・事後開示（会816の2，816の10，会施規213の2・213の9），株主総会特別決議による承認（会816の3Ⅰ：議案の参考書類について会施規91の2，309Ⅱ⑫。なお816の4），反対株主の株式買取請求権（会816の6・816の7），債権者異議手続（会816の8），差止請求権（会816の5），株式交付無効の訴え（会828Ⅰ⑬Ⅱ⑬，なお844の2）の制度が整備されている。

　募集株式の発行という側面では，譲渡の申込（会774の4Ⅰ），割当（会774の5Ⅰ前段：なお総額引受につき会774の6），株式交付子会社の株式の給付（会774の7）に関する規定が定められている。

　株式交付の効力は，株式交付計画で定めた効力発生日に生じる（会774の11）。

4.　株式移転

（1）　株式移転の意義および効果

　会社は，完全子会社を設立するため，株式移転を行うことができる（会772）。株式移転によって，完全子会社となる会社の株主が有するその会社の株式は，株式移転によって設立される完全親会社に移転し，完全子会社となる会社の株主は，完全親会社が株式移転に際して発行する株式の割当を受けて完全親会社の株主となる（会774）。

（2）　株式移転の手続

　株式移転により前述のような効果が生じ，完全子会社となる会社の株主の地位に重大な影響を及ぼすので，法律に定める一定の事項について株主総会の特別決議による承認を得なければならないほか（会804），株式移転の議案の要領等の事前開示（会803），反対株主への株式買取請求権の付与（会806），株式移転に関する事項を記載した書面の事後開示（会811）等，株式交換の場合と同様の手続が要求されている。

　設立される完全親会社の資本の額の限度額（会445），完全子会社となる会社の

株券の失効手続（会219），株式移転手続に瑕疵があった場合の株式移転の差止め（会782の2・796の2・805の2）および株式移転無効の訴え（会828）等についても，株式交換の場合と同様の規定が置かれている。

なお，株式交換の効力は，株式交換契約書に記載された効力発生の日（会768Ⅰ⑥）に生じるのに対し，株式移転の場合には，これによって完全親会社が設立されるので，株式移転の効力は，設立される完全親会社についての登記がなされたときに生じる（会774）。

5. 親子会社関係の規制（構造規制）

持株会社の解禁や株式交換・株式移転制度の導入などにより，今後も親子会社関係が増加することが予想される（親子会社は，市場・相対取引・公開買付・募集株式の発行〔新株の第三者割当発行〕等の支配によって生じ，これらの行為の規制〔形成規制〕は会社法・金商法においてある程度整備されている）。そこで親子会社成立後の規制について会社および株主・債権者保護の観点から述べる（親子会社の成立後，親会社株主の株主権縮減と子会社株主・債権者の利益侵害という問題がある）。

①平成11年（1999年）の商法改正以降は，親会社株主が子会社の経営の状況に重大な利害を有することを考慮して，親会社株主がその権利を行使するため必要があるときは，裁判所の許可を得て，子会社の株主総会議事録（会318Ⅴ），取締役会議事録（会371），定款（会31Ⅲ），計算書類（会442Ⅳ），会計帳簿（会433ⅢⅣ）の閲覧を求めることができるとした。

②法務省令（会施規・会計規）では，親子会社関係を中心として，資本関係，役員兼任関係，取引関係等の企業結合情報を，貸借対照表の注記事項，損益計算書の注記事項，事業報告の記載事項，および附属明細書の記載事項において開示すべきことを要求している。

さらに，金融商品取引法は，公開会社が提出すべき有価証券届出書・有価証券報告書（金商4Ⅰ・24Ⅰ）の中で，連結財務諸表を中心に，一定の結合関係にある会社全体をあたかも1つの企業体とみて，財務内容や業績を示すことを要求しており，これにならい，平成14年（2002年）改正以降，会社法（商法）上でも，

連結計算書類制度が導入されている（会444）。

③既述のように監査役，監査等委員，監査委員，会計参与，会計監査人ならびに検査役は，必要があれば，子会社に報告を求めまたは子会社の業務および財産の状況を調査できる（会381Ⅲ・389Ⅴ・399の3Ⅱ・405Ⅱ・374Ⅲ・396Ⅲ・358Ⅳ）。

④平成26年改正法で，親会社の総資産額の20%超の価額を有する子会社株式等の譲渡により，親会社が過半数議決権を失う場合には，親会社の株主総会の特別決議による承認を受けなければならないこととされた（会467Ⅰ②の2）。

また株式交換等完全親会社における適格旧株主に，株式交換等完全子会社のために責任追及等の訴えを提起する権限が認められた（会847の2）。さらに，最終完全親会社の株主に，完全子会社の発起人等（取締役を含む）の責任（特定責任）追及の訴えを提起する権限が認められた（会847の3）。

⑤親子会社においては，子会社に対する支配権を基礎に，親会社の利益のために，子会社に不利益な業務執行が指示されることが考えられる（親会社との不利な取引，子会社による不良債権や不良在庫の引き取り，子会社を利用した粉飾決算など）。これらの場合，子会社の少数株主や債権者は，子会社の取締役・執行役の責任を追及しうるが，親会社の法的責任については，A．親会社を子会社の事実上の取締役とみて，取締役の責任（会423Ⅰ・429Ⅰ）の追及，B．親会社への利益供与として利益受供与者としての責任（会120Ⅲ）の追及，C．子会社の取締役による任用契約上の義務の不履行への親会社加功による不法行為（債権侵害）の負担などの見解が主張されている。

親会社取締役会は子会社も含めた企業集団の適正確保のための体制（内部統制）を構築・運用する義務があり（会348Ⅲ④Ⅳ・362Ⅳ⑥），親会社取締役は子会社管理について忠実義務・善管注意義務を負い，義務違反は任務懈怠として，親会社および債権者等に責任を負う（会423Ⅰ・429Ⅰ）。

第13節　会社の再建・更生

Ⅰ　総　説

　　株式会社が経済的に破綻した場合に破産を防止し会社の再建を図る方法として，従来，私的整理，和議法による和議，商法上の会社整理，会社更生法による会社の更生などがあった。私的整理は，会社債権者その他の利害関係人や会社役員が自主的に協議して，負債整理ならびに再建を図るものであるが，法律上の制度ではなく，また裁判所の監督のもとに行われるものでもないから，柔軟な処理が可能な代わりに，円滑・公正さを欠きやすい等多くの問題がある。和議法による和議は，債務者が会社であるかどうかを問わず適用されるものであり，しかも，破産原因たる事実が存在する場合に開始されるものであるから，会社更生の道をふさぐとともに，会社債権者にとっても不利な結果をきたす欠点がある。

　そこで，和議法に代わり民事再生法が平成11年（1999年）に制定された。同法に基づく民事再生手続は，個人や株式会社以外の法人企業，または小規模な株式会社において，債務者ないし経営者の事業経営ないし財産の管理処分権を維持しながら，債権者の法定多数の同意と裁判所の監督の下で，企業の再建を進めることを企画している。

　　商法上の会社整理は，上記の欠点を補うため昭和13年（1938年）改正法によりイギリス会社法にならって設けられた制度であり，破産原因である事実（支払不能または債務超過）の生ずるおそれまたはその疑いがあるに過ぎない場合において，裁判所が整理開始命令を発し，その厳重な監督の下に会社を更生させる手続である。これによって，裁判所が会社理事者の不当な行動に制限を加え，会社企業の維持と会社債権者の利益の公正な保護を図ったが，整理案の実行には会社債権者全員の同意を必要とするなど不便があって，実際上は期待どおりの効果が発揮されていない。

　そこで昭和27年（1952年）に特別法による会社再建の方法として，再建の見

込のある株式会社について債権者・株主・その他利害関係人の利害を調整しつつ，その事業維持を図ることを目的として（会社更生1）会社更生法が制定された。会社法においては，民事再生法と会社更生法の活用が期待されており，商法上の整理の制度は廃止された。以下，会社更生について述べる。

Ⅱ 会社更生

1. 総 説

　会社の更生は，アメリカの制度にならい昭和27年（1952年）の会社更生法によって設けられた制度である。窮境にあるが再建の見込みがある株式会社について，裁判所の監督の下に債権者，株主その他利害関係人の利害を調整しながら会社の再建を図ることを目的としている。会社の更生手続においては，手続開始原因が支払不能または債務超過のおそれがある場合に限定されず，広く流動資産の欠乏などの理由により窮地に陥った会社についても手続の開始が認められ，また，会社更生計画案の成立・実行については裁判所の許可があれば一部債権者の同意がなくても（会社更生205），ただちに実行することができるという利点があり，さらに更生計画の遂行を容易にするため，商法その他の法令の規定に対する多くの特例が認められている（会社更生205以下）。このように更生手続は迅速かつ適切に行われるように配慮されており，より強力で積極的な手続であるといえる。

　　民事再生，更生いずれの手続を選ぶかについては，関係者それぞれの実利的観点に支配され，実務上は経営権の温存ということに利点がある民事再生をまず選び，これが無理な場合に更生に切り替えるという傾向が見られる。なお，会社更生においては，債権者の犠牲も大きく，業界に及ぼす影響も深刻なところから，更生手続の濫用が問題とされている。

2. 会社更生手続

　株式会社について，事業の継続に著しい支障をきたすことなく弁済期にある債務を弁済することができない場合，破産の原因たる事実が発生するおそれがある場合には，会社は裁判所に対して更生手続開始の申立をすることができ，後者の

場合には少数債権者，少数株主もまた裁判所に更生手続開始の申立をすることができる（会社更生17）。裁判所は，更生の見込がないとき，破産回避または企業担保権の実行の回避，租税債務の履行の回避の目的で申立をしたとき，破産・民事再生手続などの手続が係属し，その手続によることが債務者の一般の利益に適合するとき，その他申立が誠実になされたものでないときは申立を棄却しなければならないが（会社更生41），そうでない限り更生手続を開始する。

　更生手続開始の決定があると，破産などの申立はできなくなり，それまでの破産手続は中止され，その効力を失う。更生手続開始前の原因に基づいて生じた更生担保権（会社更生104）を含め，更生債権に基づく会社財産に対する強制執行などもできなくなり（会社更生50），その手続も中止される。それだけでなく，租税債務に基づく滞納処分なども中止される（同Ⅱ）。

　裁判所は，更生手続開始の決定前でも，利害関係人の請求または職権で，会社の業務および財産に関し，仮差押，仮処分その他必要な保全処分その他の処分をすることができる（会社更生28）。保全管理人による管理の命令が出された場合には，会社の事業の経営ならびに財産の管理および処分をする権利は，裁判所選任の保全管理人に専属する（会社更生30・31）。

　更生手続開始決定と同時に，裁判所は，1人または数人の管財人を選任する（会社更生67・69）。管財人は，会社の事業の経営ならびに財産の管理処分権を専有し（会社更生72・73），また，更生手続中の焦点である更生計画案を作成する（会社更生184）。更生手続の中心人物であるから，その成否はまさに管財人の手腕にかかっているといってよい。

　　取締役は，会社の事業の経営ならびに財産の管理処分権を失うが，とくに更生計画で，または更生計画認可後に管財人の申立により，または裁判所の職権で，取締役にそれらの権利を付与することがある（会社更生167・173）。

　更生債権者，更生担保権者は，裁判所が定めた届出期日までに届出をしなければ，利害関係人として更生計画案の可決（会社更生189・190）などの手続に参加できないだけでなく，更生計画の認可でその権利を失う。更生債権，更生担保権は，更生手続によらなければ弁済されない。管財人は，更生債権，更生担保権の届出期間満了後，裁判所の定める期間内に，更生計画案を作成して裁判所に提出

する（会社更生184）。

　更生計画案は，関係人集会で審理され，決議される（会社更生196）。更生計画案が可決されるためには，優先権のある更生債権者，更生担保権者，株主の各組に分かれて決議しそれぞれ法定の要件（同V）を満たさなければならない。可決された更生計画案は，裁判所の認可によりその効力を生じる（会社更生199・201）。

> 　更生計画には，更生債権者，更生担保権者および株主の権利の変更（更生権者，更生担保権の減免，資本の減少など）をする条項，債務の弁済資金の調達方法などを定めなければならないが，それぞれの組の権利の順位を考慮して，計画の条件に公正，衡平な差等を設けなければならず，また同じ権利を有する者の間では平等でなければならない（会社更生199・202）。

　管財人は速やかに更生計画を遂行しなければならない。取締役が会社の事業の経営ならびに財産の管理・処分をなす権利を付与された場合は，取締役が計画を実行し，管財人は取締役の計画の実行を監督することになる（会社更生209 I・203 I）。更生計画が遂行されたとき，または計画が遂行されることが確実であると認めるに至ったときは，裁判所は，管財人の申立または職権で更生手続終結の決定をする（会社更生239）。

　更生手続廃止の決定（会社更生241）がされなければ，更生手続終結の決定によって，更生会社は完全に裁判所の監督を離れ，更生手続から解放され，再建の目的を達成することとなる。これにより会社は通常の会社に復帰する。更生計画が成功しないときは，民事再生手続または破産に移行する（会社更生50）。

第14節　解散・清算

I　総　説

　会社の解散とは，会社の法人格の消滅をきたす原因となる法律事実をいう。会社の法人格は合併の場合を除き，解散によって直ちに消滅するのではなく，清算手続に入り，会社の既存の法律関係の後始末が終わるまで存続し，清算手続の終

了によってはじめて消滅する。清算中の会社は清算の目的の範囲内においてなお存続するものとみなされる（会476）。また，破産によって会社が解散する場合には，その法人格は破産手続の終了まで存続する（破35）。会社という法的存在を消滅させるべき事情が生じた場合には，会社の営業活動は当然に停止されるべきであるが，しかし法人格を直ちに消滅させることは適当ではない。

　というのは，会社が消滅する場合は，相続のような既存の法律関係を承継する制度が認められていないので，会社の法人格を消滅させる前にその既存の法律関係を処理する必要があるからである。このように会社の法人格を消滅させるべき事由が生じ，そのため会社の営業活動を停止して清算手続に入ることを，会社の解散という。

　清算とは解散会社の法律関係を円滑に終了させる制度である。株式会社が解散したときは，合併および破産の場合を除き清算手続に入る（会475Ⅰ）。株式会社の清算の特徴は，合名会社におけるような任意清算は認められず，法定の厳格な清算手続（法定清算）によらなければならないことである。物的会社である株式会社では，対外的には会社財産が会社債権者の唯一の担保であり，また対内的には株主相互間に人的信頼関係がなく資本多数決の原理が行われる結果，会社債権者および株主の利益を保護する必要が大きいからである。

　解散前の会社と清算中の会社とは同一であり，ただその権利能力の範囲が清算の目的によって縮小されるに過ぎない（通説・判例－大判大正5・3・4民録22・513）。清算中の会社では，取締役はなくなり，清算人が清算事務の執行に当たるが，清算中の会社も解散前の会社と同じく商人資格を有し，商号にも変更を生じない。

　清算中の会社が引き続いて従来の営業を行うことは原則として認められない（最判昭和42・12・15判時506・61）。解散前の会社に関する規定は，清算の目的に反しない限り，すべて清算会社に適用がある（会社の組織は取締役を除きそのまま存続する）（会478・476）。法定清算には通常清算と，清算の遂行に支障があるかまたは債務超過の疑いがある場合に裁判所の厳重な監督の下に行われる特別清算の2種がある。特別清算は株式会社のみに認められている（会510～574）。

Ⅱ 解　散

1. 解散事由

　株式会社の解散事由は法定されており，その事由の発生によって会社は当然に解散する。解散事由は，①存立の時期の満了その他定款に定めた事由の発生，②株主総会の決議，③会社の合併，④破産手続開始の決定，⑤解散を命ずる裁判（以上，会471・824・833），⑥休眠会社の整理（会472）である。

　①②③は広い意味で株主の意思に基づくのに対し，④は会社債権者の利益のために認められたものである。⑤は会社の存在ないし行動が公益に反する一定の場合に，裁判所が解散を命じるもの（解散命令）あるいは会社解散の訴えによるものであり，設立に関する準則主義に伴う弊害を是正する作用を営む。⑥は後述する。

　　株式会社は平成17年（2005年）改正前商法における合名会社や合資会社の規制と異なり，社員が1人となったことは解散事由から除かれている（会471参照）。それゆえ通説は，株式譲渡の自由と企業維持の要請から，いわゆる一人会社の存続を認めており，実際に一人会社の存続を認めることを前提とした判例もある（最判昭和46・6・24判時636・78）。平成2年（1990年）の商法改正では，1人の発起人による会社の設立を認めており（平成11年（1999年）改正では，一人会社となる株式交換・株式移転を認めた），会社法においては，株式会社だけでなく，持分会社の社員についても1名であることは，解散事由とはならない。

2. 株主による解散請求の訴え（会833）

　会社の総株主の議決権（または発行済株式）の10分の1以上を有する株主は，会社の業務の執行上著しい難局にあい（たとえば，取締役間の分裂による業務の停滞。なお，東京地判平成元・7・18判時1349・148百選95），会社に回復できない損害を生じるかまたは生じるおそれがあるとき，あるいは，会社財産の管理または処分が著しく失当で（たとえば，取締役による会社財産の不当な流用または処分），会社の存立を危うくするときであって，いずれの場合にも，やむを得ない事由があるときには，会社の解散を裁判所に請求できる（会833）。

やむを得ない事由とは，会社を解散する以外に会社および株主の利益を正当に保護する途がないことを意味する（大阪地判昭和35・1・22下民集11・1・91参照）。この訴えは，会社を被告とし，会社の本店所在地の地方裁判所の管轄に属する（会834・835）。解散判決の確定により会社は解散することになる。

3. 休眠会社の解散

すでに営業活動を廃止してその実体がなく，単に登記簿上に存在しているにすぎない名目上の会社を休眠会社という。

このような会社の存続を放置しておくことは，商業登記制度の趣旨に反するばかりでなく，いわゆる「会社屋」による会社登記の悪用の弊害が生じ，また他人の商号選択の自由を害することになるので，昭和49年（1974年）の改正法によりその整理が認められることになった。

すなわち，法務大臣が，最後の登記後12年を経過した会社は本店の所在地を管轄する登記所に，営業を廃止しない旨の届出をなすことを官報に公告した場合には，その公告の日より2カ月内に営業を廃止しない旨の届出またはなんらかの登記をしないときは，その会社は上記の期間満了の時に解散したものとみなされるものとした（会472I）。上記の公告があったときは，登記所はその会社に対して，上記の公告のあった旨の通知を発しなければならない（同II）。

4. 解散の登記

会社が解散したときは，破産の場合を除き清算手続に入る（会475）。そして代表取締役は遅滞なく株主に対して解散の通知を発し，かつ端株券を発行した場合にはこれを公告しなければならなかったが（商旧407），会社法においては，一定の期間内に本店の所在地において解散登記をすれば足りる（会926）。

5. 会社の継続

いったん解散した会社が再び解散前の状態に復帰することを会社の継続という。会社が存立時期の満了その他定款に定めた事由の発生，または株主総会の決議に

より解散した場合に，株主総会の特別決議により会社を継続することができる。なお，破産の場合には，破産法上，会社の継続が認められることがある（破36）。また，休眠会社として解散を擬制された会社も，その後3年内に限り，株主総会の特別決議により会社を継続することができる（会473）。

> 会社の継続は，本店所在地における解散登記後でも差し支えなく，ただその場合には継続の登記をする必要がある（会927）。これらの場合に会社の継続を認めても，何ら弊害がなく，むしろこれを認めるのが便宜と考えられたからである。しかし，解散を命じる裁判が解散原因の場合には，会社の継続は認めない。

Ⅲ 清　算

　会社法は，株式会社の清算に関する規定を「総則」（会475〜509）と「特別清算」（会510〜574）に分けている。総則の規定は，主として通常清算に関するが，同時に清算に関する一般規定でもあるため，特別清算の規定と抵触しない限り，特別清算の場合にも適用される。

1.　清算人

　昭和25年（1950年）改正法は，取締役に関し取締役，取締役会，代表取締役の制度を設けた趣旨に準じて，清算人，清算人会，代表清算人の制度を認めた。清算人は，各自が清算会社の機関を構成するのではなく，清算事務の執行機関としての清算人会の構成員という地位を有するにすぎない。会社が清算に入ると，原則として解散前の会社の取締役が清算人に就任する（法定清算人）。定款に特別な規定があるとき，または株主総会で別人を選任したときはその者が清算人となる（会478）。これらの方法によっても清算人となるものがないときは，裁判所が利害関係人の請求により清算人を選任する（同Ⅱ）。また会社が裁判所の解散命令により解散したときは，利害関係人の請求などにより裁判所が清算人を選任する（同Ⅲ）。さらに，設立無効の訴えの認容判決，株式移転無効の訴えの認容判決の確定時も，裁判所は利害関係人の申立により，清算人を選任する（同Ⅳ）。なお，一定の欠格事由がある者は，清算人になることはできない（同Ⅶ）。清算

人の選任および解任については登記をしなければならない（会928ⅡⅢ）。

　清算人の員数について特別の規定はないが，清算人会制度がみとめられた以上，清算人は2人以上でなければならないものと通説は解する。しかし，判例は，清算人は1人であれば足りるとする（最判昭和46・10・19民集25・7・952）。会社法においては，清算人が2人以上ある場合には，業務は過半数をもって決定する旨が定められている（会482Ⅱ）。

　清算人の任期については特別の規定はない（会332対照）。なお，清算人の会社に対する関係は委任に関する規定に従い，会社に対して忠実義務を負い，会社との取引につき清算人会の承認を要し，清算人の会社または第三者に対する責任など，原則として取締役に関する規定が準用される（会491）。清算人は清算人会の構成員として清算事務執行に関する会社の意思決定に参加し，かつ，代表清算人を定めた場合には，代表清算人の清算事務を監督する（会482・483）。

　　従前の取締役が清算人となる場合は従前の代表取締役が代表清算人となり，また，裁判所が清算人を選任する場合は裁判所が代表清算人を定めるが（会483ⅣⅤ），その他の場合には清算人会の決議により選任する。代表清算人は清算事務について一切の裁判上または裁判外の行為をなす権限を有する（同Ⅵ・349ⅣⅤ）。代表清算人が数人いる場合は，各自が会社を代表する（会483ⅠⅡ）。

2. 清算事務

　主要な清算事務の内容は財産目録の作成（現務の結了・債権の取立），債務の弁済，残余財産の分配である（会492・499・504）。債務の弁済および残余財産分配のため会社財産の換価をなし得るが，その方法として事業全部を譲渡することも妨げない。その場合，株主総会の特別決議が必要である（会467）。

　これらの清算事務に付随して，清算人は次の職務を行う。すなわち，財産目録の作成とその株主総会への提出（会492Ⅲ），貸借対照表・事業報告書・附属明細書の監査役への提出（会495Ⅰ）とそれらの書類・監査報告書の備置（会496），債務弁済のため会社債権者に対する催告（会499）などがある。

3.　清算の終了

　清算事務が終ったときは，清算人は遅滞なく決算報告書を作成し，株主総会に提出してその承諾を求めることを要するが，この承認があったときは，清算人に不正行為がない限り，会社は清算人の責任を解除したものとみなす（会507）。清算が結了したときは清算結了登記をしなければならない（会929）。登記がなされても清算がまだ結了していなければ，それが結了するまで会社は存続する（大判大正5・3・17民録22・364）。また，会社の帳簿ならびにその事業および清算に関する重要書類は清算結了後10年間保存しなければならない（会508）。

4.　特別清算

　特別清算とは，解散した会社につき清算の遂行に著しい支障をきたすべき事情があるとき（たとえば，利害関係人が多数存在するとか，通常の手続では清算の遂行が困難かまたは長い年月がかかるとき），または債務超過の疑いがあるときに，裁判所の命令によって開始される特別の清算手続をいう（会510以下）。

> 　特別清算は，会社が解散するのは，多くは会社が財政的に破綻に瀕した場合であり，このような場合に，破産手続を行うことは多大の時間と費用を要するのみで適当な方法とはいえない。そこでこの不都合を避け，公平に，かつ，会社債権者の最小限度の犠牲において清算をさせようとして，通常の清算手続と破産手続との中間的なものとして認められた制度である。なお，特別清算は，株式会社においてのみ認められ，持分会社では認められない。

　特別清算の特徴は，裁判所の厳重な監督のもとに債権者保護が図られ，とくに債権者集会の多数決による協定を認めて清算の遂行を容易にしていることである。しかし，この協定について債権者の必要な同意が得られず（会554），または得る見込みがないとき，あるいは可決された協定の実行の見込がないときは，特別清算手続は行き詰まり，破産に移行する（会574）。特別清算は，会社と会社債権者との協議により，会社の財産関係を処理させる点では従来の商法上の整理の制度に類似し，また会社債権者の利益の公平な保護を目的とする点では破産手続に類似する。

　　特別清算が結了しまたはその必要がなくなった場合は，一定の者の申立により特別清算終結の決定をすることができる（会573）。前者の場合には会社が消滅し，後者の場合には通常清算の手続がとられる。

第3章

持分会社

　会社法においては，有限会社が廃止され，新たに合同会社が設けられた。そこで，会社法では，株式会社以外の合名会社・合資会社・合同会社を併せて持分会社と総称し（会575），その第3編において，統一的に規定している。

　合同会社は，有限責任社員だけの新しい会社類型であり，持分会社においては，社員は1人以上いれば足りること（会641④），法人も社員になることが可能であること（会598）などの改正がなされた。また，業務を執行する持分会社の社員について，善管注意義務や忠実義務（会593ⅠⅡ），競業の禁止（会594），利益相反取引の制限（会595），持分会社に対する損害賠償責任（会596），第三者責任（会597・600）等の規定が新たに明文化されている。

> 　ちなみに有限会社は，商行為その他の営利行為をなすことを営業とする目的をもって有限会社法に基づいて設立される社団法人であり（旧有1），かつ商人であった（商旧4Ⅰ，旧有2）。有限会社法は，昭和13年（1938年）にとくに中小企業に適した会社を新たに創設するために制定された商法の特別法であった。しかし，有限会社は本質的には商法上の会社と類似しており，したがって，有限会社法は，商法と同趣旨の規定を数多く設けており（旧有2・3・29・30など），しかも株式会社に関する規定の多くを準用していた（旧有24・32・34Ⅰ・46・75など）。また，税法などの商法以外の法律の適用についても，商法上の会社とみなされた（旧有89）。
>
> 　そこで，会社法においては，有限会社制度を廃止し，株式会社制度と一体的に法制度を構築することとしたのである。すなわち，機関構成の多様化，取締役会の設置されない会社や譲渡制限会社における規制の緩和により，小規模の株式会社・有限会社を統一的に規制することにした。これにより，有限会社は，会社法の規定による株式会社として存続するが，「有限会社」の商号の継続使用は許され，取締役の任期等についても，現行の制度が維持される（「特例有限会社制度」有限

会社法等の廃止・商法の一部改正に伴う経過措置参照）。

第1節　合名会社

Ⅰ　意義と特色

　合名会社は，無限責任社員のみからなる会社である（会576Ⅱ）。無限責任社員とは，会社債権者に対して直接連帯無限の責任を負う社員のことである（会580Ⅰ）。無限責任社員はこうした重い責任を負うのに対応して，定款に別段の定めがない限り，会社の業務を執行し会社を代表する権限を有する（会590・599）。会社の内部関係においても社員の個性が重視され，社員の地位の譲渡が困難であり（会585），定款の変更については，全員一致が要求される（会637：有限責任社員からなる合同会社においても，定款変更は全員一致を要する）。

　したがって，合名会社においては，社員は会社企業の所有者であると同時に経営者でもあって，会社は個人企業の共同経営的色彩が強く，一番人的色彩の濃い会社である。合名会社を含め，持分会社はすべて社団法人であるが（会3・575），それは法律関係の処理の便宜を考慮したためであって，実質的には組合的な性格を有している。

Ⅱ　設　　立

　合名会社を設立するには，社員になろうとする者が定款を作成し（会575。公証人による定款の認証は必要なくなる），設立登記をするだけでよい（会579）。合名会社の場合には，定款の作成によって社員が確定し，また，原則として社員が会社の機関となるため，その確定手続も不要である。その上，設立の段階で出資を履行させる必要もないし，社員が無限責任を負うために会社債権者保護の必要も少ないことから，株式会社のような複雑かつ厳格な手続を必要としない。なお，従来，合名会社では，社員の地位が個性を帯びるので，その資格は自然人に限られ，

公益法人や会社は社員となることができないとされていたが（旧商55，旧有4），会社法においては，このような規制は撤廃された。法人が業務を執行する社員となる場合には，当該法人は，当該業務を執行する社員の職務を行うべき者を選任し，その者の氏名および住所を他の社員に通知しなければならない（会598）。また，各社員の氏名・住所およびその出資に関する定めを必ず定款に記載しなければならない（会576Ⅰ④⑥）。合名会社においては，社員が無限責任を負い，社員相互の信頼関係が強いため，財産出資だけでなく信用出資，労務出資も認められる（会576Ⅰ・582・611Ⅲ）。

　設立手続に違法な点があれば，株式会社の場合と同様，設立無効となるのはもちろんであるが，合名会社では社員の個性が重視されるので，その設立行為に関する意思表示の瑕疵（錯誤・詐欺・強迫など）のような個々の社員の主観的な事由があれば，その者が社員とならないだけでなく，設立自体が無効となったり，あるいは取り消される。設立の無効および取消の主張方法・時期・効力などについては，株式会社の設立無効の場合とほぼ同様の規定が置かれている（会828・832・835・644）。

Ⅲ 社 員

　合名会社の法律関係は，会社と社員および社員相互の内部関係と，会社と第三者間および社員と第三者間の外部関係に分けられる。内部関係に関する規定は任意規定で，基本的事項については，定款において定めておくべきである（会577）。それに対し，外部関係の規定は強行規定であり，無限責任（会580），持分会社を代表する社員等の行為について持分会社の損害賠償責任（会600）等がある。

　社員は定款の絶対的記載事項であり，その変動は定款変更の一場合である。入社には総社員の同意が必要であり（会637・604），新入社員は入社前に生じた会社債務についても責任を負う（会605）。社員は，持分会社の存続期間を定款で定めなかった場合またはある社員の終身の間，持分会社が存続することを定款で定めた場合には，各社員は6カ月前までに退社の予告をした上で，事業年度の終了の時において退社することができる（会606）。また，やむを得ない事由があるときは，いつでも退社が可能であり（同Ⅲ），一定の事由がある場合，退社する（会

607Ⅰ）。退社により社員の持分は払い戻されるが（会611），退社登記前に生じた会社債務について責任を負う（会612）。

　合名会社の社員は，会社に対し，一方では出資義務を負うとともに（この義務は会社からの請求により具体化するが，具体化しない間に社員が退社した場合，その義務は退社によって当然に消滅する―最判昭和62・1・22判時1223・136百選81），他方では利益配当請求権のような自益権および業務執行権・代表権のような共益権を有する。会社の業務執行は，業務執行社員（原則として全員であるが，定款で一部の社員に限定することもできる）の頭数による多数決で行う。定款を変更するには，定款に別段の定めがない限り，総社員の同意が必要である（会637）。

　合名会社も法人であるから，会社の債務は会社自体がその財産をもって弁済すべきであるが，会社財産で完済できないか，または会社財産に対する強制執行が功を奏しないときには，各社員は，自己の全財産をもって，直接会社債権者に対し連帯して会社債務を弁済しなければならない（会580）。

> 　この責任は，会社債務についての従属的な責任であるから，会社の債務が消滅すれば社員の責任はなく，会社の抗弁は社員も主張することができる（会581Ⅰ）。また，この責任は，会社財産により債権者の満足を受けられない場合に追及される二次的責任なので，社員は会社に弁済の資力があり，かつ容易に執行できることを立証すれば，責任を免れることができる（会580Ⅰ①②）。会社債務を弁済した社員は，会社に対して求償権を取得するほか，他の社員に対してもその負担部分につき求償権を取得する（民442・500）。

　社員は会社債権者に対して無限責任を負うので，会社財産の維持は重要ではなく，損益の分配については会社の自治に委ねられている（有限責任社員について配当の制限あり―会623）。したがって，利益がないのに会社財産を分配してもかまわない。

Ⅳ　持分の譲渡・払戻

　合名会社における社員は1個の持分しか持たないが，出資額に応じて持分の大きさが異なる。他の社員全員の承諾があれば，持分の全部または一部を譲渡でき

る（会585）。社員は，この持分の大きさに応じて会社財産に対し観念的な分け前を持つが，この会社財産の分け前としての持分は財産的価値があるので，その質入・差押も可能である。しかし，その譲渡には社員全員の同意が必要であるため，たとえ持分の上に質権を取得し，またはこれを差し押さえても，債権者は持分自体を自由に換価することはできず，利益配当または持分払戻請求権にその効力を及ぼし得るに過ぎない（会611Ⅶ）。そこで，法は，差押権者が社員を退社させて，その持分払戻請求権によってこの債権の満足を得る途を開いている（会609：最判昭和49・12・20判時768・101百選80）。持分会社では，社員の退社制度が認められており（会606・607），退社すれば持分の払戻を受けることができるからである（会611）。

Ⅴ 解　散

　株式会社と異なり，合名会社においては，解散事由として総社員の同意（会641③：最判昭和40・11・11民集19・8・1953百選初版87は，退社のための総社員の同意は，数人が同時に退社を申し出た場合であっても各退社申出人について必要と解する）と社員が欠けたこと（同④）が法定されており，また，清算について任意清算が認められ（会668以下），特別清算にあたるものは認められていない。人的会社としての合名会社の性格に基づくものである。法定清算においては，原則として業務執行社員が清算人になる。

　なお，社員はやむことを得ない事由がある場合には，裁判所に会社の解散判決を請求することができる（会833Ⅱ）。

‼ やむを得ない事由

　最判昭和33・5・20民集12・7・1077は，社員間に不和対立がある場合でも，社員を除名することで打開できるときはやむを得ない事由には当たらないとするが，最判昭和61・3・13民集40・2・229百選82は，社員間の信頼関係が破壊されて会社の業務執行が困難となっている場合のほか，会社の業務が一応困難なく行われているとしても社員間に多数

派と少数派の対立があり，業務の執行が多数派社員によって不公正かつ
利己的に行われ，その結果少数派社員が恒常的な不利益を被っている場
合にも，これを打開する手段のない限り解散事由があり，また，打開事
由は諸般の事情を考慮して，解散を求める社員とこれに反対する社員の
双方にとって公正かつ相当なものでなければならないとする。

第2節　合資会社

　合資会社は，無限責任社員と有限責任社員とからなる会社である。会社法にお
いては，持分会社を規定する第3編で，合名会社・合同会社と同様に規定され，
無限責任社員の法律関係については合名会社と同様の扱いになる。しかし，当該
会社が合資会社であるためには，定款に一部が有限責任社員であることを記載し
なければならない（会576 I ⑤）。

　無限責任社員については合名会社の社員と同様の規定が適用されるが，合資会
社の有限責任社員は会社債務について，会社債権者に対し，その出資の価額を限
度としてしか責任を負わない（会580 II）。しかし，会社債権者に対して直接責任
を負う点で，株主の間接有限責任とは異なる（合同会社の社員は出資済みのため
弁済責任はなく，間接有限責任である）。社員は原則として，業務の執行権を持
ち（会590），定款で定めれば業務を執行する社員を個別に決定することもできる
（会591）。無限責任社員に限らず，業務を執行する有限責任社員にも第三者に対
する損害賠償責任がある（会597）。

　一方，業務を執行しない社員は，会社の業務および財産の状況を監視するにと
どまる（監視権－会592）。なお，会社代表者を別に定めなければ，業務執行社員
が各自会社を代表する権限を持つ（会599）。

　経済的にみれば，合資会社は，無限責任社員の企業に有限責任社員が資本参加
する形態であるといってよく，このように会社事業に関与する性質や程度の異な
る2種類の社員によって構成される二元的組織の会社である点にその特色がある。

匿名組合に類似しており，沿革的にも両者は中世のコンメンダ契約から分化したものである。

　合資会社も社団法人であるが（会3・575），社員間の個人的信頼を基礎とすることから，実質的には組合的性質を有し，人的色彩の濃い会社に属する。そして，合資会社は，有限責任社員を有する点を除けば，合名会社と差異がない。

　無限責任社員の出資については，とくに制限はないが，有限責任社員の出資は財産出資に限られ，信用や労務の出資は認められない（会576Ⅰ⑥）。無限責任社員の持分を譲渡するには，有限責任社員を含む全社員の承諾が必要である（会585Ⅰ）。これに対し，業務を執行しない有限責任社員の持分を譲渡する場合には，業務を執行する社員全員の承諾があれば，その持分の全部または一部を譲渡することができる（同Ⅱ）。

> **!! 社員の出資義務と持分払戻請求権**
>
> 　最判昭和62・1・22判時1223・136百選81は，合資会社の社員の金銭出資義務は，原則として会社の請求により履行期が到来し，社員が退社して社員たる地位を喪失するときは，出資義務も消滅し，退社社員の会社に対する持分払戻請求権は成立しないと判示した。

第3節　合同会社

Ⅰ　意義と特色

　会社法においては，有限会社制度が廃止される代わりに，有限責任の出資者が積極的に業務執行を実施し，同時に役員の権限や利益配分などを任意に定めることができることを企図した「合同会社」の制度が創設された。合同会社は，持分

会社の一類型として，多くの規定が合名会社・合資会社の規定と一体化している。すなわち，出資者の有限責任が確保される一方，内部関係については，合名会社同様に極めて組合的な規律が適用されることになる。したがって，合同会社設立後の定款変更については，社員有限責任であるにもかかわらず，社員全員の一致によるものとされる（会637）。その他，社員の退社，解散・清算の規定も他の持分会社と同様である。

> 　合同会社は，米国のLLC（Limited Liability Company）の日本版として説明されることもあり，実際に，会社の運営方法や配当についての社員の裁量が非常に大きくなるので，少人数のベンチャー企業や，出資余力が少ない技術者などが産学連携のベンチャー企業に参加する際などに活用されることが期待されている。なお，今後は，税務上の扱い等についてさらに検討する必要がある。

Ⅱ　社　員

　合同会社においても，社員が1人での設立・存続が認められる（会641④）。合同会社の業務を執行しない社員の氏名または名称および住所は，登記事項ではない（会914）。また，出資の目的・価額は登記事項とはされない（同条）。これが登記事項とされると，利用の障害になることが予想されたからである（なお，合同会社の資本金については登記事項とされている－会914⑤）。また，合同会社成立後の社員の入社や持分の譲渡についても，それぞれ業務執行社員の全員一致によるものとされる（会585・604）。

　一方，社員の出資については，全額払込制度が採用されており，各社員はその限りにおいて責任を負うことになる（会578）。また，合同会社においては，社員の出資可能な財産は，金銭その他の財産に限られており，信用や労務の出資は認められていない（同条）。

　その他，業務執行社員の権限・義務・責任等は，他の持分会社とおおむね同様である。

Ⅲ　計　　算

　合同会社については，社員が有限責任しか負わないため，会社の計算等について，他の持分会社と異なる規制がある。

> 　まず，合同会社の資本金については，登記事項とされている（会914⑤）。資本金の額の減少，社員による出資の払戻請求も，他の持分会社同様に可能であるが（会620・624），出資の払戻の際も，定款変更をして出資価額の減少をさせる必要がある（会632Ⅰ・626Ⅱ）。また，これにより減少する資本金の額は，当該払戻金から出資の払戻をする日における剰余金額を控除して得た額を超えてはならない（同項）。また，これら合同会社により資本金の減少（退社に伴う持分の払戻も含む）については，債権者の保護手続も必要になる（会627・635）。利益配当についても，配当額が当該利益の配当する日における利益額を超える場合には，当該利益の配当をすることはできないという制限がある（会628）。

第4節　持分会社の組織再編

　合同会社は，無限責任社員を新たに加える旨の定款変更または一部の社員を無限責任社員とする定款変更をすることで，合資会社となることができる（会638Ⅲ②③）。また，同様に，全部の社員を無限責任社員とすることで，合名会社となることができる（同項①）。

　一方，従来は，合資会社において有限責任社員がいなくなった場合に，会社が解散することになっていた。そこで，会社法では，合資会社において，有限責任社員がすべて退社した際には，当然に解散するのではなく合名会社となる定款変更がされたとみなすものとした（会639）。また，合資会社においても，すべての有限責任社員が無限責任社員になる旨の定款変更がある場合には，合名会社となることができる（会638Ⅱ①）。さらに，合資会社，合名会社において，社員全員が有限責任となる定款変更をする場合には，合同会社となることが可能であり（会638Ⅰ③Ⅱ②），社員の状況に応じて，会社の商号中に，「合資会社」，「合名会社」，「合同会社」の文字を使用することが義務付けられている（会6Ⅱ）。

　一方，従来は，合名会社，合資会社から株式会社への組織変更は認められていなかったが，会社法の下においては，各持分会社は，社員全員の同意により，株式会社に組織変更することが可能である（会781）。もちろん，株式会社も，株主全員の同意によって，持分会社に組織を変更することができる（会776）。会社がこれらの組織変更をする場合には，債権者保護手続が必要である（会779・781）。

　なお，会社法においては，合併，株式交換・株式移転，会社分割についても，持分会社の場合にどのような処理がなされるかについて，それぞれ持分会社としての条文を一体的に設けている（会751・752・755・756・760・761・765・766・770・771）。いずれも，組織再編に係るような事項につき，総社員の同意が要求されている（会793・802・813）。

第4章

外国会社

①外国会社とは，外国の法令に準拠して設立された法人その他の外国の団体であって，会社と同種のものまたは会社に類似するものをいう（会2②）。

法人たる（認許された）外国会社は，外国人が享有することのできない権利および法律または条約中に特別の規定のあるものを除いて，日本で成立した同種の会社と同一の私権を享有し（会823，民35），法人でないものは，法令または条約で禁止されている場合を除き，内国法人と同じ私権を享有する（民3Ⅱ）。会社法は，原則として外国会社に通用されない（例外：会5・10・135Ⅱ①・467Ⅱ③など）。

②外国会社は，法人であるかどうかを問わず，日本で取引を継続してなそうとするときには，取引相手を保護するため，日本における代表者を定め，その会社につき登記をしなければならない（会817・933・818）。なお，外国会社の日本における代表者について，少なくとも1名は日本に住所を有しなければならない。この代表者は，外国会社の日本における業務に関する一切の裁判上または裁判外の行為をする権限を有し（会817Ⅱ），この権限に加えた制限は，善意の第三者に対抗することができない（同Ⅲ）。

わが国に本店を設け，またはわが国において営業をなすことを主たる目的とする外国会社（擬似外国会社）は，日本において取引を継続してすることができない（会821）。会社法の適用を免れるためにわざと外国法に準拠して外国会社を設立するなどの不当な脱法行為を防止するためである。

なお，登記をした外国会社であって，しかも日本に成立する同種のまたは最もこれに類似する会社が株式会社であるものの日本における代表者は，定時総会後に遅滞なく貸借対照表と同種のもしくはこれに類似するものまたはその要旨を日本において公告しなければならないものとされている（会819）。また，外国会社

は，そのすべての日本における代表者が退任しようとするときは，その債権者に対し，その退任に異議があれば，一定の期間内に述べるべき旨を公告し，かつ知れたる債権者には各別に催告しなければならない（会820）。さらに，裁判所は，一定の事由がある場合，営業所閉鎖のほか，取引禁止の命令を出すことができる（会827）。

　　外国会社は，税法や金融商品取引法など会社法以外の法律の適用については，法律に別段の定めがある場合（独禁9②，同附則2など）を除いて，日本で成立した同種または最もこれに類似する会社とみなされる（会823）。

罰　則

　会社制度は今日の経済社会に大きく貢献しているが，その反面，その濫用による弊害も少なくない。このことは，その組織が複雑で，かつ利害関係人が多い株式会社においてとくにいえる。そこで，法は，会社の運営にあたる取締役等の違法行為に対して特殊の民事責任を課すとともに，会社の運営に関して行われる不正・不法な行為に対して，とくに厳格な罰則を設けている。

　法の定める制裁（会960以下）には，刑罰たる懲役・罰金および没収と，行政罰たる過料の2種類がある。前者は刑事訴訟法の規定によるが，後者は形式的には刑罰ではないので，非訟事件手続法の規定に従って民事事件として処理されるが（非訟119〜122），会社法においては，会社法上の非訟事件の問題について，統一的な規定を設けている（会868以下）。

　また，会社法の刑罰規定として，特別背任罪（会960〜962），会社財産を危うくする罪（会963），虚偽文書行使罪（会964），預合罪（会965：預合の意義について最判昭和42・12・14刑集21・10・1369百選A40），株式超過発行罪（会966），贈収賄罪（会967〜969。最判昭和44・10・16刑集23・10・1359百選104），株主権行使に関する利益供与罪（会970：自首減免の規定が新設された）がある。

　さらに国外犯の規定が新設された（会971）。なお，見せ金は刑法の公正証書原本不実記載罪にあたる（最判平成3・2・28刑集45・2・77百選103）。行政罰規定として，発起人，取締役，監査役などが会社法976条各号の行為を行ったときは，過料に処せられるが（会976Ⅰ），これらの過料相当行為が犯罪にあたるときは刑罰が科され，過料は課されない（同項但書）。

事項索引

判例索引

［著者紹介］

末永　敏和（すえなが　としかず）

京都大学大学院法学研究科博士課程中途退学（博士）。現在，大阪大学名誉教授，岡山大学名誉教授，博士（法学），弁護士。著書として，『会社法－基礎と展開』『手形法・小切手法－基礎と展開』『商法総則・商行為法－基礎と展開（第3版)』（いずれも中央経済社）等がある。

中村　美紀子（なかむら　みきこ）

岡山大学大学院文化科学研究科（博士課程）修了（博士）。現在，山口大学経済学部教授。

テキストブック 会社法（第3版）

2005年11月10日	第1版第1刷発行
2006年 4月20日	第1版第3刷発行
2006年 8月25日	改訂改題版第1刷発行
2013年 3月25日	改訂改題版第4刷発行
2017年 4月10日	第2版第1刷発行
2020年 6月10日	第2版第3刷発行
2021年 3月 1日	第3版第1刷発行

著　者　末　永　敏　和
　　　　中　村　美紀子
発行者　山　本　　　継
発行所　㈱中央経済社
発売元　㈱中央経済グループ
　　　　パ ブ リッ シ ング

〒101-0051　東京都千代田区神田神保町1-31-2
電話　03（3293）3371（編集代表）
　　　03（3293）3381（営業代表）
https://www.chuokeizai.co.jp
印刷／三英印刷㈱
製本／誠　製　本　㈱

Ⓒ 末永敏和・中村美紀子 2021
Printed in Japan

＊頁の「欠落」や「順序違い」などがありましたらお取り替えいたしますので発売元までご送付ください。（送料小社負担）
ISBN978-4-502-37121-9　C3032